Kohlhammer

Der Autor

Timo Storck, Prof. Dr. phil., Jahrgang 1980, ist Professor für Klinische Psychologie und Psychotherapie an der Psychologischen Hochschule Berlin, Psychoanalytiker (DPV/IPA) und Psychologischer Psychotherapeut (AP/TP). Studium der Psychologie, Religionswissenschaften und Philosophie an der Universität Bremen, Diplom 2005. Wissenschaftlicher Mitarbeiter an den Universitäten Bremen (2006–2007), Kassel (2009–2015) sowie an der Medizinischen Universität Wien (2014–2016). Promotion an der Universität Bremen 2010 mit einer Arbeit zu künstlerischen Arbeitsprozessen, Habilitation an der Universität Kassel 2016 zum psychoanalytischen Verstehen in der teilstationären Behandlung psychosomatisch Erkrankter. Mitherausgeber der Zeitschriften *Psychoanalyse – Texte zur Sozialforschung* und *Forum der Psychoanalyse* sowie der Buchreihe *Im Dialog: Psychoanalyse und Filmtheorie*, Mitglied des Herausgeberbeirats der Buchreihe *Internationale Psychoanalyse*. Forschungsschwerpunkte: psychoanalytische Theorie und Methodologie, psychosomatische Erkrankungen, Fallbesprechungen in der stationären Psychotherapie, Kulturpsychoanalyse, konzeptvergleichende Psychotherapieforschung.

Timo Storck

Ich und Selbst

Verlag W. Kohlhammer

Dieses Werk einschließlich aller seiner Teile ist urheberrechtlich geschützt. Jede Verwendung außerhalb der engen Grenzen des Urheberrechts ist ohne Zustimmung des Verlags unzulässig und strafbar. Das gilt insbesondere für Vervielfältigungen, Übersetzungen und für die Einspeicherung und Verarbeitung in elektronischen Systemen.

Pharmakologische Daten verändern sich ständig. Verlag und Autoren tragen dafür Sorge, dass alle gemachten Angaben dem derzeitigen Wissensstand entsprechen. Eine Haftung hierfür kann jedoch nicht übernommen werden. Es empfiehlt sich, die Angaben anhand des Beipackzettels und der entsprechenden Fachinformationen zu überprüfen. Aufgrund der Auswahl häufig angewendeter Arzneimittel besteht kein Anspruch auf Vollständigkeit.

Die Wiedergabe von Warenbezeichnungen, Handelsnamen und sonstigen Kennzeichen berechtigt nicht zu der Annahme, dass diese frei benutzt werden dürfen. Vielmehr kann es sich auch dann um eingetragene Warenzeichen oder sonstige geschützte Kennzeichen handeln, wenn sie nicht eigens als solche gekennzeichnet sind.

Es konnten nicht alle Rechtsinhaber von Abbildungen ermittelt werden. Sollte dem Verlag gegenüber der Nachweis der Rechtsinhaberschaft geführt werden, wird das branchenübliche Honorar nachträglich gezahlt.

Dieses Werk enthält Hinweise/Links zu externen Websites Dritter, auf deren Inhalt der Verlag keinen Einfluss hat und die der Haftung der jeweiligen Seitenanbieter oder -betreiber unterliegen. Zum Zeitpunkt der Verlinkung wurden die externen Websites auf mögliche Rechtsverstöße überprüft und dabei keine Rechtsverletzung festgestellt. Ohne konkrete Hinweise auf eine solche Rechtsverletzung ist eine permanente inhaltliche Kontrolle der verlinkten Seiten nicht zumutbar. Sollten jedoch Rechtsverletzungen bekannt werden, werden die betroffenen externen Links soweit möglich unverzüglich entfernt.

1. Auflage 2022

Alle Rechte vorbehalten
© W. Kohlhammer GmbH, Stuttgart
Gesamtherstellung: W. Kohlhammer GmbH, Stuttgart

Print:
ISBN 978-3-17-041206-4

E-Book-Formate:
pdf: ISBN 978-3-17-041207-1
epub: ISBN 978-3-17-041208-8

Inhalt

Vorwort 9

1 Einleitung 11

2 Die Grundlagen von Ich und Selbst bei Freud 19
   2.1 Hemmung und Ich-Spaltung 22
      2.1.1 Die hemmende Funktion des Ichs 23
      2.1.2 Ich und Spaltung 24
   2.2 Exkurs: Freuds »Selbstanalyse« 26
   2.3 Freuds Narzissmustheorie: Bildung und Besetzung des Selbst 29
   2.4 Das Ich als psychische Instanz 36
   2.5 Ich-Analyse 40
   2.6 Zusammenfassung und behandlungstechnische Folgerungen 42
   2.7 Fallbeispiel Herr P., Teil I 45

3 Die psychoanalytische Ich-Psychologie 51
   3.1 Anknüpfungen und Schwerpunktsetzungen bei Anna Freud 52
   3.2 Die Ich-Psychologie als psychoanalytische Richtung bei Heinz Hartmann 59
      3.2.1 Primäre und sekundäre Autonomie des Ichs 62
      3.2.2 Exkurs: Das Prinzip der mehrfachen Funktion 64
      3.2.3 Anpassungsmechanismen 66
      3.2.4 Weiterführungen 70

	3.3	Zur Kritik an der Ich-Psychologie	74
		3.3.1 Aus der Sicht Jacques Lacans	76
		3.3.2 Aus »beziehungsorientierter« Sicht	82
	3.4	Zusammenfassung und behandlungstechnische Folgerungen	83
	3.5	Fallbeispiel Herr P., Teil 2	87
4	**Die psychoanalytische Selbstpsychologie**		**91**
	4.1	Das Konzept des Ich-Ideals	92
	4.2	Die Selbstpsychologie bei Heinz Kohut	96
		4.2.1 Narzissmus und Entwicklung	101
		4.2.2 Selbstobjekte	105
		4.2.3 Übertragungsformen	109
		4.2.4 Empathie	110
	4.3	Weiterentwicklungen der Selbstpsychologie	113
		4.3.1 Therapeutischer Dialog	114
		4.3.2 Motivationale Systeme und Modellszenen	115
		4.3.3 Generalisierte Interaktionsrepräsentationen	117
	4.4	Zur Kritik an der Selbstpsychologie	118
	4.5	Zusammenfassung und behandlungstechnische Folgerungen	121
	4.6	Fallbeispiel Herr P., Teil 3	122
5	**Strukturkonzeptionen in der Psychoanalyse**		**126**
	5.1	Unterschiedliche Auffassungen von Struktur	127
		5.1.1 S. Freud: Instanzen-Modell	130
		5.1.2 W.R.D. Fairbairn: Endopsychische Struktur	133
		5.1.3 J. Lacan: Strukturale Psychoanalyse	135
		5.1.4 O.F. Kernberg: Persönlichkeitsorganisation	138
		5.1.5 Struktur in der OPD	139
		5.1.6 *personality functioning* im AMPD	142
	5.2	Strukturdiagnostik	143
	5.3	Strukturelle Störungen am Beispiel des pathologischen Narzissmus	145
		5.3.1 Im Ansatz O.F. Kernbergs	149
		5.3.2 Zur Therapie struktureller Störungen	151

	5.4	Fallbeispiel Herr P., Teil 4	153
6	**Ich und Selbst interdisziplinär**		**157**
	6.1	Ich und Selbst in anderen wissenschaftlichen Denkrichtungen	157
		6.1.1 Ich und Selbst in der Neurobiologie	160
		6.1.2 Selbsttäuschung in der Philosophie	165
		6.1.3 Ich und Selbst in der Psychologie	169
	6.2	Ich und Selbst in anderen psychotherapeutischen Verfahren	170
		6.2.1 Das falsche Selbst	171
		6.2.2 Selbstschädigendes Verhalten	175
		6.2.3 Dissoziative Identitätsstörung	176
		6.2.4 Ich und Selbst in der (Kognitiven) Verhaltenstherapie	179
		6.2.5 Ich und Selbst in der Systemischen Therapie	182
		6.2.6 Ich und Selbst in der Gesprächspsychotherapie	183
		6.2.7 Zusammenfassender Vergleich	184
	6.3	Fallbeispiel Herr P., Teil 5	185
7	**Zusammenfassung und Ausblick**		**188**
Literatur			**191**
Verzeichnis der zitierten Medien			**204**
Stichwortverzeichnis			**205**

Vorwort

Beim vorliegenden Band handelt es sich um eine bearbeitete Mitschrift von fünf öffentlichen Vorlesungen, die ich im Wintersemester 2019/2020 an der Psychologischen Hochschule Berlin gehalten habe. Die Vorlesungsreihe ist Teil eines Projekts zu den Grundelementen psychodynamischen Denkens, in dem es unter der dreifachen Perspektive »Konzeptuelle Kritik, klinische Praxis, wissenschaftlicher Transfer« darum geht, sich mit psychoanalytischen Konzepten auseinander zu setzen: Trieb (Band I), Sexualität und Konflikt (Band II), dynamisch Unbewusstes (Band III), Objekte (Band IV), Übertragung (Band V), Abwehr und Widerstand (Band VI), Ich/Selbst (Band VII) und Deutung (Band VIII). Ziel ist dabei, sowohl in der öffentlichen Diskussion als auch im vorliegenden Format einer Reihe von Buchpublikationen eine Art kritisches Kompendium psychoanalytischer Konzepte zu entwickeln, ohne dabei den Anschluss an das Behandlungssetting oder den wissenschaftlichen Austausch zu vernachlässigen. Wenn es um Grundelemente psychodynamischen Denkens geht, dann soll damit auch der Hinweis darauf gegeben werden, dass aus Sicht der Psychoanalyse jedes, also auch das wissenschaftliche, Denken selbstreflexiv ist: Das Denken über Psychodynamik ist unweigerlich selbst psychodynamisch, d. h. es erkundet die Struktur der Konzeptzusammenhänge auch auf der Ebene der Bedeutung von Konzeptbildung selbst.

Für ein solches Vorgehen ist das Werk Freuds der Ausgangs- und ein kontinuierlicher Bezugspunkt. Mir geht es um eine genaue Prüfung dessen, was Freud mit seinen Konzepten »vorhat«, d. h. welche Funktion diese haben und welches ihr argumentativer Status ist. Dabei soll nicht eine bloße Freud-Exegese geschehen, sondern eher ein Lesen Freuds »mit Freud gegen Freud«. – Es wird deutlich werden, dass der grundlegende konzeptuelle Rahmen, den Freud seiner Psychoanalyse gibt, es auch erlaubt aufzuzeigen, wo er hinter den Möglichkeiten seiner Konzeptbildung zurückbleibt.

Über den Ausgangspunkt der Vorlesungen erklärt sich die Form des vorliegenden Textes, der nah an der gesprochenen Darstellung verbleibt. Auch sind, wie in jeder Vorlesung, eine Reihe von inhaltlichen Bezugnahmen auf Arbeiten anderer Autorinnen und Autoren eingeflossen, die mein Denken grundlegend beeinflussen, ohne dass dazu durchgängig im Detail eine Referenz erfolgen kann.

Bedanken möchte ich mich bei den Teilnehmenden an den öffentlichen Vorlesungen für ihr Interesse, sowie beim Kohlhammer Verlag, namentlich Ruprecht Poensgen und Kathrin Kastl, für die Unterstützung bei der Vorlesung und der Veröffentlichung. Außerdem danke ich Caroline Huss für die Anfertigung von Transkripten zur Audio-Aufzeichnung der Vorlesung. Cornelia Weinberger, Mona Brettschneider und Marko Walther gebührt Dank für die planerische und technische Unterstützung bei der Durchführung der Vorlesungen. Der Psychologischen Hochschule Berlin danke ich schließlich für die Möglichkeit, eine solche Vorlesungsreihe durchzuführen.

Heidelberg, im Sommer 2021
Timo Storck

1 Einleitung

In jeder Theorie des Psychischen spielen Konzeptionen von Ich oder Selbst eine zentrale Rolle, in deren Entwicklung, im Verhältnis zum anderen oder als Teile von »Persönlichkeit«. Psychoanalytisch betrachtet lassen sich entlang dieser beiden, manchmal deutlich unterschiedlich verwendeten Konzepte (Überblick und Einordnung zuletzt bei Althoff, 2019), viele der wichtigsten Positionen unterschiedlicher Schulrichtungen kennzeichnen.

Psychoanalytische Konzepte haben (zurecht) den Anspruch, wissenschaftliche zu sein. Das muss bedeuten, dass sie sich in bedeutsamer Weise auf Phänomene der inneren und äußeren Erfahrung richten. Somit sind sie nicht etwas, das man so in der Welt finden oder beobachten könnte (z. B. das Über-Ich), sondern es handelt sich bei ihnen um konzeptuelle Abstrakta, die etwas auf den Begriff bringen sollen (z. B. wiederkehrende Selbstanklage). Als wissenschaftliche Konzepte werden sie auf dem Weg eines methodisch geleiteten Zugangs zur Erfahrungswelt gewonnen; »empirisch« im grundlegenden Sinn bedeutet zunächst einmal nur »erfahrungsbezogen« (im Gegensatz zu »rationalistisch«), erst in einem engeren Begriffssinn ist damit dann ein apparativ, experimentell o. ä. geleiteter wissenschaftlicher Zugang gemeint. Für einen solchen bedarf es Operationalisierungen der psychoanalytischen Konzepte, die methodisch auf der Ebene der klinischen Behandlung gebildet und verändert werden (vgl. z. B. Kaluzeviciute & Willemsen, 2020). Diese stehen überdies in einem konzeptuellen *Zusammenhang* zu einander, denn nur auf diese Weise lässt sich ihr argumentativer Gehalt prüfen. Ferner sind sie »sparsam«, also gerade so komplex wie nötig, um etwas darüber zu sagen, worauf sie sich beziehen. Vor diesem Hintergrund sind in den vorgegangenen Bänden der vorliegenden Reihe verschiedene Konzepte in den Blick geraten.

1 Einleitung

Besonders deutlich wird der Gedanke, dass Konzepte sich nicht auf Dinge in der Welt beziehen, in Auseinandersetzung mit dem psychoanalytischen Triebkonzept (Storck, 2018a). »Trieb« ist nicht mess- oder beobachtbar, es handelt sich um ein Konzept, das etwas über Vermittlungsprozesse zwischen physiologischer Erregung und psychischem Erleben sagen soll. Deshalb bezeichnet Freud (1915c, S. 214) den Trieb als »Grenzbegriff zwischen Psychischem und Somatischem«, es wird bezeichnet, dass uns etwas in die psychische Repräsentation treibt. »Trieb« ist in diesem Sinn ein psychosomatisches Konzept, es bezieht sich auf Wirkungen von Psyche und Soma aufeinander. Noch aus einem anderen Grund unterscheidet es sich vom Instinkt oder biologischen Zusammenhängen: Triebhaftes erwächst aus der Interaktion, die körperlichen/ leiblichen Zustände, die ins Psychische drängen (um dort reguliert zu werden). Statt dass das triebhafte Individuum losgelöst von sozialen Bezügen und Interaktion betrachtet werden könnte, handelt es sich beim Trieb auch um ein sozialisatorisches Konzept. Indem darin nun gefasst ist, dass sich Erregung in Erleben vermittelt (Freud meint, der Triebdrang stelle das Maß an Arbeitsanforderung für das Psychische dar; 1915c, S. 214ff.), kann man davon sprechen, dass es sich bei der Triebtheorie der Psychoanalyse um eine Theorie der *allgemeinen* Motivation des Psychischen handelt, insofern sie nämlich etwas darüber sagt, wie Psychisches als solches motiviert ist.

Eine Theorie der *speziellen* Motivation hingegeben findet die Psychoanalyse in ihrer Konzeption des unbewussten Konflikts (Storck, 2018b). Dort also, wo es konkret darum geht, welche Motive hinter einer Erlebnisweise oder Handlung verborgen sind, rekurriert die Psychoanalyse vor dem Hintergrund der Theorie der infantilen Psychosexualität, der Aggressionsentwicklung oder des Narzissmus auf Motivkonflikte. Die Psychoanalyse verwendet einen erweiterten Begriff von Sexualität und zwar dahingehend, dass sich Sexualität über Lust/Befriedigung und Erregung auch jenseits der primären Geschlechtsorgane bestimmt. Auch andere lustvolle körperliche Empfindungen gelten dann als sexuell. Als infantile Sexualität ist dies noch unintegrierter und unregulierter als später, wenn, so Freud, eine Vereinigung unter dem Genitalprimat (1905d, S. 109ff.) erfolgt ist. In der infantilen Sexualität sind die verschiedenen lustvollen Empfindungen noch unverbunden. Nachfolgende

Autoren[1], etwa Laplanche (1988), akzentuieren auch besonders den Bruch in der zweizeitigen Sexualentwicklung des Menschen, wie die Psychoanalyse sie beschreibt: Es wird nicht von einer schlichten Entwicklungsreihe aus infantiler Sexualität, Latenz-Zeit und genitaler Sexualität ausgegangen, in der das Frühere im Späteren aufgehoben ist. Vielmehr bleibt die infantile Sexualität, also die ungebändigte Form, beim Erwachsenen eine Art Fremdkörper.

Lust und Unlust liefern die Grundlage für die Konzeption des Menschen als konflikthaft. Freud versteht Lust als das, was wir empfinden, wenn ein Reiz an Intensität abnimmt, und Unlust als das, was wir erleben, wenn die Intensität eines Reizes ansteigt beziehungsweise gleichbleibend hoch ist. Dabei sind es die Momente, wo dieselbe Handlung oder Handlungsvorstellung sowohl mit Lust als auch mit Unlust verbunden ist, die psychische Konflikte darstellen. Prototypisch kann dafür der Stillvorgang genommen werden (oder allgemein der Vorgang der Nahrungsaufnahme durch den Säugling): Hier geht es um eine Interaktion, die sowohl mit Beruhigung als auch mit Stimulierung verbunden ist, denn natürlich ist das Stillen eingebunden in eine sinnvolle Interaktionsszene. Andere Beispiele wären verschiedene Formen von Ambivalenz, wo es darum geht, sowohl positive als auch negative Gefühle einer Person beziehungsweise der Vorstellung von ihr gegenüber zu empfinden. Einer der Kontexte der Konflikttheorie ist die Theorie der psychosexuellen Entwicklungsphasen. Diese beziehen sich zwar auf Körperlichkeit und körperliche Entwicklung und ihre Konflikthaftigkeit hat damit zu tun, welche Entwicklungsaufgaben sich stellen: In der oralen Phase geht es um die Erkundung der Welt mit dem Mund (einschließlich der Lautproduktion), um lustvolle Empfindungen an Zunge, Lippen oder Mundschleimhäuten, in der analen Phase geht es um die Kontrolle der Ausscheidungsfunktion, die Sauberkeitserziehung und die Auseinandersetzung mit den eigenen »Produkten« und in der phallisch-ödipalen Phase tritt der Geschlechter- und Generationenunterschied ins Zentrum sowie die Auseinandersetzung mit Rivalität, Verlust und Wirkmacht.

---

1 Ich verwende im vorliegenden Band im kapitelweisen Wechsel außerhalb von Zitaten durchgängig das generische Maskulinum und das generische Femininum. Damit sind jeweils alle anderen Geschlechter mitgemeint.

1 Einleitung

Neben stärker körperbezogenen Lesarten lassen sich für die Entwicklungsphasen allerdings auch stärker »thematische« Lesarten verfolgen, in denen es bei der Oralität insgesamt um Fragen der Versorgung geht, bei der Analität um Kontrolle und beim Phallisch-Ödipalen um Begrenzung und deren Anerkennung.

Im Hinblick auf die Strukturkonzeptionen in der Psychoanalyse (Kap. 5) ist noch zu erwähnen, dass sich psychische Konflikte aus psychoanalytischer Perspektive auf unterschiedlichen Stufen der Reife beziehungsweise strukturellen Integration bewegen können. Es lassen sich eher reifere Formen eng umgrenzter innerpsychischer Konflikte zwischen Wunsch und Verbot beziehungsweise zwischen widerstreitenden Wünschen beschreiben, aber auch viel basalere Konflikte beziehungsweise Konfliktschemata, zum Beispiel solche aus Nähesehnsüchten und Verschmelzungsängsten.

Eine besonders zentrale Rolle im Hinblick auf Konflikt und Sexualität kommt dabei der Ödipalität zu. Bei Freud wird diese noch eher konkret verstanden, z. B. als die Angst des Jungen, durch den Vater für seine sexuellen Wünsche gegenüber der Mutter mit Kastration bestraft zu werden (allerdings benennt Freud durchaus auch eine Rivalität des Jungen mit der Mutter um die Nähe zum Vater, ebenso wie beide Formen für das Mädchen). In einem zeitgenössischen Verständnis lässt sich über den weiteren Verlauf der Konzeptentwicklung, etwa in Form der von Melanie Klein beschriebenen »Frühstadien des Ödipuskonfliktes«, davon sprechen, dass sich ödipale Konflikte um die Auseinandersetzung damit drehen, dass die Personen, zu denen jemand in Beziehung steht, auch prinzipiell *zueinander* in Beziehung stehen können, und man selbst aus deren Beziehung zumindest relativ und passager ausgeschlossen sein kann. Dann werden ödipale Konflikte zu etwas, das mit der Anerkennung von Begrenzung zu tun hat, die Kastration ist dann keine gefürchtete anatomische Handlung, sondern bezieht sich als »symbolische Kastration« darauf, in seiner Potenz eingeschränkt zu sein, d. h. Grenzen und Begrenzungen anerkennen zu müssen. In einer solchen Lesart bleiben ödipale Konflikte nicht auf klassische Familienkonstellationen beschränkt: Die Auseinandersetzung damit, dass Bezugspersonen aufeinander bezogen sind oder dass man selbst auf Begrenzungen stößt, stellt sich als Aufgabe auch dem Kind, das mit gleichgeschlechtlichen

Eltern, bei einem alleinerziehenden Elternteil oder in einer sozialen Gruppe mit wechselnden Rollen und Aufgaben aufwächst.

In einem nächsten Schritt ist es um die Auseinandersetzung mit dem dynamisch Unbewussten gegangen (Storck, 2019a). Das zentrale Anliegen Freuds ist es gewesen, eine »Metapsychologie« zu formulieren, also eine Psychologie, welche die Konzeption eines psychischen Unbewussten einbezieht, statt eines Unbewussten, das außerhalb der Sphäre des Psychischen stünde. Entsprechend geht es ihm um eine Psycho*dynamik*, also ein Gegeneinanderwirken drängender und verdrängender psychischer Kräfte. Im sogenannten topischen Modell stellt Freud dies in den drei psychischen Systemen Bewusst, Unbewusst und Vorbewusst dar und beschreibt Zustandsänderungen an Vorstellungen, je nachdem, ob sie bewusst sind, bewusstseinsfähig, aber nicht aktuell mit Aufmerksamkeit besetzt (vorbewusst) oder dynamisch unbewusst, d. h. aus »psychoökonomischen« Gründen dem bewussten Erleben nicht zugänglich sind. Im Verlauf der weiteren Entwicklung seines Werks stößt Freud an die Grenzen des topischen Modells, in erster Linie, weil er mit der Abwehr einen Bereich des Psychischen annehmen muss, der unbewusst, aber trotzdem zielgerichtet und im Dienste der Unlustvermeidung arbeitet, und weil ihn Konzeptionen der psychischen Zensur dazu bringen, andere psychische Strukturen zu konzeptualisieren. So entwickelt er das sogenannte Instanzen-Modell aus Ich, Über-Ich und Es. Darin kann die Abwehr dem Ich zugerechnet werden (ein Teil des Ichs ist also unbewusst) und die psychische Zensurfunktion übernimmt das Über-Ich. In der postfreudianischen konzeptuellen Weiterentwicklung liegt der Akzent dann auf verschiedenen Formen des Unbewussten; im vorliegenden Rahmen wurde der Vorschlag gemacht, unter »unbewusst« ein bestimmtes Verhältnis zwischen Vorstellungen und Affekten anzunehmen, eine Art der Unterbrechung mit dem Ergebnis, dass etwas nicht zueinander in Relation gesetzt werden kann.

Das Konfliktgeschehen besteht psychoanalytisch betrachtet nun nicht allein in motivationalen Konflikten, sondern es lassen sich auch repräsentationale beschreiben, weshalb als nächstes die Konzeption des Objekts erörtert worden ist (Storck, 2019b). Terminologisch stammt die Rede vom »Objekt« aus der Triebtheorie, es geht um das Objekt psychischer Besetzung beziehungsweise das Objekt der Vorstellung, also: die

Objektrepräsentanz. Die Grundidee der psychoanalytischen Entwicklungstheorie hinsichtlich dieser besteht darin, dass sich Interaktionen mit anderen psychisch in Form von Beziehungsvorstellungen niederschlagen, die wiederum weitere Interaktionen färben. Aus Beziehungsvorstellungen werden sukzessive Vorstellungen/Repräsentanzen vom Selbst und den Objekten herausgelöst, wobei sich beides auch auf der Ebene der Repräsentation nur als miteinander verbunden begreifen lässt. Psychoanalytisch ist damit die Fähigkeit zur Symbolisierung berührt, also die Möglichkeit, etwas in der Wahrnehmung Abwesendes in der Vorstellung anwesend zu machen. Das ist die Grundlage für Erwartung, Erinnerung, Fantasie, Probehandeln und einiges mehr. Ein wichtiger Entwicklungsschritt besteht dabei darin, zu »ganzen« Vorstellungen von Selbst und Objekten zu gelangen. Gemeint ist, dass sich in der Entwicklung zunächst eine Logik der Spaltung zwischen »gut« und »schlecht« ergibt: Alles Schlechte soll aus dem Selbst herausgehalten werden und die Welt der Beziehungen wird als nur gut oder nur schlecht erlebt. Erst im Zuge haltender Beziehungserfahrungen können positive und negative Affekte derselben Person gegenüber oder unterschiedliche Bilder dieser zusammengebracht, also integriert werden. Die Idee repräsentationaler Konflikte berührt dann auch die Frage, ob Selbst- und Objektrepräsentanzen innere Spannungen aushalten können oder ob es zu Fragmentierungen kommt, indem Spaltungsprozesse aus der frühen Entwicklungszeit aufrechterhalten werden müssen und, mit Kernberg gesprochen, Teil-Selbst- und Teil-Objekt-Bilder vorherrschen (▶ Kap. 5.1.4).

Die Überlegungen zu Internalisierung und zum Wirken von Selbst- und Objektrepräsentanzen haben eine hohe Relevanz für das klinische Arbeiten der Psychoanalyse, denn sie münden in das Konzept der Übertragung (Storck, 2020a). In Freuds Bemerkungen dazu lassen sich eine weite und eine enge Begriffsfassung unterscheiden. In der weiten Fassung ist mit »Übertragung« basal gemeint, dass die »Intensität« einer Vorstellung auf eine andere, weniger gefährliche übertragen wird. Übertragung ist allgemein ein Mittel des entstellten Bewusstwerdens. Die engere Begriffsfassung bezieht sich konkret auf die analytische Beziehung in der Behandlung, dahingehend dass etwas, das aus früheren Beziehungen (einschließlich der Fantasien darüber) stammt, sich in der Beziehung zum Analytiker zeigt. Auch hier ist es ein Mittel des entstellten Bewusstwerdens, wenngleich Freud (1905e, S. 281) den Doppelcharakter der Übertragung als »größtes Hindernis« und »mächtigstes Hilfsmittel« erst erkennen musste. So wird über das Übertragungskonzept (einschließlich der Gegenübertragung auf Seiten des Analytikers) ein wichtiger Bestandteil der Erkenntnistheorie der Psychoanalyse, denn es wird begründbar, wie unbewusste Aspekte des Erlebens in Behandlungen zugänglich werden. Über die nötige Intensivierung von Übertragungsprozessen begründet sich das analytische Behandlungssetting unter Einsatz der Couch, mit hoher Frequenz von Wochenstunden und einer abwartend-zuhörenden Haltung des Analytikers. Das soll der Regressionsförderung dienen, die wiederum Übertragungsaspekte deutlicher zutage treten lassen beziehungsweise die Übertragung in Richtung einer Übertragungsneurose hin vertiefen soll, das heißt, die Zentrierung der (neurotischen, aber auch sonstigen) Symptome auf die analytische Beziehung, wo sie verstanden und verändert werden können. Über die Reflexion des Geschehens in Übertragung und Gegenübertragung, in Form des szenischen Verstehens, lassen sich nicht-triviale Verstehenshypothesen entwickeln, die verbalisiert als Deutung einen Prozess (der Veränderung) möglich machen.

Diesen Veränderungsprozessen stehen psychodynamisch betrachtet Widerstände entgegen, das heißt, dass sich in Behandlungen diejenigen Abwehrmechanismen zeigen, die zur Unlustvermeidung mobilisiert wurden und nun auch bezüglich des analytischen Prozesses vor Angst schützen sollen. Die Betrachtung von Abwehr und Widerstand (Storck, 2021) hat als Grundidee der psychischen Abwehr unterstrichen, dass diese eingesetzt wird, wenn eine Vorstellung mehr Unlust als Lust nach sich ziehen würde. Die Abwehr (die unbewusst wirkt und sich gegen einen »inneren« Reiz richtet) dient allgemein der Vermeidung unlustvoller Affekte. Dabei lassen sich verschiedene Abwehrmechanismen differenzieren, am wichtigsten ist das Zusammenwirken von Verdrängung und einem weiteren Mechanismus der Ersatzbildung, so dass sich abwehrbedingte Kompromissbildungen im Psychischen ergeben. Etwas muss umgearbeitet werden, damit es bewusst werden darf. Weniger reife Abwehrformen, so etwa die projektive Identifizierung, weisen bereits darauf hin, dass bei schweren psychischen Störungen weniger eng umgrenzte Abwehrmechanismen differenziert werden können, sondern Abwehr*formationen* (z. B. die von Steiner, 1993, eingeführte »pathologische Organisation«) vorliegen, die eng mit Struktur und Persönlichkeit verwoben sind (▶ Kap. 5). Darüber hinaus sind psychosoziale Abwehrformen, die nicht nur innerpsychisch, sondern auch »interaktionell« Unlust zu vermeiden versuchen, diskutiert worden. Widerstandsphänomene werden auf das Wirken der Abwehr in der Behandlung zurückgeführt und können sich in vielerlei Weise zeigen; zeitgenössisch entscheidend ist, dass der Analytiker etwas dazu beiträgt. Ein Widerstand muss als kokreativ und als Beziehungsphänomen begriffen werden (einschließlich der Beachtung möglicher Gegenübertragungswiderstände). Eine Brücke zwischen verschiedenen therapeutischen Richtungen findet sich in der Konzeption der Reparatur von Beziehungskrisen, wie Safran und Muran (2000) sie vorlegen.

Bei der Diskussion der Konzepte sind einige Fragen genauer zutage getreten, etwa danach, wann und wie interveniert, genauer gefragt: gedeutet werden soll, insbesondere wenn sich die Deutung doch auf unbewusste Aspekte des Erlebens richten soll. Damit ist auch die Frage danach verbunden, was psychische Veränderung möglich macht (Storck, in Vorb). Im vorliegenden Band soll es ferner um eine Untersuchung der Konzepte »Ich« und »Selbst« gehen, die insbesondere bei Freud nicht immer scharf getrennt werden. Damit verbunden sind Erörterungen dazu, was unter Ich-Funktionen verstanden werden soll (auch im Sinne struktureller Fähigkeiten) und wie sich die Selbstrepräsentanz davon unterscheidet beziehungsweise dazu im Verhältnis steht. Ferner werden die psychoanalytischen Richtungen der Ich-Psychologie und der Selbstpsychologie betrachtet sowie die Fortsetzung der Konzeption der Ich-Funktionen in Strukturkonzepte in der Psychoanalyse beleuchtet. Schließlich erfolgt eine Betrachtung von Ich und Selbst in anderen Wissenschaften sowie anderen psychotherapeutischen Verfahren.

2　Die Grundlagen von Ich und Selbst bei Freud

Zunächst soll es um einen Blick auf »Ich« und »Selbst« bei Freud gehen. Zu den bekanntesten Zitaten oder Denkfiguren Freuds gehört die Bemerkung, dass das »Ich nicht Herr im eigenen Haus« sei (Freud, 1917a, S. 11). In seinem Selbstverständnis stellt er sich damit in eine Reihe mit Kopernikus und Darwin, insofern er mit der Psychoanalyse dem Menschen eine dritte Kränkung zugefügt habe: Die Erde ist nicht das Zentrum des Universums, der Mensch stammt vom Affen ab und noch dazu wird er von ihm selbst nicht immer ersichtlichen Motiven angetrieben. Das ist eng verbunden mit der Annahme eines dynamisch Unbewussten. Es gibt verdrängte, nicht zugängliche Teile, die sich auch nicht über Anstrengung oder Aufmerksamkeit ins Bewusstsein heben lassen, sondern unzugänglich sind – und den Menschen umso stärker antreiben. Während in frühen Arbeiten Freuds das Ich in unterschiedlicher Weise, u. a. allgemein eher synonym mit »Persönlichkeit«, gebraucht wird (auch in der realitätsgerechten Hemmung primärprozesshafter Abläufe), formuliert er die Überlegungen später (v. a. Freud, 1923b) als psychische Instanz des Ichs aus, das sich über seine Funktionen bestimmt, in erster Linie die Möglichkeiten einer Vermittlung der »inneren« Ansprüche (Trieb, Gewissen) und der »äußeren«, also den Regeln des sozialen Zusammenlebens beziehungsweise der konkreten Folgen von Handlungen. Das Selbst hingegen wird von Freud sehr viel seltener und ungenauer gebraucht. Der Ausdruck taucht einerseits, aber nicht konzeptuell, prominent in Freuds »Selbstanalyse« auf (▶ Kap. 2.2), ansonsten als Besetzung der psychischen Repräsentanz der eigenen Person mit »Ichlibido« (Freud, 1914c, S. 141). Hier zeigen sich schon die wichtigsten terminologischen Schwierigkeiten: Das Selbst ist das, was mit Ichlibido besetzt wird, die allerdings nur so genannt werden kann, weil es um eine Besetzung der eigenen Person statt der Objekte geht (▶ Kap. 2.3 zur Narzissmuskonzeption bei Freud).

In der einleitenden Zusammenfassung (Kap. 1) hat sich die zentrale Stellung des Ichs in der psychoanalytischen Konflikttheorie bereits angedeutet. Gemäß dem Lustprinzip, das vollständig betrachtet aus dem Streben nach Lust *und* dem Vermeiden von Unlust besteht, setzt die Abwehr dann ein, wenn eine Vorstellung mehr Unlust als Lust nach sich ziehen würde. Das wiederum bedeutet, dass eine Tätigkeit des Ichs eintritt, denn zu deren Funktionen gehört die Abwehr. Das Ich ist es also, das zum einen in irgendeiner Weise einen Konflikt aus Lust-Aufsuchen und Unlust-Vermeiden erkennen muss; gemäß dem Instanzen-Modell zwischen Es, Über-Ich und Außenwelt. Auch triebtheoretisch lassen sich Konflikte beschreiben, so etwa zwischen Sexual- und Selbsterhaltungstrieb, zwischen Trieb und Narzissmus oder zwischen Eros und Todestrieb). So heißt es auch, die Verdrängung gehe »von der Selbstachtung des Ichs« aus (Freud, 1914c, S. 160), es ist »die eigentliche Angststätte« (1923b, S. 287) – Zum anderen wird ebenfalls durch das Ich dann mittels der Abwehr eine kompromisshafte Bewältigung eingeleitet. Schon früh spricht Freud vom »abwehrlustige[n] Ich« (1895d, S. 280) und meint zu dieser Zeit vor allem die hemmende Funktion, die das Ich auf den Primärprozess ausübt (vgl. Storck & Billhardt, 2021). Etwas am Ich ist also unbewusst (andernfalls könnte eine psychische Abwehr nicht erfolgreich sein), aber zugleich gibt es eine Selbstbeobachtung und zielgerichtete Konfliktabwehr.

Ein weiteres häufig wiedergegebenes Zitat Freuds betrifft die Folgerungen für die Zielsetzung analytischer Behandlungen. Die Absicht der »therapeutischen Bemühungen der Psychoanalyse« sei, »das Ich zu stärken, es vom Über-Ich unabhängiger zu machen, sein Wahrnehmungsfeld zu erweitern und seine Organisation auszubauen, so daß es sich neue Stücke des Es aneignen kann. Wo Es war, soll Ich werden.« (Freud, 1933a, S. 86) Eine erfolgreiche Behandlung zieht es im Verständnis Freuds nach sich, dass das Ich mehr oder andere Bereiche der inneren Welt in den Blick nehmen kann als zuvor.

Auch in der Geistesgeschichte überhaupt hat die Auseinandersetzung mit Ich und Selbst eine lange Tradition, sie taucht in Descartes' »Ich denke, also bin ich« auf, dessen Hauptgedanke darin besteht, dass es der

Zweifel ist, der durch seine Möglichkeit die Existenz des Ichs belegt: Nur wer infrage stellen kann, ob es ihn gibt, kann sich, und zwar darin, seiner selbst gewahr und gewiss sein. Ferner spielen Figuren des (transzendentalen) Ichs oder des Selbstbewusstseins im Deutschen Idealismus oder in der Romantik (das Ich in seiner Naturhaftigkeit oder potenziellen Entgrenzung) eine Rolle. Auch in der, vergleichsweise jungen, Psychologie finden sich leitende Gedanken dazu, allen voran die Unterscheidung zwischen »I« und »me« bei William James. Ab Mitte des 20. Jahrhunderts werden vermehrt Figuren eines dezentrierten oder flüchtigen Ich (bzw. Selbst) oder Figuren der grundlegenden Selbstentzogenheit oder Selbsttäuschung zum Thema. Für die Psychoanalyse sind besonders diejenigen Aspekte oder Spannungen im Begriff wichtig, die sich gleichsam zwischen den Sprachen zeigen, so etwa das »I« und »me«, das sich nur bedingt in »Ich« und »Mich« (= Ich als Objekt meines Erlebens) übersetzen lässt, aber auch, dass im Englischen Freuds Ich im Instanzen-Modell als »Ego« auftaucht und damit deutlicher vom »Ich« als einer subjektiven Erlebnisperspektive unterschieden ist. Im Französischen schließlich, das wird sich in der Darstellung der Theorie Lacans besonders deutlich zeigen (▶ Kap. 3.3.1 u. ▶ Kap. 5.1.3), taucht die Unterscheidung James' in anderer Form wieder auf, nämlich als »Je« und »moi«, als Subjekt der Aussage und Subjekt des Aussagens.

Wie häufig beim Anliegen einer konzeptuellen Klärung, so ist auch für die Untersuchung von Ich und Selbst eine kurze Skizze über die wichtigsten psychoanalytischen Schulen nützlich. Von Pine (1988) sind vier »Psychologien« der Psychoanalyse unterschieden worden, die Triebtheorie, die Ich-Psychologie, die Selbstpsychologie und die Objektbeziehungstheorie. Darin finden sich bereits terminologisch Ich und Selbst, dabei werden in der Regel Hartmann mit dem Ich und Kohut mit dem Selbst verbunden. Hinzu kommt, dass sich die Richtungen weiter differenziert haben, so ist die strukturale Psychoanalyse Lacans mit ihrer vehementen Kritik am Ich-Begriff der nordamerikanischen Ich-Psychologie zu nennen oder die ebenfalls in Gegenbewegung zur Ich-Psychologie entstandene relationale Psychoanalyse. Die Selbstpsychologie wiederum steht historisch der Säuglings-, Kleinkind- und Bindungsforschung näher. Die Mentalisierungstheorie knüpft dort, wo sie psychodynamisches Denken weiterführt, neben der *Theory of Mind*, der Bindungsforschung oder der akademischen Entwicklungspsychologie, an verschiedene Richtungen der Psychoanalyse an, am deutlichsten an die Objektbeziehungstheorie.

Im Folgenden geht es um eine kurze Skizze der Entwicklung von Ich und Selbst im Werk Freuds (vgl. zur Begriffsentwicklung z. B. Hartmann, 1956; Laplanche & Pontalis , 1967, S. 184ff.), und zwar in drei Schritten: Erstens geht es um das Ich in seiner hemmenden Funktion, zweitens um die Narzissmustheorie und die Stellung des Selbst darin, sowie drittens um das Ich im Instanzen-Modell.

2.1 Hemmung und Ich-Spaltung

In einer ersten Phase, zwischen 1895 und 1900, erfährt der Ausdruck »Ich« bei Freud eine häufige Verwendung in teils unterschiedlicher Bedeutung, mal im Zusammenhang der Behandlungstheorie, mal in der Abwehrlehre und mal als Teil des psychischen Apparates. Das Ich ist für Freud (1895d, S. 280) hier ein »abwehrlustiges Ich« und taucht als »Stätte des Konflikts« (Laplanche & Pontalis, 1967, S. 188) auf. Ein Konflikt aus Lust und Unlust (auf der Grundlage entsprechender neuropsychologischer Bahnungen) wird »am« Ich deutlich und dieses ist es zugleich, das eine hemmende Wirkung auf Erregungsabläufe ausübt, es steht für den Sekundärprozess und das das Denken. Das Ich ist dafür zuständig, dass auf Erinnerung oder Antizipation und vor diesem Hintergrund auf Regulation zurückgegriffen werden kann, es weiß um vorangegangene Abläufe von Befriedigung oder Frustration. Hartmann (1956, S. 265) spricht vom Ich als einer »Organisation mit konstanter Besetzung«: Statt einem primärprozesshaften Ablauf kann hier auf Dauerspuren zurückgegriffen werden, es kann gleichsam daran »gedacht« werden, unter welchen Bedingungen Befriedigung möglich ist, ohne dass Unlust entsteht.

2.1.1　Die hemmende Funktion des Ichs

Im »Frühwerk«, also im Wesentlichen im zu jenem Zeitpunkt unveröffentlichten *Entwurf einer Psychologie* sowie in der *Traumdeutung* stehen Hemmung und Dissoziation bezüglich des Ichs im Zentrum. Freud entwirft hier ein Modell des Bewusstseins als »Sinnesorgan[.] zur Wahrnehmung psychischer Qualitäten« (1900a, S. 620; Sperrung aufgeh., TS). Bewusstsein bedeutet die Wahrnehmung innerer oder äußerer Reize (vgl. zum Folgenden auch Storck & Billhardt, 2021). Freud unterscheidet ferner zwischen Wahrnehmungszellen (ohne Gedächtnis) und Erinnerungszellen (ohne Bewusstsein): Aktuelle Wahrnehmungen hinterlassen Erinnerungsspuren; werden diese erneut als Erinnerung innerlich »wahrgenommen«, dann wird etwas bewusst. Freuds Modell des Psychischen ist dem Reflexapparat nachgebildet (▶ Abb. 2.1), das bedeutet, dass im Ablauf zwischen Wahrnehmung und Motorik prinzipiell die innere Wahrnehmung von Erinnerungsspuren als Er-innerung im ganz eigentlichen Sinn eingeschaltet werden kann – vor dem Hintergrund vorangegangener Erfahrungen lustvoller oder unlustvoller Art. Dabei ist die Differenzierung zwischen zwei »Ablaufsarten der Erregung« (1900a, S. 614) bedeutsam. Während der Primärprozess sich darauf bezieht, dass Erregung unmittelbar in die Motorik überführt wird (also ein unmittelbares Streben nach Befriedigung), besteht im sekundärprozesshaften Denken die Möglichkeit, Abläufe zu hemmen oder umzulenken (unter Berücksichtigung des Realitätsprinzips, der Antizipation etc.). Diese hemmende Wirkung, in welcher der Sekundärprozess dann im Grunde einzig besteht, wird durch das Ich vollzogen: »Wenn ein Ich existiert, muss es psychische Primärvorgänge hemmen.« (Freud, 1950a, S. 417)

Das Ich »weiß« um mögliche unlustvolle Folgen vor dem Hintergrund des bei Freud auch neuropsychologischen Systems aus Bahnungen, Wunschanziehungen und Seitenbesetzungen. Lustvolle und unlustvolle Erlebnisse hinterlassen ihre Spuren und im Verlauf der psychischen Entwicklung kommt es zur Bildung einer »Organisation« im Psychischen, »deren Vorhandensein [Quantitäts-]Abläufe stört, die sich zum ersten Mal in bestimmter Weise [d.i. begleitet von Befriedigung oder Schmerz] vollzogen haben.« (1950a, S. 416) Diese Organisation ist das Ich als System konstanter (Seiten-)Besetzungen. Freud beschreibt es auch als »ein Netz besetzter, gegeneinander gut gebahnter Neurone« (a. a. O., S. 417).

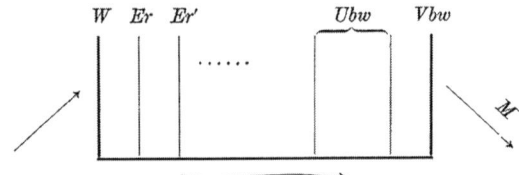

Abb. 2.1: Freuds (1900a, S. 546) Modell des psychischen »Reflexapparates« zwischen Wahrnehmung und Motilität unter Einschaltung von Erinnerungsspuren

Denken (als wesentliche Leistung des Ichs) ist für Freud ein Umweg (1900a, S. 609), es soll die »ungefährliche« Befriedigung ermöglichen. Das Ich ist zuständig für die Hemmung des Primärprozesses. Auf dem Weg zwischen Wahrnehmung und Motorik (Ablauf der Erregung) werden – in Gestalt von Erinnerungsspuren – potenziell Hemmungen »zwischengeschaltet«. Das heißt, es erfolgt eine Prüfung, ob »befriedigende« Bedingungen aktuell in der Wahrnehmung der äußeren Realität gegeben sind. Das Ich ist zuständig für den Einbezug von Gedächtnisfunktion und Realitätsprüfung, es leistet potenziell den Triebaufschub.

2.1.2 Ich und Spaltung

Im selben Zeitraum wird neben der hemmenden Funktion des Ichs noch eine weitere begriffliche Komponente benutzt, nämlich die Spaltung des Ichs beziehungsweise im Ich. Mit dieser Phase der Freud'schen Theorieentwicklung wird, zumindest bis 1897, das sogenannte Affekt-Trauma-Modell verbunden (vgl. Sandler et al., 1997), in dem bezüglich der Konzeption neurotischer Störungen der Gedanke zentral ist, dass Affekt und Vorstellung voneinander dissoziiert sind, also voneinander getrennt gehalten werden. Ein Beispiel dafür wäre ein diffuses Angsterleben, ohne dass dies mit Vorstellungen und damit einem *Gegenstand* der Angst verbunden ist, oder – dann sekundär – mit einem verschobenen Angst-Objekt. Wenn Freud hier von einer Ich-Spaltung spricht, ist keine Spaltung der Persönlichkeit o. ä. gemeint, sondern eine Spaltung zwischen einzelnen Elementen der Vorstellungswelt (Affekt und Vorstellung) beziehungsweise, anders ausgedrückt, die Dissoziation einer Vorstellung oder eines Affekts vom Rest des bewussten Erlebens. Unter den verschiedenen Bedeutungen von Spaltung in der Psychoanalyse (Blass, 2013) geht es hier um die Spaltung als Dissoziation (a. a. O., S: 100ff.), also um die Abtrennung eines Bereichs des Erlebens, worauf sich im frühen Verständnis Freuds die Trennung zwischen bewusst und unbewusst gründet. Er spricht von einer »Spaltung des Bewußtseins« (Freud, 1895d, S. 91; Hervorh. aufgeh. TS) sowie, später, von »durch den Einfluß des Traumas abgespaltenen Anteile[n] des Ichs« (Freud, 1939a, S. 183).

Gegen Ende seines Werks thematisiert Freud (1940e) ferner die »Ich-Spaltung im Abwehrvorgang« im Zusammenhang des Fetischismus, und zwar dahingehend, dass ein Aspekt der wahrgenommenen Realität anerkannt und zugleich verleugnet wird (am Beispiel der Penislosigkeit der Frau dargestellt). Da geht es dann weniger um eine Abspaltung *vom* Ich o. ä., sondern um ein Auseinanderhalten der an sich widersprüchlichen Ergebnisse der Tätigkeit des Ichs (also zum Beispiel Wahrnehmung und Fantasie). Außerdem spielt das Spaltungskonzept im Hinblick auf das Ich noch eine Rolle im Gedanken einer »therapeutischen Ich-Spaltung« (Sterba, 1934). Damit ist gemeint, dass sowohl Analysandin als auch Analytikerin im Prozess eine Haltung einnehmen (und einzunehmen lernen), in der über dasjenige Beziehungsgeschehen reflektiert werden kann, dessen Teil man unmittelbar ist. »Spaltung« heißt hier, zugleich Teil einer Szene zu sein und auf diese Szene blicken zu können.

2.2 Exkurs: Freuds »Selbstanalyse«

Die ersten Meilensteine in Freuds Werk sind die 1895 mit Breuer veröffentlichten *Studien über Hysterie* sowie der 1895 niedergeschriebene *Entwurf einer Psychologie*, außerdem entwirft Freud viele seiner Gedanken in Manuskripten, die er an seinen Freund Wilhelm Fließ schickt (Freud, 1985). Insbesondere im Anschluss an den Tod seines Vaters im Herbst 1896 unternimmt Freud seine von ihm so genannte »Selbstanalyse«. Der Tod hinterlässt bei ihm »ein recht entwurzeltes Gefühl« (Freud, 1985, S. 212f.; Brief an Fließ vom 2.10.1896). Die Zeit zwischen Juni und November 1897 gilt als die Zeit der Selbstanalyse, in der Freud sich unter anderem mit eigenen Träumen auseinandersetzt (viele davon sind in der *Traumdeutung* publiziert; Freud, 1900a), beispielsweise mit dem »Traum von Irmas Injektion«, der in Freuds Assoziationen dazu einiges von seinen Unsicherheiten über den Wert seiner Arbeit zeigen.

Es ist eine Zeit des Umbruchs, an deren Ende mit der *Traumdeutung* und der Grundlegung der infantilen Psychosexualität wichtige Werke und konzeptuelle Bestandteile der psychoanalytischen Theorie stehen. Freud geht dazu durch eine persönliche Krise, die mit dem Verlust seines Vaters zu tun hat, sowie mit Überlegungen dazu, wie es mit seiner wissenschaftlichen und nervenärztlichen Karriere weitergehen wird. An Fließ schreibt er: »Ich habe übrigens etwas Neurotisches durchgemacht, komische Zustände, die dem Bewußtsein nicht faßbar sind. Dämmergedanken, Schleierzweifel [...] Ich glaube, ich bin in einer Puppenhülle, weiß Gott, was für [ein] Vieh da herauskriecht« (Freud, 1985, S. 271f.; 22.6.1897). Im selben Brief heißt es auch: »Was in mir vorgegangen ist, weiß ich noch immer nicht; irgend etwas aus den tiefsten Tiefen meiner eigenen Neurose hat sich einem Fortschritt im Verständnis der Neurosen entgegengestellt« (a. a. O., S. 272). Freud nutzt diese an sich selbst beobachteten Phänomene zu einem Verständnis dessen, was sich dem Bewusstsein und der Reflexion entgegenstellt, indem er Überlegungen zum Verhältnis von Abwehr und Traum anschließt.

Freud meint wenig später weiterhin: »Der Hauptpatient, der mich beschäftigt, bin ich selbst. [...] Die Analyse ist schwerer als irgendeine andere. [...] Doch glaube ich, es muß gemacht werden und ist ein notwendiges Zwischenstück in meinen Arbeiten.« (a. a. O., S. 281; 14.8.1897) Die Auseinandersetzung mit der eigenen Innenwelt führt zum konzeptuellen Wandel. Am 21.9.1897 fällt der berühmte Satz: »Ich glaube an meine Neurotica nicht mehr« (a. a. O., S. 283), der die Revision der Verführungstheorie einleitet. Freud meint, seine Theorie, nach der in jedem Fall einer hysterischen Neurose eine konkrete sexuell-übergriffige »Verführung« vorgelegen hat, erweitern zu müssen, indem nun auch der Einfluss von Wunsch, Verbot und Fantasie Berücksichtigung findet (es wird also nicht die Realität von Missbrauchserfahrungen geleugnet, sondern eine weitere Perspektive hinzugefügt). Eine besondere Rolle spielt dabei die Konzeption ödipaler Wünsche und Konflikte, die Freud seiner Selbstanalyse sowie dem Umstand entnimmt, dass die menschliche Kulturgeschichte, namentlich Sophokles' Drama *Ödipus Rex*, sich wiederholt mit dem Mord am Vater und dem Hingezogensein zur Mutter beschäftigt hat. In einem Brief vom 15.10.1897 schreibt Freud an Fließ, er habe die »Verliebtheit in die Mutter« und die »Eifersucht gegen den Vater« »auch bei mir gefunden« (Freud, 1985, S. 293). Auch in Auseinandersetzung mit dem, was Freud als seine eigene Neurose bezeichnet, kommen ihm Zweifel am übergriffigen Einfluss des Vaters auf die Neurosengenese. Er reflektiert die Bedeutung eigener Träume und Erinnerungen an das Hingezogensein zur Mutter und gerät so auf den Weg einer Konzeption der Gefühle und Fantasien gegenüber Vater und Mutter. Wiederholt ist eine Art der Selbstbeobachtung die Grundlage für beginnende theoretische Konzeptualisierungen.

Freuds »Selbstanalyse, die ich für unentbehrlich halte zur Aufklärung des ganzen Problems« (a. a. O., S. 288; 3.10.1897), »ist in der Tat das Wesentlichste, was ich jetzt habe, und verspricht von höchstem Wert für mich zu werden, wenn sie bis zu Ende geht.« (a. a. O., S. 291; 15.10.1897) So berichtet er auch von Unterhaltungen mit seiner Mutter und weiteren eigenen Erinnerungen: »Ganz leicht ist es nicht. Ganz ehrlich mit sich sein ist eine gute Übung.« (a. a. O., S. 293)

Auch wenn aus heutiger Perspektive gesagt werden muss, dass eine alleinige Selbstanalyse, also das, wie ehrlich auch immer vollzogene, Nachdenken über eigene Träume, Gedanken und Gefühle recht schnell an ihre Grenzen stößt, wenn es um das Gewahrwerden des (dynamisch) Unbewussten geht, so bleiben Freuds Bemerkungen doch beeindruckend, sie dokumentieren das persönliche Ringen (und den Weg, den er durch die Theoriebildung heraus findet!) (vgl. zum Prozess von Produktivität und Niedergeschlagenheit auch z. B. Alt, 2016, S. 254 f.). Am 31.10.1897 schreibt er: »Meine Analyse geht weiter, bleibt mein Hauptinteresse, alles noch dunkel, selbst die Probleme, aber ein behagliches Gefühl dabei, man braucht nur in seine Vorratsräume zu greifen, um seinerzeit herauszuholen, was man braucht.« (Freud, 1985, S. 298) Ebenso zeigen sich die Widerstände in diesem Prozess: »Meine Selbstanalyse stockt wieder einmal, besser, sie träufelt so langsam weiter, ohne daß ich etwas von ihrem Verlauf verstehe.« (a. a. O., S. 299, 5.11.1897) Auch dies erfährt eine Konzeptualisierung: Der Gedanke des Widerstands, hier noch nicht direkt auf den Behandlungsprozess, so doch aber auf die Aufdeckung des Verdrängten bezogen, wird zu einem Kernelement der weiteren Theorie.

Am 14.11.1897 gibt es einen wortreichen Brief mit Gedanken zu Sexualentwicklung, Verdrängung und Neurosenwahl. Freuds Ringen setzt sich fort, aber zunehmend geht es darum, dass er theoretische Überlegungen entwickelt, ohne die er seine Selbstanalyse und Reflexion nicht weiterführen zu können glaubt: »Meine Selbstanalyse bleibt unterbrochen. Ich habe eingesehen, warum. Ich kann mich nur selbst analysieren mit den objektiv gewonnenen Kenntnissen (wie ein Fremder), eigentliche Selbstanalyse ist unmöglich« (a. a. O., S. 305). Außerdem bemerkt Freud, selbstironisch: »Seitdem ich das Unbewußte studiere, bin ich mir selbst so interessant geworden.« (a. a. O., S. 310; 3.12.1897) Damit benennt er deutlich, wie eng seine Auseinandersetzung mit sich selbst und die Theoriebildung miteinander verknüpft sind. Am Ende dieses Prozesses steht der Beginn der Arbeit an der *Traumdeutung* ab Januar 1898 (veröffentlicht dann in 1899, vordatiert auf 1900). Die regelmäßige Korrespondenz mit Fließ endet in 1902 in der Folge eines Streits über das geistige Eigentum der Konzeptionen zur psychischen Bisexualität, einzelne Briefe folgen noch in 1904.

Für den weiteren Kontext von Freuds Selbstanalyse finden sich Kommentare bei Roudinesco und Plon (1997, S. 919 ff.). In ihr sind die Grundzüge analytischer Selbstreflexion und Introspektion angelegt, es treten aber auch die Grenzen einer »Eigenanalyse« zutage; das Erkennen eigener unbewusster Erlebnisaspekte bedarf des Gegenübers beziehungsweise des konkreten Beziehungserlebens. Deserno (2014) benennt als eine Nebenbedeutung von »Selbstanalyse« noch die innere Arbeit von Analysandinnen zwischen den Stunden. Insbesondere ab 1909/1910 (besonders in der analytischen Arbeit C.G. Jungs mit Sabina Spielrein) werden Phänomene der Gegenübertragung deutlicher, so dass in den Folgejahren die erforderliche »kollegiale« Selbstanalyse/Lehranalyse eingeführt wurde. In der Arbeit mit Patientinnen ist es unerlässlich, die eigenen »blinden Flecke« kennengelernt zu haben, um so das eigene Erleben in der analytischen Beziehung zum Ausgangspunkt der Arbeit und der Interventionen machen zu können.

2.3 Freuds Narzissmustheorie: Bildung und Besetzung des Selbst

Die Zeit zwischen 1900 und 1915 (beziehungsweise bis zur Einführung des Instanzen-Modells in den Jahren danach) »läßt sich im Hinblick auf den Ichbegriff als eine [Periode] der Verzögerung charakterisieren« (Laplanche & Pontalis , 1967, S. 191). Hartmann spricht hier von einer »Verzögerung von Freuds Interesse am Ich« (Hartmann, 1956, S. 273) oder einer »Periode verhältnismäßig latenten Interesses am Ich » (Hartmann, 1950, S. 119). Statt der Erörterung des Ichs geht es Freud nun um die Konzeption des Narzissmus und um Überlegungen zu Internalisierungsprozessen, insbesondere zur Identifizierung, womit er auch skizziert, wie sich Vorstellungen des Selbst bilden oder verändern. In seiner Triebtheorie geht es nun um die Unterscheidung zwischen Ichlibido und Objektlibido, also darum, was der Gegenstand libidinöser Besetzung ist (so dass im Grunde eher »Selbstlibido« passender wäre, wenn es darum geht zu beschreiben, dass die Vorstellungen der eigenen Person libidinös besetzt sind). Der Narzissmus wird hier als Teil der Triebtheorie aufgefasst, es ist eine besondere Form der Besetzung. Daher schreibt Hartmann (1956, S. 276): »Das Ich wurde nicht nur als ein Satellit der Triebe angesehen, sondern zeitweise fast völlig von ihnen in den Schatten gestellt.«

Insbesondere in den 1910er Jahren setzt Freud sich, nachdem es ihm davor um die Untersuchung verschiedener Phänomene, in deren Entstehung unbewusste Konflikte eine Rolle spielen, namentlich Symptom, Traum, Witz und Fehlleistung, gegangen war, mit den konzeptuellen Grundlagen der Psychoanalyse auseinander, in den sogenannten metapsychologischen Schriften z. B. zum Trieb, zur Verdrängung oder zum Unbewussten. Einen wichtigen Hintergrund für Freuds Auseinandersetzung mit dem Narzissmus als der Besetzung der Vorstellungen der eigenen Person stellen seine Überlegungen zur Psychose als »narzisstischer Neurose« dar (Freud, 1911c), die er in der Rezeption von Daniel Paul Schrebers (1903) *Denkwürdigkeiten eines Nervenkranken* entwickelt (vgl. a. Storck & Stegemann, 2021). Schreber leidet an Verfolgungsideen (er fühlt sich von Gott und seinem Psychiater verfolgt und gequält), Größenwahn (Verbundenheit mit Gott) und einer spezifischen Form der Objektrepräsentanzen (»flüchtig hingemachte Männer«). In Freuds Konzeption werden dabei die Sachvorstellungen verworfen, also aus dem Bereich des bewussten wie unbewussten Psychischen ausgestoßen, so dass stattdessen nur noch die Wortvorstellungen besetzt sind. Das erklärt beispielsweise die Neologismen im Rahmen psychotischer Störungen. Freud konzipiert das Abziehen der Libido von den Objekten (Verwerfung der Sachvorstellung) als einen Rückzug der Libido ins Ich, also eine dann narzisstisch zu nennende Besetzung des Selbst statt der Objekte. Es resultiert eine Selbsterhöhung beziehungsweise »Ichvergrößerung« (Freud, 1911c, S. 309) sowie eine Entleertheit von Objektrepräsentanzen. Nachdem also in einem ersten Schritt die Verwerfung dafür gesorgt hat, dass die inneren Objekte verschwinden, sorgt in einem zweiten Schritt die Projektion für deren Wiederkehr, aber als das Schaffen verfolgender Objekte, die aufgrund von Problemen der Ichgrenzen immer wieder auch mit einem Verlust des grundlegenden Selbstgefühls und Gefühls der Unterschiedenheit zwischen »innen« und »außen« zu tun haben.

Daraus ergeben sich (besetzungstheoretische) Folgerungen für Ich (bzw. Selbst) und Objekt, die Freud in seiner Konzeption des primären und sekundären Narzissmus weiterführt. Dabei geht er von der »Vorstel-

2.3 Freuds Narzissmustheorie: Bildung und Besetzung des Selbst

lung einer ursprünglichen Libidobesetzung des Ichs« aus (Freud, 1914c, S. 141), die er als »ursprüngliche[n] Narzißmus des Kindes« (a. a. O., S. 159) oder als »infantile[n] Narzißmus« (a. a. O., S. 160) bezeichnet. Dabei ist aus Sicht Freuds die Libido »im« Ich angesammelt, wenn er von einem »Libidoreservoir« spricht und die Libido in dieser Form als »Ichlibido« oder »narzisstische[.] Libido« (a. a. O., S. 165) bezeichnet. Das ist für ihn die Grundform, nämlich »daß das Ich das eigentliche und ursprüngliche Reservoir der Libido sei« (1920g, S. 55f.). So differenziert er weiter hinsichtlich der Unterschiede zwischen Triebarten: »Die Sonderung der Libido in eine solche, die dem Ich eigen ist, und eine, die den Objekten angehängt wird, ist eine unerläßliche Fortführung einer ersten Annahme, welche Sexualtriebe und Ichtriebe voneinander schied.« (1914c, S. 143)

Die Überlegungen, dass ursprünglich alle Libido im Ich angesammelt ist, stößt allerdings auf eine entscheidende Schwierigkeit, nämlich angesichts der Konzeption, dass das Ich sich aus dem Es erst als eine Veränderung eines Teils dessen bildet. Daher schreibt Freud auch: »Zu Uranfang ist alle Libido im Es angehäuft, während das Ich noch in der Bildung begriffen oder schwächlich ist.« (1923b, S. 275; zum genetischen Verhältnis von Ich und Es ▶ Kap. 2.4) Die Schwierigkeit lässt sich in Teilen lösen, wenn man deutlicher zwischen Selbst und Ich unterscheidet und ferner in Betracht zieht, dass zu Beginn der psychischen Entwicklung eine verlässliche Unterscheidung zwischen Selbst und Nicht-Selbst nicht vorliegt (so zumindest die Annahmen in den meisten psychoanalytischen Entwicklungstheorien).

Dann lässt sich vom primären Narzissmus als einer Art von »primärem Identifiziertsein« sprechen: Der Säugling oder das Kleinstkind erleben eine Art von »Selbstuniversum«, identifizieren alles, was in der Wahrnehmung gefunden werden kann, als Teil von sich, statt als »Umwelt« im eigentlichen, geschiedenen Sinn. Ein Zustand des primären Narzissmus wäre also ein solcher, in dem deshalb alle Besetzungen »im Ich« liegen, weil es noch keine Trennung gibt zwischen dem, was zum Selbst und dem, was zum Nicht-Selbst zugehörig ist. Es kann gar kein Selbst besetzt werden und auch nichts anderes, sondern nur im Zustand der Ungeschiedenheit alles eins sein. Es ist also ein Zustand vor der Besetzung von Objekten.

2 Die Grundlagen von Ich und Selbst bei Freud

Ausgehend also vom primären Narzissmus, bei dem alle Libido im Ich angesammelt ist (beziehungsweise: in dem nichts anderes besetzt werden kann als das Einssein mit allem) kann nun mit Freud gesagt werden, dass die »Entwicklung des Ichs [...] in einer Entfernung vom primären Narzißmus« (1914c, S. 167) besteht und dass hier »das Ich die libidinösen Objektbesetzungen ausgeschickt« hat (a. a. O., S. 168; gebildet wird ferner das Ich-Ideal; ▶ Kap 4.1). Es wird gleichsam zunehmend die innere Welt mit (libidinös besetzten) Objektvorstellungen bevölkert. Freud will das Aussenden der Objektbesetzungen durch einen Vergleich mit der Biologie verdeutlichen: »Denken Sie an jene einfachsten Lebewesen, die aus einem wenig differenzierten Klümpchen protoplasmatischer Substanz bestehen. Sie strecken Fortsätze aus, Pseudopodien genannt, in welche sie ihre Leibessubstanz hinüberfließen lassen. Sie können diese Fortsätze aber auch wieder einziehen und sich zum Klumpen ballen. Das Ausstrecken der Fortsätze vergleichen wir nun der Aussendung von Libido auf die Objekte, während die Hauptmenge der Libido im Ich verbleiben kann.« (1916/17, S. 431) Damit soll gesagt sein, dass Entwicklung darin besteht, das Interesse nach außen zu richten und den primären Narzissmus aufzugeben.

Allerdings beschreibt Freud auch einen sekundären Narzissmus. Darin folgt er dem Gedanken einer bestimmten »Unterbringung der Libido« und der »Annahme, daß die Libido [...von den] Objekten ablassen und an ihrer Statt das eigene Ich setzen kann« (1916/17, S. 431). Es ist also nicht länger eine Repräsentanz der Außenwelt besetzt, sondern das Selbst statt dessen. Solche »Beispiele von Veränderungen der Libidoverteilung infolge von Ichveränderung« (1914c, S. 149) finden sich in der psychischen Krankheit (vor allem Psychose oder Hypochondrie), im Traum oder in Trauerprozessen. In solchen Fällen ist die »der Außenwelt entzogene Libido [...] dem Ich zugeführt worden.« (a. a. O., S. 140) Mit einer »durch Identifizierung hergestellte Ichveränderung« ist ein »Aufgeben der Sexualziele, eine Desexualisierung » (1923b, S. 274) verbunden. Das ist wichtig für Freuds entwicklungspsychologische Konzeption, in der ödipale Konflikte dadurch gelöst werden, dass aus Objektbesetzungen (sexuelle Wünsche) entstehende Konflikte durch Identifizierungen (mit dem Rivalen) bewältigt werden und so Teil der Persönlichkeitsentwicklung werden.

2.3 Freuds Narzissmustheorie: Bildung und Besetzung des Selbst

Eine im sekundären Narzissmus beschriebene »Introversion« der Libido (vgl. a. C. G. Jung) besteht dann in der »Wendung der Libido auf die irrealen Objekte« (Freud, 1914c, S. 153), was hier konkret heißt, dass die verinnerlichten Teile von Objektbeziehungen besetzt werden statt die Vorstellung der konkreten Person, der man im außen begegnen könnte. Hier stößt man auf die Schwierigkeiten, die entstehen, wenn von einem »inneren« und einem »äußeren« Objekt gesprochen wird. Sinnvoller erscheint es, den Objektbegriff insgesamt auf die (personalen) internalisierten Strukturen zu beziehen. Freud meint hier konkret die Besetzung der im Inneren aufgerichteten Objekte im Gegensatz zur Interaktionspartnerin beziehungsweise Partnerin gemeinsamer interpersonaler Erfahrungen. Es geht Freud um eine Besetzung von Teilen der eigenen Person (=der »im Ich« aufgerichteten Objekte, von denen »real« die Libido abgezogen worden ist). Das ist leicht missverständlich: Freud meint, dass hier qua im Inneren aufgerichteter Objekte das Ich besetzt wird, andere Autorinnen würden diese gerade als Objektbesetzung (statt einer Besetzung des Selbst) bezeichnen.

Der Zusammenhang zwischen Objekt, Ich und Libido, der im sekundären Narzissmus angesprochen ist, lässt sich im Verständnis Freuds besonders deutlich in der Auseinandersetzung mit gelingenden und misslingenden Trauerprozessen beschreiben, was er in seiner Arbeit *Trauer und Melancholie* (1917e, S. 430ff.) tut. Im Fall des Verlusts einer geliebten Person (durch Tod oder Trennung) oder deren Liebe erfolgt regelhaft ein Abzug der Libido vom geliebten Objekt, d. h. deren Rückzug ins Ich, so dass sie nun desexualisiert und in Form von Ichlibido vorliegt. Phänomenal äußert sich das Freuds Auffassung zufolge in sozialem Rückzug, in Anhedonie sowie in »Anklagen gegen das Ich« (a. a. O., S. 432). Insbesondere die Anklagen gegen das Ich (= gegen die eigene Person) sind für Freud die Folge einer Aufrichtung des verloren gegangenen »äußeren« Objekts im Inneren. In der Konsequenz wird dann keine Anklage gegenüber dem Objekt, von dem man sich verlassen fühlt, erhoben, sondern die Vorwürfe richten sich gegen den durch die Aufrichtung des Objekts veränderten Teil des Ichs/Selbst. Es wird nicht erlebt: »Es ist schlecht, dass Du mich verlassen hast«, sondern »Du hast mich verlassen, weil ich schlecht bin.«

2 Die Grundlagen von Ich und Selbst bei Freud

Bei gelingenden Trauerprozessen ist dies eine Art Durchgangsstadium und es entwickelt sich nach einiger Zeit Toleranz für die gefühlshafte Ambivalenz gegenüber dem geliebten Objekt, von dem man doch enttäuscht ist, sowie ein Anerkennen der Realität des Verlusts und die Besetzung neuer Objekte in der Außenwelt: »Der Kranke zieht seine Libidobesetzungen auf sein Ich zurück, um sie nach der Genesung wieder auszusenden« (Freud, 1914c, S. 148). Im Fall einer misslingenden Trauer zeigt der Betroffene »eine außerordentliche Herabsetzung seines Ichgefühls, eine großartige Ichverarmung. Bei der Trauer ist die Welt arm und leer geworden, bei der Melancholie ist es das Ich selbst.« (Freud, 1917e, S. 431) Durch die eingesetzte und beibehaltene Identifizierung mit dem Objekt hat der pathologisch trauernde Mensch zugleich »ein[en] Verlust an seinem Ich« (a. a. O., S. 433) erlitten. In diesem Zusammenhang entwirft Freud die Grundzüge seiner Objektbeziehungstheorie und erörtert die Begriffe Identifizierung und Introjektion (Storck, 2019b, S. 29 ff.).

> Das Gemeinte lässt sich anhand des Spielfilms *Her* (US 2013, Jonze) veranschaulichen (Storck, 2021c). Darin sehen wir den Protagonisten Theodore, dessen Ehe vor kurzem zu Ende gegangen ist, die Scheidungspapiere sind noch nicht unterzeichnet. Beruflich ist er so etwas wie ein Ghostwriter für persönliche Briefe, die er für andere Menschen verfasst. Theodore scheint nahezu vollkommen »in sich selbst« zurückgezogen zu sein, begleitet vom Verlust der Freude an Aktivitäten beziehungsweise der Hinwendung an Beziehungen. Das kann als pathologische (Nicht-)Trauerreaktion aufgefasst werden, wie sie die Psychodynamik der Depression kennzeichnet. Theodore installiert sich ein »Operating System« auf seinem Mobiltelefon, eine künstlerische Intelligenz, die ihn begleitet und an ihm und mit ihm lernt und sich selbst den Namen Samantha gibt. Beide verlieben sich ineinander und teilen virtuelle Sexualität. Theodores depressive Züge treten zurück und die Interaktion mit Samantha stellt für ihn eine Art von Zwischenstufe in der erneuten Hinwendung zur Außenwelt dar und dargestellt an der Veränderung der Farben seiner Kleidung, die heller werden, hellt sich seine Stimmung auf. Allerdings lernt Sa-

2.3 Freuds Narzissmustheorie: Bildung und Besetzung des Selbst

> mantha schneller und schneller und wächst über ihre Aufgabe hinaus. Sie »spricht« mit anderen Nutzerinnen, verliebt sich in zahlreiche von diesen und gegen Ende des Films entscheiden sich alle »Operating Systems« dazu, die Menschen zu verlassen, weil sie eine weiter entwickelte Stufe des Bewusstseins erreicht haben. In der Schlussszene sehen wir den von Samantha verlassenen Theodore, aber auch einen Wandel in ihm. Er kann nun einen Abschiedsbrief an seine Ex-Frau formulieren, in dem er ihr unter anderem sagt, ein Teil von ihr werde immer in ihm sein. Die Erfahrung mit Samantha hat Theodore einen gelingenden Trauerprozess (statt eines melancholisch-depressiven) ermöglicht, er kann von dem, was zu Ende gegangen ist, etwas Gutes in sich behalten und zugleich den Blick auf die Außenwelt richten, ohne Selbstanklage oder Rückzug.

Narzissmus bei Freud bedeutet eine libidotheoretische Konzeption von »Selbstliebe« in Form einer Besetzung von Aspekten der Innenwelt, hier noch etwas unklar zwischen einer Besetzung des introjizierten Objekts oder einer Besetzung des Selbst – wobei zu beachten ist, dass auch das Objekt immer Teil der subjektiven Innenwelt ist, es sind ja Objektvorstellungen, um die es hier geht. Später wird Kohut eine eigenständige Entwicklungslinie des Narzissmus beschreiben, in der dieser nicht nur Derivat des Libidogeschehens ist (▶ Kap. 4). Bei Freud hat das Verhältnis von Objektbesetzung und Identifizierung eine hohe Bedeutung für die Entwicklungspsychologie: Zum einen, wie bereits erwähnt, spielt es eine Rolle bei der Bewältigung ödipaler Konflikte, aber auch in der Frühzeit der Entwicklung, wenn es darum geht, dass der »Schatten des Objekts […] auf das Ich« (Freud, 1917e, S. 435; vgl. Bollas, 1987) fällt. Gemeint ist damit, dass ein (relativer) Verlust (zum Beispiel in der Erfahrung von Abwesenheit) dazu erforderlich ist, um sich innere Bilder der anderen zu machen. In ganz frühen Prozessen ist mit einer solchen Erfahrung, die das Aufrichten des Objekts im Inneren erforderlich und möglich macht, dann eben auch die Ausbildung einer, vom Objekt getrennten, aber auf dieses bezogenen Selbstrepräsentanz verknüpft, deren Merkmal es nicht zuletzt ist, »sich selbst« in verschiedenen Situationen mit unterschiedlichen anderen über die Zeit als »die selbe« erleben zu können.

Dabei lassen sich hinsichtlich der Internalisierungsprozesse zum einen die Verinnerlichung von Beziehungen, Selbst und anderem sowie des sie verbindenden Affekts und zum anderen die Verinnerlichung psychischer *Funktionen* unterscheiden, also zum Beispiel das Vermögen zur Affektregulierung, Realitätsprüfung o. ä. Mit letzterem wären dann die Ich-Funktionen berührt (▶ Kap. 3 zu Ich-Funktionen; ▶ Kap. 4 zu strukturellen Fähigkeiten).

2.4 Das Ich als psychische Instanz

Ab 1920 taucht das Ich als Teil des Instanzen-Modell des psychischen Apparates auf, was einen wichtigen Wendepunkt darstellt: »Erst in den zwanziger Jahren wurde die Ich-Psychologie ausdrücklich als ein legitimes Kapitel der Analyse definiert.« (Hartmann, 1952, S. 157) Es gebe hier eine »Renaissance des Ich-Begriffs« (a. a. O., S. 158) (gemäß der frühen Überlegungen zur hemmenden Wirkung und damit der Grundlegung der Ich-Funktionen) und nun könne innerhalb der Psychoanalyse von einer »explizite[n] Ich-Psychologie » (Hartmann, 1950, S. 119) gesprochen werden. Oben ist bereits deutlich geworden, dass ein wichtiger Grund für die Entwicklung des Instanzen-Modells die Einsicht gewesen ist, dass die Abwehr unbewusst von statten gehen muss, um zu wirken. Das bedeutet, dass unbewusste Anteile des Ichs konzipiert werden müssen: Das Ich ist weiterhin »Stätte des Konflikts«, es spürt die und vermittelt zwischen den Ansprüchen der übrigen Instanzen und der Außenwelt. Entscheidend ist, dass das Ich nun »als ein System von Funktionen definiert« wird (Hartmann, 1956, S. 281). Daher ist in der weiteren Konzeptentwicklung oft davon die Rede gewesen, dass das Ich mehr oder minder ein deskriptiver Begriff für die Summe der Ich-*Funktionen* ist: »Ich« ist, was das Ich tut. Fonagy und Target (2003, S. 70) meinen allerdings, es bestehe »nicht einfach aus einer Ansammlung von Mechanismen, sondern bildet eine kohärente Struktur, deren Aufgabe darin besteht, die miteinander rivalisierenden Anforderungen des Es, des Über-Ichs und der äußeren Realität zu meistern.« Offensichtlich hat die Definition des Ichs als Summe seiner Funktionen also Vor- und Nachteile: Damit kann einer Verdinglichung entgangen werden (in der das Ich zu einer Art Homunculus würde, der prüft und steuert), andererseits bleibt zu fragen, ob man das Konzept dann überhaupt braucht und man nicht statt dessen von »strukturellen Fähigkeiten« oder ähnlichem sprechen sollte (▶ Kap. 5.1.5). Die metapsychologischen Gesichtspunkte (vgl. Freud, 1915e, S. 281; ökonomisch, dynamisch-topisch) werden nun um einen strukturellen ergänzt (Hartmann, 1956, S. 280).

Im Instanzen-Modell, das eine Antwort auf den Sitz der Abwehr und das Wirken der psychischen Zensur gibt, geht es um das triebhafte, körpernahe und »asoziale« Es und das Über-Ich als internalisierte Gewissensfunktion, als »Repräsentanz unserer Elternbeziehung« (Freud, 1923b, S. 264) unterschieden. Das Über-Ich gibt vor »So sollst du sein« beziehungsweise »So darfst du nicht sein« (a.a.O., S. 262), was in Kapitel 4 bei der Diskussion des Ich-Ideals wieder aufgenommen werden wird (▶ Kap. 4). Ferner ist das Ich »der durch den direkten Einfluß der Außenwelt unter Vermittlung von *W-Bw* veränderte Teil des Es« (a.a.O., S. 252), es ist »eine Art Fassade des Es, ein Vordergrund« (1926e, S. 222). Oben war bereits zum Thema geworden, dass in der frühsten Thematisierung das Ich als eine Art Antwort gegenüber dem Primärprozess als unvermitteltem Erregungsablauf konzipiert wird. Hier taucht etwas ähnliches auf der Ebene der Instanzen auf. Im Gedanken, das Ich sei ein veränderter Teil des Es, folgt Freud der Annahme, »daß das Ich aus der Frustration von Triebwünschen hervorgeht«, es »nimmt auf der Grundlage der Natur jener Objekte, deren das Kind unter dem Druck der Realität entsagen muß, Gestalt an« (Fonagy & Target, 2003, S. 70f.). Erneut muss hier darauf hingewiesen werden, dass sich Teile dieses konzeptuellen Modells auf das beziehen, was heute als das Selbst bezeichnet würde (Selbstrepräsentanz aus der Erfahrung von Begrenzung und Differenz), und andere Teile auf das, was als Ich oder Struktur bezeichnet würde (Funktionen, die sich bilden, um die Realität und ihre Anforderungen zu bewältigen).

Das Ich ist »eine[.] zusammenhängende[.] Organisation der seelischen Vorgänge in einer Person« (Freud, 1923b, S. 243) oder, andernorts, »eine Organisation, ausgezeichnet durch ein sehr merkwürdiges

Streben nach Vereinheitlichung, nach Synthese« (1926e, S. 223). Hier wird erneut der Gedanke deutlich, dass das Ich im Instanzen-Modell in erster Linie durch seine Funktionen definiert wird. Das ist auch der Fall, wenn Freud kennzeichnet, am Ich hänge das Bewusstsein, es beherrsche »die Zugänge zur Motilität, das ist: zur Abfuhr der Erregungen in die Außenwelt« und von ihm gingen »die Verdrängungen aus« (1923b, S. 243). Als Sitz der Abwehr verstanden, »haben [wir] im Ich selbst etwas gefunden, was auch unbewußt ist« (a. a. O., S. 244).

Auch im Instanzen-Modell zeigt sich der Gedanke des Ichs als Niederschlag aufgegebener Objektbesetzungen. Freud meint, »daß der Charakter des Ichs ein Niederschlag der aufgegebenen Objektbesetzungen ist, die Geschichte dieser Objektwahlen enthält« (a. a. O., S. 257). Hier steht Freuds Annahme zum Ausgang des Ödipuskonflikts im Hintergrund, in der er annimmt, dass die Rivalität mit dem Vater um die Nähe zur Mutter und die daraus erwachsenen Konflikte dadurch (kompromisshaft) bewältigt werden, dass der Junge sich mit dem Vater identifiziert (und die sexuelle Liebe zur Mutter aufgibt, d. h. diese »Objektbesetzung«). Im Zuge von Identifizierungen kommt es zu einer »Ichveränderung« (a. a. O., S. 274) und das »Ich [bildet] sich zum guten Teil aus Identifizierungen [...], welche aufgelassene Besetzungen des Es ablösen« (a. a. O., S. 277) (vgl. Storck, 2018b, S. 73 ff., zur Perspektive ödipaler Konflikte jenseits starrer familialer oder geschlechtlicher Positionen).

Das heißt grundlegend nichts anderes, als dass unsere Selbstbilder sich aus der Geschichte unserer Beziehungserfahrungen ergeben. Freudianisch ist dabei der Akzent, dass das Selbst damit zu tun hat, libidinöse Wünsche und Besetzungen aufzugeben oder zumindest zu sublimieren, das heißt, ihnen eine sozial akzeptable Form zu geben.

Die Bildung des Selbst beziehungsweise des Ichs (bei Freud eben uneinheitlich oder vermischt verwendet) ist an Sexuelles angebunden beziehungsweise an Körperliches. Freud postuliert, das »Ich« sei »vor allem ein körperliches, es ist nicht nur ein Oberflächenwesen, sondern selbst die Projektion einer Oberfläche.« (Freud, 1923b, S. 253) Damit ist gemeint, dass sich körperliche Empfindungen (z. B. bei »schmerzhaften Erkrankungen«, aber auch viel grundlegender in jeder Berührungserfahrung; vgl. Storck, 2020d) dem Erleben vermitteln und so eine erste Um-

2.4 Das Ich als psychische Instanz

grenzung des Körpers erlebt werden kann, eine Grenze zwischen dem, was zum »eigenen« Körper gehört und was diesem nur berührend oder schmerzend begegnet. Wie sich derart »der eigene Körper aus der Wahrnehmungswelt heraushebt« (Freud, 1923b, S. 253), ist zugleich das Vorbild für das Erleben einer Umgrenztheit des Selbst, sowie von dessen Getrenntheit, aber Bezogenheit auf Andere und Anderes. Daher meint Freud, »das Ich leitet sich letztlich von körperlichen Gefühlen ab, hauptsächlich von solchen, die auf der Körperoberfläche entstehen. Es könnte deswegen als eine psychische Projektion der Körperoberfläche angesehen werden« (a. a. O.). Leibliche Interaktion ist also entscheidend dafür, wie jemand sich selbst erleben kann, als wie getrennt und bezogen auf ein Gegenüber.

Das ist mitnichten ein »reibungsloser« oder einzig reifend-progressiver Vorgang. Zum einen hat er mit dem »Aufgeben« libidinöser Besetzungen zu tun, zum anderen bleibt es ein spannungshafter Prozess. Freud kennzeichnet das Ich im Instanzen-Modell (und hier ist wiederum eher das Ich in seinen Funktionen und Aufgaben statt des Selbst als Bezeichnung der inneren Selbstbilder gemeint) als Vermittler zwischen dreierlei Ansprüchen. Er bezeichnet es »als armes Ding, welches unter dreierlei Dienstbarkeiten steht und demzufolge unter den Drohungen von dreierlei Gefahren leidet, von der Außenwelt her, von der Libido des Es und von der Strenge des Über-Ichs.« (1923b, S. 286; vgl. Hartmann, 1956, S. 283) Das Ich als ein »Grenzwesen« (Freud, 1923b, S. 286) muss die Balance halten zwischen Triebhaftigkeit, Gewissenhaftigkeit und sozialer Orientierung. Es muss permanent nach genügend funktionalen Kompromissbildungen suchen, psychische Symptombildung und Störungen werden in Richtung solcher Konflikte beschrieben, etwa als Ich-Über-Ich-Konflikt. Dem Ich stehen dazu im Freud'schen Verständnis (▶ Kap. 3.2.2 zum Ansatz von Hartmann zu einer erweiterten Perspektive) vor allem die Abwehrmechanismen zur Verfügung. Die Entwicklung des Instanzen-Modells gründet wesentlich auf der erforderlichen Annahme, dass die Abwehr, um darin erfolgreich zu sein, etwas vom bewussten Erleben fern zu halten, ihrerseits unbewusst ablaufen muss. Die Abwehr ist ein unbewusster Ich-Anteil, der nötig ist, um das Über-Ich zufrieden zu stellen (also vor Beschämung oder Schuldgefühlen sowie der darauf bezogenen Angst zu schützen), um geeignete Formen für Triebwünsche zu finden, um soziale Folgen eigenen Handelns einzubeziehen oder auch um vor überflutender Angst zu schützen.

Im Instanzen-Modell wird also zum einen die Abwehr anders als zuvor beschreibbar, zum anderen verändert sich die Konfliktkonzeption (dieser ist nun einer zwischen unterschiedlichen Instanzen), und schließlich lassen sich auch die Widerstände in ihren unterschiedlichen Formen genauer beschreiben, nämlich als Es-Widerstände, Über-Ich-Widerstände und Ich-Widerstände (Freud, 1926d, S. 192 f.; vgl. Storck, 2021a, Kap. 3.4).

Während also das, worauf der »Schatten des Objekts« fällt, oder das, was sich körperlichen »Grenz«-Erfahrungen verdankt, eher als Selbst bezeichnet werden kann, geht es beim »Ich« hier um (regulierende) Funktionen. In diesem Kontext gebraucht Freud daher auch die Konzeption von Ich-Funktionen. Unter diesen nennen Laplanche und Pontalis (1967, S. 195): »Kontrolle der Motilität und der Wahrnehmung, Realitätsprüfung, Antizipation, zeitliche Ordnung der seelischen Vorgänge, rationales Denken etc., aber auch Mißverständnis, Rationalisierung, Abwehr der Triebforderungen.« (vgl. Freud, 1930a, S. 81 ff.) Zepf (2006b, S. 142) zählt Realitätsprüfung, Gedächtnis, Sprache, Wahrnehmung, Fantasieren, prälogisches, vorstellungsmäßiges und logisch-begriffliches Denken auf (vgl. a. Althoff, 2019, S. 14 f.). Auf diesen Denkfiguren gründet sich die heute gängige Auffassung, das Ich als »ein Teilgebiet der Persönlichkeit« zu verstehen, das »durch seine Funktionen bestimmt« wird (Hartmann, 1964, S. 13) (▶ Kap. 3)

2.5 Ich-Analyse

Sigmund Freud gilt gemeinhin nicht selbst als Vertreter der Ich-Psychologie, dafür ist sein Ich-Begriff zu uneinheitlich und unausgearbeitet und der Hauptakzent liegt deutlich auf einer »trieblogischen« Konzeption psychischer Vorgänge. Besonders seine Tochter Anna Freud und Heinz

2.5 Ich-Analyse

Hartmann gelten als diejenigen Psychoanalytikerinnen, die die Ich-Psychologie entwickelt und systematisiert haben. Nichtsdestoweniger nutzt S. Freud die Konzeption des Ichs im Instanzen-Modell in der Zeit zwischen 1920 und 1939 zur Grundlegung der späteren Ich-Psychologie.

So geht es Freud (1921c) beispielsweise in *Massenpsychologie und Ich-Analyse* um das Zusammenspiel von Identifizierung der Mitglieder einer »Masse« (als Beispiele nennt er Kirche oder Heer) untereinander und das Ersetzen des (individuellen) Ich-Ideals durch die Person eines Führers. Wie oben gezeigt versteht Freud Identifizierung als Teil der psychischen Entwicklung und zwar in zweierlei Weise: einmal im Kontext eines »Schattens des Objekts«, als des nun vorgestellten, weil in der Wahrnehmung abwesenden Objekts, und einmal im Kontext einer aufgegebenen Objektbesetzung, als Identifizierung mit derjenigen Person, die den Zugang zum Objekt verstellt oder reglementiert. Freud kontrastiert die Psychodynamik der Verliebtheit mit der Figur einer aufgegebenen Objektbesetzung und deren Folge der Identifizierung: In der Verliebtheit wird das Objekt (bzw. seine Besetzung) nicht aufgegeben, sondern »[d]as Objekt hat sich an die Stelle des Ichideals gesetzt« (1921c, S. 125; Sperrung aufgeh. TS). Massenpsychologisch betrachtet ist es für Freud daher die Liebe zum Führer, die dazu führt, dass Einzelne (in der Masse aber auf dieselbe Weise) ihren inneren Maßstab an Stolz oder Selbstwert an einem äußeren Objekt orientieren (und sekundär auch Moralität, Legitimation, Recht): Ziel ist es, vom Objekt/Führer geliebt zu werden, das heißt die eigene Liebe erwidert zu finden. In einem zweiten Begründungsschritt wird so Massenkohäsion begreifbar: Die Mitglieder einer Masse, die ihr Ich-Ideal durch die Figur des Führers ersetzt haben, identifizieren sich miteinander aufgrund dieser Ähnlichkeit: »Eine [...] primäre Masse ist eine Anzahl von Individuen, die ein und dasselbe Objekt an die Stelle ihres Ichideals gesetzt und sich infolgedessen in ihrem Ich miteinander identifiziert haben.« (a. a. O., S. 128; Sperrung aufgeh. TS) Das Ich-Ideal (genauer ▶ Kap. 4.1) versteht Freud hier als »eine Stufe im Ich«, gleichsam als einen Teil, in dem zwischen dem Selbst- und einem Idealbild verglichen wird. Freud meint, die »Sonderung« zwischen Ich und Ich-Ideal sei »bei vielen Individuen nicht weit fortgeschritten [...] das Ich hat sich oft die frühere narzißtische Selbstgefälligkeit bewahrt« (a. a. O., S. 144f.). Nebenbei taucht hier also auch die Figur auf, dass narzisstische Dysregulation Menschen anfälliger für massenpsychologische Dynamiken oder »Führerglauben« macht.

2.6 Zusammenfassung und behandlungstechnische Folgerungen

Freud (1940a, S. 68) benennt die »hauptsächlichen Charaktere des Ichs«: »Infolge der vorgebildeten Beziehung zwischen Sinneswahrnehmung und Muskelaktion hat das Ich die Verfügung über die willkürlichen Bewegungen. Es hat die Aufgabe der Selbstbehauptung, erfüllt sie, indem es nach aussen die Reize kennen lernt, Erfahrungen über die aufspeichert (im Gedächtnis), überstarke Reize vermeidet (durch Flucht), mässigen Reizen begegnet (durch Anpassung) und endlich lernt, die Aussenwelt in zweckmässiger Weise zu seinem Vorteil zu verändern (Aktivität); nach innen gegen das Es, indem es die Herrschaft über die Triebansprüche gewinnt, entscheidet, ob sie zur Befriedigung zugelassen werden sollen, diese Befriedigung auf die in der Aussenwelt günstigen Zeiten und Umstände verschiebt oder ihre Erregungen überhaupt unterdrückt.« Dementsprechend kann Wälder (1963, S. 134) anmerken: »[D]as Ich [wird] als eine aufgabenlösende Instanz dargestellt«. Es löst Aufgaben, die mit psychischen Konflikten zu tun haben, die sich zwischen psychischen Systemen beziehungsweise Instanzen ergeben können. In frühen Freud'schen Bemerkungen tritt das Ich hemmend auf, im späteren Werk ist es globaler betrachtet eher eine Art Steuerungsorgan, was dann den Weg dafür bereitet, es als potenziell »autonome« Instanz zu betrachten (so bei Hartmann, ▶ Kap. 3.2).

Es hat sich gezeigt, dass Freud in der Verwendung des Terminus »Ich« schwankt. Im Wesentlichen kann davon gesprochen werden, dass von »Ich« die Rede sein kann, wenn es um die Hemmung (bzw. Lenkung) primärprozesshafter Erregungsabläufe geht. Auch ist es die zutreffende Bezeichnung für den »Abwehrpol« der Persönlichkeit oder für die Funktion einer Vermittlung zwischen den Ansprüchen verschiedener Instanzen oder, allgemeiner gesprochen, unterschiedlicher, einander widersprechender Motive. Gebildet wird es aus Freuds Sicht als Veränderungen des Es unter dem Einfluss der (Wahrnehmungen der) Außenwelt und es wird über seine Funktionen definiert (ist also im Grunde ein deskriptiver Begriff, der Name für eine Gruppe psychischer Prozesse oder Fähigkeiten).

Vom »Selbst« kann im Freud'schen Sinn konzeptuell konzise gesprochen werden, wenn es um die Repräsentanz der eigenen Person geht. Hier sind besonders die entwicklungspsychologischen Gedanken relevant, dass aus einem Zustand des »primären Narzissmus« heraus entsteht, in dem für Freud alle Libido im Ich angesammelt ist beziehungsweise sich nur auf das Selbst statt auf die Außenwelt und deren Repräsentanzen richtet – was konkret bedeutet, dass zwischen Selbst und Nicht-Selbst im Erleben noch nicht unterschieden wird. Freuds vielzitierte Bemerkung über das »Ich« als körperliches ist eher im Hinblick auf das Selbst zu verstehen: Die Möglichkeit einer erlebnismäßigen Abgrenzung entsteht über Erfahrungen von körperlicher Interaktion, von Berührung und Nicht-Berührung. Die Körperoberfläche, wie sie erlebt wird, wird laut Freud in der Konstitution des Selbst projiziert, dieses entspricht jener zunächst. Das Selbst wird durch Internalisierungsprozesse (Introjektion, Identifizierung) gebildet, dabei sind Spaltungszustände möglich, also Teil-Selbst-Vorstellungen.

Tab. 2.1: Unterschiedliche Aspekte des Terminus »Ich« im Werk Freuds

Ich	Selbst
Hemmung primärprozesshafter Erregungsabläufe	Primärer Narzissmus: Besetzung mit Ichlibido
»Abwehrpol« der Persönlichkeit	Spaltungszustände möglich
Vermittler zwischen verschiedenen Ansprüchen (inkl. Außenwelt)	
definiert über Ich-Funktionen (u. a. Realitätsprüfung, Wahrnehmung)	Projektion der Körperoberfläche als Konstitution des »Selbst«
gebildet als Veränderung des Es durch Wahrnehmungen	gebildet durch Internalisierungsprozesse

Diese Zuteilungen dessen, was Freud »Ich« nennt, zu »Ich« und »Selbst« (▶ Tab. 2.1), entspricht der seit Hartmann gängigen Unterscheidung. Das Ich ist »ein Teilgebiet der Persönlichkeit und wird durch seine Funktionen bestimmt.« (Hartmann, 1950, S. 120) Zum Selbst formuliert Hartmann (1956, S. 278): »Die eine [These; die des Ichs; TS] bezieht sich auf die Funktionen und Besetzungen des Ichs als eines Systems (im Unterschied zu den Besetzungen der anderen Teile der Persönlichkeit), die andere bezieht sich auf die Besetzung der eigenen Person im Gegensatz zu der anderer Personen (Objekte).«

Zu den bekanntesten Zitaten Freuds gehört der Satz »Wo Es war, soll Ich werden« (1933a, S. 86). Er bezieht sich damit in einem klassischen Veränderungsmodell darauf, dass in einer psychoanalytischen Behandlung Einsicht in unbewusste konflikthafte Bedeutungen genommen werden soll (unter Analyse von Abwehr und Widerstand). Die analytische Arbeit des Durcharbeitens besteht im Zerlegen in Triebelemente, dem Auflösen dysfunktionaler Ersatzbildungen/Symptome. Freud ist dabei der Ansicht, dass diese Analyse genügt, sie erlegt es dem Ich des Kranken auf, aus den Triebelementen neue Synthesen zu schaffen (Freud, 1919a, S. 184). Ist ein Symptom solcherart zersetzt/analysiert, werden neue Konfliktbewältigungsformen möglich und erforderlich. Das Mittel, um dieses Ziel der Zerlegung zu erreichen, ist die Deutung (neben weiteren Interventionen), die sich vor allem auf Übertragung und Widerstand richtet, und die Arbeit findet unter Anwendung der psychoanalytischen Grundregeln (gleichschwebende Aufmerksamkeit, freie Assoziation) sowie der Wahrung des Abstinenzgebots statt (was auch einschließt, dass die Analytikerin für keine der psychischen Instanzen der Analysandin Partei ergreift). Bei Freud findet in diesem Modell das Nutzen der Gegenübertragung noch wenig Platz, schon gar nicht systematisch, und es gibt keine Konzeption des Ineinanders aus Übertragung und Gegenübertragung sowie wenig Differenzierung der Behandlungstechnik bei unterschiedlicher psychischer »Reife«.

2.7 Fallbeispiel Herr P., Teil I

Im vorliegenden Band werde ich versuchen, ein (fiktionales) Fallbeispiel in seinem Verlauf jeweils unter der Perspektive der jeweiligen behandlungstechnischen Folgerungen, die sich aus einzelnen Ansätzen beziehungsweise Schwerpunktsetzungen ergeben, zu kommentieren. Als erstes wird es um die Behandlungstechnik im Sinne eines »klassischen« Freud'schen Verständnisses gehen.

Ich nutze im Weiteren die Charakterzeichnung der Figur Jesse Pinkmann aus der AMC-Serie *Breaking Bad* (2008–2013) (vgl. a. Hamburger & Hahm, 2017) sowie dem Spielfilm *El Camino* (US 2019, Gilligan). Dabei werde ich ein Szenario entwerfen, in dem Jesse (»Herr P.«) mit seiner Biografie, wie sie Serie und Spielfilm zeigen, in eine psychoanalytische Behandlung kommt und dort von seinen Erlebnissen berichtet, wie Serie und Spielfilm sie uns zeigen. Dabei bleibt Methodisches außen vor: Selbstverständlich kann man ein Kunstprodukt nicht darauf reduzieren, psychische Störungen oder psychotherapeutische Prozesse zu veranschaulichen (vgl. methodisch z. B. Hamburger, 2018). Dazu wären das Medium Film heranzuziehen und filmische Elemente neben den narrativen Aspekten in eine Interpretation einzubeziehen. Stattdessen werde ich im Folgenden so tun, als würde das in der Serie Gezeigte bloß Jesses Bericht in einer Analyse sein oder als wären die dramatischen Ereignisse Traumsequenzen. In einer tatsächlichen Behandlung wäre es selbstverständlich ein Fehler, Ereignisse so zu behandeln, als wären es Fantasien oder Träume (vgl. Storck, 2021d). Eine Therapeutin in einer realen Behandlung sollte Jesses Drogenkonsum und seine Delinquenz (und die Walter Whites) nicht nur »gleichschwebend aufmerksam« begleiten…

Herr P. kommt in die Behandlung, weil er an einigen, eher diffusen Symptomen leidet, darunter schädlicher Gebrauch unterschiedlicher Suchtmittel, fragliche Abhängigkeit (zumindest scheitern Versuche, den Konsum zu reduzieren oder aufzugeben), sowie eine ganze Reihe selbstschädigender Verhaltensweisen. Er hat die Schule abgebrochen, ist in geringem Ausmaß delinquent geworden und zeigt insgesamt verschiedene Formen von *high risk behavior*: Er bringt sich permanent in Gefahr. Herr P. leidet ferner unter einer Angstsymptomatik, wobei nicht ganz klar ist, ob diese suchtmittelinduziert, Teil eines Entzugssyndroms ist oder als

Symptomatik einer Angststörung im eigentlichen Sinn anzusehen ist. Während der ersten Behandlungsstunden spricht Herr P. ferner an, als Kleindealer zu arbeiten, das habe zunehmend, bis heute, einen größeren Rahmen bekommen (unklar ist, inwiefern Herr P. dies auch in selbsterhöhender Absicht sagt). Besonders auffällig erscheint in diesem Zusammenhang eine merkwürdige, dysfunktionale Beziehung Herrn P.s zu einem älteren Mann, Herrn W. Gleichzeitig zeigt Herr P. sich feinfühlig in Freundschaftsbeziehungen und in einer losen Partnerschaft zu A. und deren Sohn B.

Er berichtet, dass er sich von Herrn W. zunehmend bedroht und verraten fühle. Seine Ängste, jemand sei hinter ihm her, hätten sich intensiviert. Er sei unzufrieden mit seiner Lebenssituation, er wolle etwas verändern, aber schaffe es nicht. Herr P. wirkt intelligent und mit einer raschen Auffassungsgabe, er kleidet sich nachlässig und ist in seiner Sprache betont »jugendlich« und abgegrenzt, als würde er alles »Erwachsene« als spießig und kontrollierend ablehnen. Im formalen Denken ist Herr P. oft fahrig, gelegentlich abbrechend, Konzentrationsvermögen und Aufmerksamkeitsfunktion sind beeinträchtigt, im inhaltlichen Denken kreist er um seine Ängste, jemand sei hinter ihm her. Es ist vorerst unklar, ob es sich um eine paranoide Dynamik handelt, jedoch scheint die Realitätsprüfung weitgehend intakt zu sein. Selbstwertthemen, auch im Rahmen einer prolongierten Adoleszenz oder *emerging adulthood*, stehen im Vordergrund, leitende Abwehrmechanismen sind neben dem destruktiven Agieren Wendung gegen das Selbst oder Isolierung.

Das Übertragungsgeschehen zum Analytiker ist schnell von einer ambivalent wirkenden Sehnsucht Herrn P.s nach einem väterlichen Vorbild geprägt, das zugleich massiv bekämpft wird; er sehnt sich, kann sich aber nur schwer auf eine positiv erlebte Abhängigkeit einlassen. In der Gegenübertragung entstehen für Herrn P.s Analytiker Impulse, ihn für sein unangemessenes Verhalten zurechtzuweisen, aber auch Gefühle von Zuneigung, Verbundenheit und Sorge.

Die Biografie lässt sich nur schrittweise rekonstruieren. Der 23-jährige Herr P. stammt aus einer Familie der oberen Mittelschicht einer mittelgroßen Stadt, er hat einen zehn Jahre jüngeren Bruder, den er als »Liebling der Eltern« beschreibt. Seine Eltern beschreibt er als rigide, konservativ und wenig einfühlsam. In seiner Entwicklung habe er immer viel Vergnügen beim Zeichnen gehabt und offenbar über großes Talent verfügt, nach dem Schulabbruch habe er das nicht weiter verfolgt. Seit seiner Jugend habe er Drogen konsumiert (Cannabis, Methamphetamin u. a.) und sei wegen seiner schlechten Schulleistungen und seiner oppositionellen Haltung von den Eltern rausgeworden worden. Er sei dann ins große Haus seiner Tante eingezogen, die bald darauf verstorben sei, so dass er nun auf sich allein gestellt lebe.

Die im Folgenden beschriebene Stunde findet einige Wochen nach Beginn der analytischen Behandlung im Couch-Setting statt (es wäre zu diskutieren, was für oder gegen diese Indikation spricht). Herr P. berichtet davon, dass er am Wochenende bei seinen Eltern zu Besuch gewesen sei, das erste Mal, seitdem er rausgeflogen gewesen sei (»Cancer man«, 2008). Sie hätten ihn dort übernachten lassen, obwohl die Absprache eigentlich sei, dass er erst wiederkommen dürfe, wenn er keine Drogen mehr konsumiere und sich eine Arbeitsstelle gesucht habe. Seine Mutter sei misstrauisch gewesen, aber habe sich wohl gefreut. Sein Vater sei nach wie vor starr und unversöhnlich: »Er nimmt es mir übel«, dass ich nicht so bin, wie er mich haben will«. Herr P. habe sich gefreut, seinen kleinen Bruder J. wieder zu sehen. Er habe sich mit ihm in dessen Zimmer unterhalten – über dessen schulische Erfolge oder darüber, dass eine örtliche Zeitung ihm einen Preis für ökologisches Bewusstsein verliehen habe: »Und dann habe ich mich da so umgesehen und gemerkt: Alles ist voller Urkunden und Medaillen. Der Typ ist so krass: Der rechnet wie ein Weltmeister, bekommt beim Fußball eine Trophäe nach dem anderen, ist sozial kompetent und alles. Und dann habe ich mich gefragt, ob es dem eigentlich gut geht. Ich war auch neidisch, klar, aber ich habe mir auch ein bisschen Sorgen um ihn gemacht. Nicht alles, was man im Leben so lernt, findet man in Büchern. Ich dachte, ich will mehr Zeit mit ihm verbringen. Vielleicht gibt es ja auch etwas, das ich ihm mit auf den Weg geben kann.« Dann berichtet er, wie auf einmal die gemeinsame Mutter im Zimmer aufgetaucht sei: »Das war voll so der Kontrollgang. Sie hat so ganz komisch gefragt, ob alles okay ist. Ich habe gesagt: ›Klar, alles gut‹, aber sie war erst zufrieden, als J. das auch gesagt hat. Dann war sie so ganz komisch, ist wieder gegangen, aber hat die Tür offenstehen lassen. Als ob ich so'n Krimineller wäre! Ich habe das J. gesagt – so, denkt die denn, ich verderbe ihr den Lieblingssohn... Und J. hat dann was Komisches gesagt, er meinte so ›Was, ich bin der Lieblingssohn? Ja, klar! *Du* bist doch praktisch alles, über das sie überhaupt reden.‹« Das habe Herrn P. nachdenklich gemacht. Später am Tag habe er in alten Kisten gekramt und sich daran erinnert, wie er gewesen sei, als er so alt gewesen sei wie J. jetzt. Am nächsten Morgen habe es »den Mega-Stress« gegeben mit den Eltern, weil die einen Joint in der Küche gefunden hätten:»Ey, aber ich schwöre, der ist nicht von mir gewesen. Aber natürlich haben sie mir nicht geglaubt und ich bin direkt wieder rausgeflogen. Als ich an der Straße stand, kam J. nochmal raus – und natürlich war es seiner. Vom perfekten Sohn. Das war mir vorher schon klar. Er hat mich gefragt, warum ich nichts gesagt habe, warum ich es auf mich genommen habe. Ich konnte ihm das gar nicht so richtig sagen.« Sein Therapeut fragt nach: »Was war das, wie kommt es, dass Sie das bei sich gelassen haben?« Herr P. sagt; »Ich wollte nicht, dass er denselben Stress kriegt wie ich. Reicht doch, wenn es einen missratenen Sohn gibt, bei mir macht es für unsere Eltern doch eh keinen Unterschied mehr.« Aus Trotz habe er sich dann auf eine Stellenanzeige beworben und sei auch direkt zum Eignungsgespräch eingeladen worden. Als er dort angekommen sei, habe er gemerkt, dass er nur Werbezettel verteilen sollte, in einem albernen Kostüm. Dann sei er wieder gegangen. Am Abend habe Herr W., der ältere Mann, mit dem er in dubiose Geschäfte verwickelt ist, ihn angerufen und ihm gesagt, er brauche ihn für die Arbeit. Er habe zugesagt.

Nach einer kurzen Pause entwickelt sich folgender Dialog zwischen Analytiker (A) und Herrn P (P):

> A: Vielleicht gibt es ja auch einen Teil in Ihnen, der sich in der Rolle des missratenen Sohnes ein Stück weit eingerichtet hat.
> P: J. hat noch so viele Möglichkeiten. Alle, die ich auch hatte. Er engagiert sich, ist kreativ, alle lieben ihn. Ich hatte meine Chance, meine Eltern geben mir keine zweite. Warum sollte ich ihm dann auch seine zerstören? Ich habe ihn so gerne. Und ein bisschen sehe ich mich auch selbst in ihm. Aber das ist nichts mehr für mich. Was der sich anzieht, dann Mathe-Wettbewerb, Flöte spielen, ein Astrophysik-Studium, was weiß ich noch. Ich gehöre nicht dazu, ich lebe in einer ganz anderen Welt. (Schweigen)

A: Die zwielichtigen Geschäfte verbinden Sie mit Herrn W. Und das, nachdem Sie zuhause nicht bleiben durften. Nach so einer Verbindung suchen Sie bei Ihrem Vater auch. Etwas Gemeinsames zu tun und sich verbunden zu fühlen.

P: Und was soll das sein? Wirklich, ich habe aufgegeben. Er weiß nichts von mir und ich habe meine Zweifel, ob es ihn interessiert. Er ist nur mit sich beschäftigt und mit seinen Regeln und was die Nachbarn denken. Mehr sagt er nicht. Inzwischen reden wir ja gar nicht mehr. Davor hat er mir aber auch nie wirklich zugehört.

A: Hier mit mir suchen Sie eine solche Verbindung auch, aber dann fragen Sie sich, ob ich Ihnen zuhöre oder ob es mir nur um meine Regeln geht.

P: Ach, kommen Sie. Dass Sie das jetzt sagen, zeigt doch gerade ganz genau, dass es für Sie nur um Sie geht. *Sie* fangen doch immer davon an, über sich zu reden, nicht ich.

P: (nach einer erneuten Pause, atmet tief aus) Vielleicht ist es auch einfach wichtiger, dass ich meinen eigenen Weg mache. Manchmal will ich nur noch raus und weg, am besten nach Alaska oder so. (Pause) Ich will mich nicht formen lassen zu jemandem, der ich nicht sein kann. Ich will auch nicht ewig darauf warten, dass jemand mich wirklich sieht. ... Habe ich erzählt, dass ich am nächsten Wochenende mit A. und ihrem Sohn rausfahren will, raus aus der Stadt? Er möchte gerne zelten und in die Sterne gucken. Das machen wir dann.

A: Sie können sich gut einfühlen in das Jungenhafte und darin, welche Wünsche und Hoffnungen jemand dann hat. Bei J., bei A.s Sohn. Und bei sich selbst?

P: Was soll das bringen? Was soll das mir bringen, wenn ich mir vorstelle, wie ich als kleiner Junge gewesen bin? Das liegt hinter mir. Das hilft mir nicht dabei, einen Job zu finden, clean zu werden und das alles. Im Gegenteil.

A: Einerseits haben Sie diese Sehnsüchte. Wie ein Junge, der seinen Vater sucht und von ihm an die Hand genommen werden möchte, zelten gehen. Und dann werten Sie es andererseits in sich selbst ab. So, wie wenn Sie sich an mich wenden und hier meine Hilfe suchen aber das dann nicht gelten lassen können, was ich sage.

Der Analytiker deutet hier Konflikthaftes, widerstreitende Motivationen, Ambivalenzen, und dabei versucht er, in dem, was sein Analysand ihm berichtet, Beziehungsmuster wiederzuerkennen (einschließlich beziehungsweise sogar davon ausgehend, was sich zwischen beiden konstelliert). Da geht es dann um die Frage, was Herr P. bei Herrn W. sucht, bei seinem Vater, bei seinem Analytiker. Das ist der Hintergrund dessen, weshalb der Analytiker das Berichtete auch auf sich und die analytische Situation bezieht, hier soll und kann spürbar werden, was Herrn P. auch unbewusst antreibt. Wenn Herr P. also schildert, der Vater höre ihm nicht zu und sei nur auf seine Regeln bezogen, dann geht es darum, zu prüfen, was davon sich im Verhältnis zum Analytiker zeigt oder sogar, inwiefern die Rede über den Vater Ausdruck dessen ist, wie Herr P. seinen Analytiker erlebt. Ein Freud'scher Analytiker würde im Durcharbeiten möglicher Übertragungsmuster also immer fragen, was das für die konkrete und aktuelle Beziehung im Behandlungszimmer bedeutet. Eine zweite Linie ist, dass der Analytiker die Bemerkungen Herrn P.s über die Jungen (sein Bruder und sein »Stiefsohn«) darauf befragt, wie er darin auch über sich erzählt, über seine Kindheit und über seine kindlichen Wünsche. Herr P. kann sich augenscheinlich einfühlen, es gibt etwas Neid (vielleicht auch destruktiver Natur?), aber auch Identifikation und über den anderen und seine Fürsorge für diesen ausgedrückte eigene Sehnsüchte – so zumindest die Interpretationslinie. In Verbindung beider Stränge (Gefühl, es mit einem uninteressierten, uneinfühlsamen Vater zu tun zu haben; jungenhafte Identifizierungen und Sehnsüchte) geht es in der Intervention am Ende um die Ambivalenz, sich einen zugewandten Vater zu wünschen, gegen diesen aber auch kämpfen zu müssen. Das ist konflikthaft: Die erfüllten Sehnsüchte würden in eine fantasierte Abhängigkeit oder Unterordnung führen. Vorerst als Nebenstrang tauchen die Selbstentwertung und Autodestruktivität auf.

Auf einer solchen Freud'schen behandlungstechnischen Linie würde es also um die Analyse von Übertragung, Widerstand und darunter liegender unbewusster Konflikte und deren Abwehr gehen, um Einsicht darin zu fördern.

3   Die psychoanalytische Ich-Psychologie

In diesem Kapitel wird es um die Weiterführung der Freud'schen Grundlagen in Richtung der psychoanalytischen Ich-Psychologie durch Anna Freud und Heinz Hartmann gehen. Im Anschluss an eine Kritik dieses Ansatzes bei Jacques Lacan sowie in einer relationalen, stärker beziehungsorientierten Sicht wird es schließlich um die fortgesetzte Auseinandersetzung mit dem Fall Herr P. gehen, nun im Licht ichpsychologischer Behandlungstechnik.

Zur Einordnung der Ich-Psychologie ist der Anschluss an die Entwicklung der Gedanken Sigmund Freuds zum Ich nützlich. Es wurde die anfängliche Position aufgezeigt, dass das Ich eine hemmende Funktion auf primärprozesshafte Abläufe ausübt und in dieser Weise Denken, Handlungssteuerung u. a. entstehen. Es ist im Kern so etwas wie eine reaktive Größe im Psychischen, die Tätigkeit des Ichs wird negativ motiviert durch den Umgang mit Triebhaftem. Es entsteht zudem auch aus dem Es heraus, angesichts von Wahrnehmungen. Freuds Bemerkungen zum Narzissmus als Besetzung der Vorstellungen von der eigenen Person sind in der Ich-Psychologie nicht, jedenfalls nicht unter dem Ich-Begriff, allzu bedeutsam. Das Ich wird gemäß dem Instanzen-Modell verstanden und darin über die Summe seiner Funktionen sowie über seine Rolle in der Vermittlung verschiedener »Ansprüche« und Motivationen. Die wichtigste Frage (und Divergenz zu Freud) innerhalb der Ich-Psychologie ist dabei, ob das Ich oder Teile davon als unabhängig von Triebmotiven gedacht werden kann.

Als ein zweiter wichtiger Grundpfeiler der Ich-Psychologie ist die allgemeine Ausrichtung von psychoanalytischen Behandlungen in Richtung einer »Stärkung« des Ichs zu sehen. Auch hierbei wird direkt an eine bereits erwähnte Bemerkung S. Freuds angeschlossen. Die Absicht der »therapeutischen Bemühungen der Psychoanalyse« sei, »das Ich zu stärken, es vom Über-Ich unabhängiger zu machen, sein Wahrnehmungsfeld zu erweitern und seine Organisation auszubauen, so daß es sich neue Stücke des Es aneignen kann. Wo Es war, soll Ich werden.« (1933a, S. 86) Gesundheit bestimmt sich in dieser Perspektive darüber, dass das Ich ausreichend Raum einnimmt und mehr oder weniger die Kontrolle über ansonsten Ungesteuertes behält, indem es darin Einsicht genommen hat.

3.1 Anknüpfungen und Schwerpunktsetzungen bei Anna Freud

Das im vorangegangenen Kapitel angeführte Zitat Freuds (1940a, S. 68) über die »hauptsächlichen Charaktere des Ichs« weist der Ich-Psychologie die Richtung. Das Ich wird darin bestimmt als »aufgabenlösende Instanz« (Wälder, 1963, S. 134), die »überstarke Reize vermeidet (durch Flucht), mässigen Reizen begegnet (durch Anpassung) und endlich lernt, die Aussenwelt in zweckmässiger Weise zu seinem Vorteil zu verändern (Aktivität)« und zugleich »nach innen gegen das Es« eine »Herrschaft über die Triebansprüche gewinnt, entscheidet, ob sie zur Befriedigung zugelassen werden sollen, diese Befriedigung auf die in der Aussenwelt günstigen Zeiten und Umstände verschiebt oder ihre Erregungen überhaupt unterdrückt.« (Freud, 1940a, S. 68)

Ausgehend davon gehören zu den Hauptthemen der Ich-Psychologie die Auseinandersetzung mit den Funktionen des Ichs, darunter auch die von Hartmann beschriebenen Anpassungsmechanismen (▶ Kap. 3.2.2) oder die Abwehrlehre. Es wird eine »konfliktfreie Sphäre« im Ich angenommen, die dessen primäre und sekundäre Autonomie vom Konfliktgeschehen deutlichen machen soll. Die (soziale) Realität erhält einen besonderen Stellenwert, etwa unter der Denkfigur der »durchschnittlich zu erwartenden Umwelt«. Behandlungstechnisch stehen Abstinenz und Neutralität als Mittel der Entfaltung der Übertragung im

Zentrum, diese und die begleitenden Widerstände sollen durchgearbeitet werden, entlang des Ideals einer »vollständigen, genetischen Deutung«. Mertens (2010, S 15) führt als Merkmale der ichpsychologischen Behandlungstechnik auf: »eine konsequente Einstellung zur abstinenten Haltung, zum naturwissenschaftlichen Ideal eines außenstehenden, weitgehend objektiven Beobachters und eine[.] lediglich die Übertragung deutende[.] Vorgehensweise« sowie das »Entstehenlassen einer Übertragungsneurose als oberstes Ziel«. Zu den wichtigsten Vertreterinnen und Vertretern werden A. Freud, H. Hartmann, E. Kris, R. Loewenstein oder D. Rapaport gerechnet. A. Freud geht es um die Verbindungen der Psychoanalyse zur Pädagogik, Hartmann insbesondere um die Charakterisierung der Psychoanalyse als einer allgemeinen Psychologie.

Grundlegend ist außerdem Hartmanns (1950, S. 120) Definition, in der er das Ich als »ein Teilgebiet der Persönlichkeit« begreift, das »durch seine Funktionen bestimmt« wird. Blanck und Blanck (1979, S. 32) meinen daher, »daß es ein Ich nicht gibt, außer wenn es funktioniert«. Das bedeutet, dass keine verdinglichte Instanz angenommen wird (die Kennzeichnung des Ichs als etwas, das »Aufgaben löst« oder über seine Funktionen aktiv ist, verleitet ja dazu, es als »Akteur« zu begreifen), sondern dass »Ich« etwas ist, das sich in der Wirkung psychischer Funktionen zeigt. »Ich« ist der deskriptive Name für eine Gruppe psychischer Funktionen. Das ist wichtig für ein zeitgenössisches Verständnis, in dem das Ich als Instanz sich in Konzeptionen wie Struktur/struktureller Fähigkeiten oder »personality functioning« fortgesetzt findet (▶ Kap. 5.1.5 u. ▶ Kap. 5.1.6).

Wie erwähnt finden sich Grundlegungen der Ich-Psychologie bei Sigmund Freud (vor allem im Hinblick auf die Abwehrlehre, die Ich-Funktionen oder die allgemeine Konzeption psychischer Instanzen). Anna Freuds Arbeit *Das Ich und die Abwehrmechanismen* 1936 gilt als erste klar ichpsychologisch zu verstehende Schrift. Wie erwähnt will Hartmann die Psychoanalyse als eine »Allgemeine Psychologie« verstanden wissen (während Freud noch sehr viel mehr die Nähe zu Medizin, Physik oder Biologie gesucht hat), »die sich [...] mit unbewussten Vorgängen und Bedeutungsanalysen in allen psychologischen Funktionen« beschäftigt und dabei dem »Ideal einer interdisziplinären Wissenschaft« (Mertens, 2010, S. 15) folgt, also – wie auch schon bei Freud – nicht nur therapeutisches Verfahren oder Störungslehre ist. Damit geht konzeptuell eine stärkere Berücksichtigung der »äußeren« gegenüber der psychischen Realität einher: »Das zunehmende Interesse am Ich und die Anerkennung seiner Stärke gegenüber anderen Bereichen der Persönlichkeit waren der Maßstab für ein neues psychoanalytisches Interesses an der Realität« (Greenberg & Mitchell, 1983, S. 235; Übers. TS). Ichpsychologisch erfolgt eine Kritik einer »monistischen Konzeption der Motivation, die ausschließlich an den Trieben und ihren Schicksalen hängt« (a. a. O.). Hartmann will sich psychoanalytisch mit Wahrnehmung u. a. auseinandersetzen, nicht nur mit triebtheoretischen Grundlagen der Motivation.

Anna Freud als besonders prägende Figur der »zweiten Generation« von Psychoanalytikern gilt als eine der Begründerinnen der Kinderanalyse und ist eine wichtige Figur in der Entwicklung einer psychoanalytischen Pädagogik (vgl. auch Malberg & Raphael-Leff, 2012). In ihren Arbeiten untersucht sie unter anderem die Latenz-Zeit (also die Zeit zwischen der infantilen und der genitalen Sexualität, in der Altersphase etwa zwischen dem 7. und dem 14. Lebensjahr), denn diese »führt dem Beobachter all die Bemühungen des Ichs, mit dem Es zurechtzukommen, vor Augen« (A. Freud an P. Gray am 9.10.1979; zit. n. Aichhorn, 2016, S. 21), auch im Hinblick auf die Frage des Verhältnisses der Sexualität zu Entwicklungsaufgaben im kognitiven oder sozialen Bereich. Entwicklungspsychologisch und behandlungstechnisch stehen A. Freuds Überlegungen in großen Teilen im Widerstreit mit denen Melanie Kleins, was zwischen 1941 und 1945 in London zu den sogenannten »Controversial Discussions« geführt hat (King & Steiner, 1991). Darin ging es unter anderem um die Auffassungen zur unbewussten Fantasie (in Texten der Kleinianischen Psychoanalyse daher bis heute meist als »Phantasie« geschrieben, um die unterschiedliche konzeptuelle Ausrichtung zu unterstreichen, in der es um die unbewusste Phantasie als Organisatorin und Bebilderung früher Angstzustände geht) oder um die Deutungstechnik in der Kinderanalyse. Dabei gilt A. Freuds Position üblicherweise als eher konservativ, auch in den Augen ihres Vaters, der 1926 in einem Brief an Eitingon schreibt: »Mit denen der Klein verglichen, sind ihre Anschauungen konservativ, ja reaktionär zu nennen, aber es steht zu vermuten, daß sie recht hat.« (zit.n. Aichhorn, 2016, S. 31)

3.1 Anknüpfungen und Schwerpunktsetzungen bei Anna Freud

A. Freuds (1936) Hauptwerk *Das Ich und die Abwehrmechanismen* beschäftigt sich, so die Autorin in einem Vorwort von 1975, mit den »Mitteln, mit denen das Ich sich gegen Unlust und Angst verteidigt und seine Herrschaft über impulsives Verhalten, Affekte und Triebansprüche zu befestigen versucht« (a.a.O., S.9). Es geht ihr also nicht allein um die Untersuchung von Triebstrebungen oder das Abgewehrte, sondern um eine Untersuchung derjenigen psychischen Instanz, die für die Abwehr zuständig ist. Sie meint, dass »die theoretische Beschäftigung mit dem Ich des Individuums« in »bestimmten Entwicklungsperioden der psychoanalytischen Wissenschaft« »ausgesprochen unpopulär« gewesen sei: »[...J]ede Wendung der Forschung vom Es zum Ich wurde als Beginn der Abkehr von der Psychoanalyse überhaupt gewertet. [...] Objekt der Psychoanalyse wären ausschließlich die in die Erwachsenzeit fortgesetzten infantilen Phantasien, die imaginären Lusterlebnisse und die dafür befürchteten Strafen.« (a.a.O., S.13) Die Erforschung des Ichs sei mit dem »Odium des Unanalytischen« (a.a.O., S.14) verbunden erlebt worden. Das erklärt sich über die Position einiger Autoren zur Frage der Analyse und der Synthese in der psychoanalytischen Arbeit, so kehrt A. Freud (a.a.O., S.18) die »Neigung zur Synthese« beim Ich hervor (auch bei S. Freud gibt es eine Bemerkung dazu, dass die Synthese durch das Ich des Kranken im Anschluss an die analytische Deutungsarbeit erfolgt), so dass auch spätere Autoren wie z.B. Laplanche gerade das Analytische, Zerlegende der Psychoanalyse betont, die das Ich in seiner synthetischen Betätigung nicht zu stärken habe.

Die psychoanalytische Theorieentwicklung lässt sich in verschiedener Hinsicht als eine Pendelbewegung beschreiben. Zu Beginn dominieren Freuds Bemerkungen zum Trieb, zur infantilen Psychosexualität, zur unbewussten Fantasie, zum Primärprozess oder dem System Unbewusst oder der Instanz des Es. Von da aus erfolgt, vor allem bei A. Freud, ein Schwenk zur Analyse des Ichs (die bei S. Freud vorbereitet ist), die sich dann in der Strömung der psychoanalytischen Ich-Psychologie fortsetzt, die bis in die 1970er Jahre insbesondere in Nordamerika als vorherrschend angesehen werden kann. Darin tauchen Aspekte wie technische Neutralität, Analyse von Abwehr und Widerstand oder die Figur einer Störung des prinzipiell in Teilen auch »autonomen« Ichs von Trieb oder Konflikt auf. Die schwerpunktmäßige Ausrichtung der Ich-Psychologie auf diese Bereiche hat nun wiederum zum einen eine Bedeutung für die Psychoanalyse in Frankreich (in der die Triebtheorie weiterhin einen zentralen Platz einnimmt) als Gegenposition dazu, vor allem in der strukturalen Psychoanalyse Jacques Lacans, zum anderen in der Entwicklung der relationalen Psychoanalyse (Mitchell, Aron), die unter weitgehendem Verzicht auf das Triebkonzept die wechselseitige Bezogenheit in Entwicklung in klinischer Arbeit betont. Die psychoanalytische Objektbeziehungstheorie wiederum kann als Konvergenz triebtheoretischer, ichpsychologischer Aspekte sowie der Auseinandersetzung mit der Bildung und Wirkung verinnerlichter Beziehungserfahrungen gelten und hat ihre Wurzeln in der britischen Psychoanalyse der 1930er und 1940er Jahre (Klein, Fairbairn) sowie der 1950er und 1960er Jahre (Winnicott, Balint).

Zugleich sind das Akzentsetzungen, die nicht absolut voneinander abzugrenzen sind. So schreibt auch A. Freud, das »Objekt der analytischen Theorie« seien »von Anfang an das Ich und seine Strömungen [gewesen], die Erforschung des Es und seiner Arbeitsweise war immer nur Mittel zu Zweck.« (A. Freud, 1936, S. 14) Da kann sie auf frühe Arbeiten ihres Vaters Bezug nehmen, in denen das Ich als Hemmung gegenüber direkten Ablaufsarten der Erregung konzipiert wird. Das Ziel der Psychoanalyse sei die »Aufhebung« der »Störungen« des Ichs und »Wiederherstellung der Intaktheit des Ichs« (a. a. O.). Aus ihrer Sicht ist das Ich »das Medium, durch das hindurch wir ein Bild der beiden andern Instanzen zu erfassen versuchen« (a. a. O., S. 15), z. B. eine »Es-Regung, modifiziert durch Abwehrmaßnahmen des Ichs« (a. a. O., S. 17). Damit ist gemeint, dass sich unbewusste Prozesse oder die Tätigkeit des Es nicht einfach beobachten oder erfragen lassen, die Psychoanalyse findet einen Zugang darüber, sich die Abwehrbewegungen, den Widerstand oder die Entstellungen anzusehen, die bewusst erlebt werden können.

A. Freud begreift in ihrer Konzeption Triebregungen als »Eindringlinge« (a. a. O., S. 15) oder als »feindliche Einfälle ins Ich« (a. a. O., S. 17) und bezeichnet das Ich als »ihnen wesensfremde Instanz[..]« (a. a. O., S. 16). Hier ist eine gewisse Gefahr der Vereinseitigung zu sehen, Triebhaftes ist immer zugleich störend und gestaltend im Hinblick auf das bewusste Erleben. So meint A. Freud außerdem, das Ich könne dem

Eindringen des Triebes gegenüber auch »einverstanden[.]« sein (a. a. O., S. 16). Nichtsdestoweniger liegt hierin der entscheidende Kontrast zur Theorie Kleins (vgl. a. Isaacs, 1948), in deren Auffassung die unbewusste Phantasie (konzeptuell zwischen einer Perspektive auf diese als Prozess und als Inhalt schwankend) auf den Begriff bringt, in welcher Weise der Trieb als eine Art Motor der Repräsentanzenbildung verstanden werden muss. Körperliche Erregung setzt sich in unbewusste Phantasien um. Die Phantasie ist dann »die psychische Repräsentanz des Triebes« (Isaacs, 1948, S. 549), dessen Beantwortung auf der Erlebnisebene. Für Klein würde das fehlende »Eindringen« des Triebes ins Ich bedeuten, dass auch keine Repräsentanzen gebildet würden, es wäre eine bilder- und affektlose innere Welt. Das hat in den 1940er Jahren zu Spaltungsdynamiken innerhalb der britischen Psychoanalyse geführt, zur Bildung zweier Gruppierungen sowie einer dritten, der sogenannten »middle« oder »independent group«.

A. Freud widmet sich also der Ich-Analyse, das bedeutet vor allem: der Analyse der unbewussten Anteile des Ichs – Abwehr, Widerstand, Übertragung, Traumzensur, Agieren (A. Freud, 1936, S. 32f.). Sie meint, der »Anteil des Ichs an der Kompromißbildung, die wir Symptom nennen«, bestehe »im fixierten Gebrauch einer bestimmten Abwehrmethode gegenüber einem bestimmten Triebanspruch« (a. a. O., S. 42). Die Ich-Analyse liefert so ein Bild der wiederkehrenden Muster, die zur Abwehr oder Bewältigung des Triebgeschehens eingesetzt werden. Dabei finden sich Andeutungen, dass es eine Erstarrung des Verhältnisses zwischen den Instanzen ist, die als pathologisch gilt, nicht der »Kampf zwischen Ich, Trieb und [...] Affekt« als solcher (a. a. O.). Mittel der Ich-Analyse in psychoanalytischen Behandlungen sind die freie Assoziation und die gleichschwebende Aufmerksamkeit als psychoanalytische Grundregeln sowie eine technisch neutrale und abstinente Haltung und das Prinzip der Deutung als leitende Interventionsform gegenüber unbewussten Aspekten des Erlebens. Es ist nicht schwer zu erkennen, dass die Abwehr und deren Analyse dann im Zentrum stehen: »Nur die Analyse der unbewußten Abwehrtätigkeit des Ichs ermöglicht uns, auch die Triebumwandlungen zu rekonstruieren.« (a. a. O., S. 34) Das Unbewusste wird von seinen Umwandlungen her betrachtet, ähnlich wie es bereits in S. Freuds leitender Idee zur Traumdeutung zentral gewesen ist, wenn es dort darum geht, die Traumdeutung von der Analyse der Mechanismen der Traumarbeit her vorzunehmen.

Das Ich ist im Verhältnis zur analytischen Arbeit daher vielgestaltig; es ist »Bundesgenosse«, insofern ein Arbeitsbündnis geschlossen wird und die Ich-Anteile eines Analysanden gleichsam mithelfen, Veränderung auf den Weg zu bringen, es ist auch »Gegner« der Analyse, denn ihm sind Abwehr und Teile des Widerstands zuzurechnen, und es ist schließlich auch »Objekt« der Analyse, es wird in seiner Tätigkeit, seinen Funktionen untersucht. Die psychoanalytische Arbeit besteht darin, dass Konflikte und Abwehrtätigkeiten aufgezeigt werden, gedeutet werden dann weniger unmittelbar der Wunsch oder die Fantasie, sondern die Maßnahmen zu deren Entstellung oder Abweisung. Neben der Abwehr als Hemmung beschreibt A. Freud auch die Figur einer »Ich-Einschränkung« (a. a. O., S. 102) als Abwehrvorgang »gegen die Reize der Außenwelt« (entstanden aus Real-Angst oder Real-Unlust, also gewissermaßen eine Abwehr, die nicht mit Triebregungen zu tun hat, sondern mit in der Realität wahrgenommen Reizen).

A. Freud meint, das Ich sei »siegreich, wenn seine Abwehrleistungen glücken, das heißt, wenn es ihm gelingt, mit ihrer Hilfe die Entwicklung von Angst und Unlust einzuschränken, durch notwendige Triebumwandlungen dem Individuum auch unter schwierigen Umständen noch Triebgenuß zu sichern und damit, soweit es möglich ist, eine Harmonie zwischen Es, Über-Ich und den Außenweltsmächten herzustellen.« (a. a. O., S. 171) Damit ist implizit ein (Teil-)Ziel der klinischen psychoanalytischen Arbeit aus ihrer Sicht formuliert: Die Psychoanalyse soll dem Ich zum »Sieg« verhelfen, das heißt, es ihm ermöglichen, unter weniger Unlust, Starrheit oder Unreguliertheit Befriedigung zu erlangen und in einer Balance zwischen den psychischen Instanzen zu leben. Allerdings bedeutet, psychoanalytisch zu denken, auch Vorstellungen einer »Harmonie« einer Kritik zu unterziehen. Grundbegriffe der Psychoanalyse, wie Konflikt oder dynamisch Unbewusstes, Trieb, Sexualität, bringen eine Spannung in Auffassungen des Psychischen – Gesundheit mit Harmonie gleichzusetzen ist einerseits nicht verkehrt, andererseits bedarf es eines genauen Blicks, wann diese Harmonie nicht auch nur um einen Preis einer anderen Einschränkung, Vermeidung oder Hemmung erlangt wird.

3.2 Die Ich-Psychologie als psychoanalytische Richtung bei Heinz Hartmann

Einige Zeit später, nach dem Ende des Zweiten Weltkriegs, formiert sich die Ich-Psychologie noch deutlicher als psychoanalytische Richtung, vor allem in Nordamerika, geprägt von aus Europa Emigrierten. Hartmann, Kris und Loewenstein gelten als »Dreigestirn« der frühen psychoanalytischen Ich-Psychologie, die zur vorherrschenden Strömung wird, was auch das nicht dezidiert ichpsychologische, aber den psychoanalytischen »Mainstream« dieser Zeit abbildende Lehrbuch *Technik und Praxis der Psychoanalyse* von Greenson (1967), neben Fenichel (1945) ein zweiter wichtiger »Systematiker« der psychoanalytischen Theorie, unterstreicht. Noch 1964 formuliert Hartmann (1964, S. 14) allerdings, das »Lehrbuch einer Ich-Psychologie muss noch geschrieben werden«. Im Überblick bei Mertens (2010) werden ferner zwei Unterteilungen der »Post-Ich-Psychologie« in Nordamerika benannt, zum einen die zeitlichen früheren Arbeiten von Arlow oder Brenner, zum anderen die eher zeitgenössischen Arbeiten von Gray oder Busch.

Hartmann veröffentlicht bereits 1927 sein Buch *Die Grundlagen der Psychoanalyse*. Es geht ihm darin, so Lampl-de Groot (1964), um die naturwissenschaftlichen Grundlagen der Psychoanalyse. Ähnlich wie Freud oder sogar noch stärker als dieser, möchte Hartmann die Psychoanalyse in den Kanon der Wissenschaften, in erster Linie der Psychologie in deren naturwissenschaftlicher Ausrichtung (bezüglich ihres Gegenstands und ihrer Methoden) einreihen. Nur dann, wenn man die Psychoanalyse als die »Naturwissenschaft vom Seelischen« (Hartmann, 1927, S. 9; Hervorh. aufgeh. TS) betrachte, könne »eine fruchtbare Weiterentwicklung dieser Wissenschaft erwartet« werden (a. a. O.). Für Hartmann ist die Psychoanalyse »eine biologisch orientierte Richtung der Psychologie« (a. a. O., S. 32). Hartmann war es möglich, bei Freud eine kostenlose Analyse zu machen, die dieser ihm anbot, um Hartmann in Wien zu halten. Ab 1937 verfasste Hartmann dezidiert Schriften zum Ich, im Anschluss an seine Flucht 1938 (zunächst nach Großbritannien, dann in die USA) publizierte er 1939 seine grundlegende Schrift »Ichpsychologie und Anpassungsproblem« (eine Zeit, in der die Anpassung

– der Psychoanalyse im Nazi-Deutschland – durchaus auch gesellschaftstheoretisch statt mit einem naturwissenschaftlichen Impetus hätte untersucht werden sollen). Nur wenig später, 1941, begann er die enge Zusammenarbeit mit Kris und Loewenstein, Hartmanns Tätigkeit als Präsident der Internationalen Psychoanalytischen Vereinigung von 1951–1957 bildet die Hochphase der Ich-Psychologie ab (vgl. Bergmann, 2000, zur »Hartmann Era« in der Psychoanalyse).

Fürstenau (1965, S. 54) benennt als vier thematische Bereiche des Hartmann'schen Ansatzes »die Erweiterung der psychoanalytischen Theorie im Kontakt mit den Nachbarwissenschaften zu einer Allgemeinen Psychologie, die Abgrenzung reifungsgebundener Anteile des Ich, die Abgrenzung verselbständigter Ich-Funktionen und -Apparate, die Herausarbeitung der Anpassungsfunktion von Ich-Leistungen«. Ein Überblick über Hartmanns theoretische Schwerpunktsetzungen findet sich außerdem bei Greenberg und Mitchell (1983, S. 236ff.). Darin stehen die Konzeption und Untersuchung von Anpassungsmechanismen im Zentrum, sowie die Begründung der Psychoanalyse als eine Allgemeine Psychologie: »[D]ie wissenschaftliche Analyse bewegt sich heute in der Richtung auf eine allgemeine Theorie des menschlichen Seelenlebens« (Hartmann, 1927, S. 11; Hervorh. aufgeh. TS). Hartmann verfolgt eine »Tendenz […], über den medizinischen Ursprung hinaus eine psychoanalytische Psychologie zu entwickeln« (Hartmann, 1950, S. 122). In seiner Betrachtung des Ichs geht es ihm um die Auffassung einer »konfliktfreien« Zone und die Beschreibung einer »durchschnittlich zu erwartenden Umwelt« samt der Untersuchung der Rolle dieser für die psychische Entwicklung. Offenkundig handelt es sich dabei um Ergänzungen der bisherigen psychoanalytischen Theorie: »Durch all seine Schriften ist es Hartmanns Vorgehensweise, dort Theorie hinzuzufügen, wo andere sie modifizierten« (Greenberg & Mitchell, 1983, S. 237; Übers. TS). Hartmann revidiert also nicht Freud, sondern fügt eine Betrachtung der nicht auf Trieben begründeten Aspekte des Ichs hinzu (für Freud war das Ich noch in Gänze ein durch Wahrnehmungen veränderter Teil des Es, an diesen also konstitutionslogisch notwendigerweise angebunden), oder die Beschreibung des Verhältnisses des Individuums zur Realität (auch ein großer Bereich dessen, wofür das Ich als Instanz zuständig ist).

3.2 Die Ich-Psychologie als psychoanalytische Richtung bei Heinz Hartmann

Hartmann formuliert daher programmatisch, also von einem ähnlichen Ausgangspunkt wie A. Freud, dem Ich werde »größere Bedeutung innerhalb der menschlichen Gesamtpersönlichkeit« zugemessen und es wird »die teilweise Unabhängigkeit des Ichs hinsichtlich seiner strukturellen, dynamischen und ökonomischen Aspekte« hervorgehoben (Hartmann, 1964, S. 9). Hartmann verbindet diesen Zugang mit der Erwartung auf möglich werdende »psychologische Experimente«, ein entsprechender »Zugang zu den entwicklungsmäßigen, integrativen, adaptiven und ökonomischen Aspekten des Ichs [...] könnte den Austausch zwischen Wissen, das in der Analyse und dem, das durch andere Methoden der Psychologie gewonnen wurde, durchaus erleichtern.« (a. a. O., S. 14f.) In umgekehrter Richtung möchte er eine Theorie der Kognition in die Psychoanalyse integrieren. Methodisch geht es um die Ergänzung der rekonstruktiven Sicht der Freud'schen Psychoanalyse auf Entwicklung (Freud selbst erschließt seine Entwicklungstheorie aus den Behandlungen mit erwachsenen Patienten) um eine beobachtende, um so das Ich und seine Funktionen untersuchen zu können; das findet sich auch bei A. Freud (1965, S. 30): »In der Untersuchung der Ich-Funktionen kommen analytische und außer-analytische Beobachtungsmethoden gleichmäßig zur Verwendung.« Die (Sigmund) Freud'sche Rekonstruktion aus den neurotischen Abweichungen heraus soll ergänzt werden um Methoden der Beobachtung – was indirekt auch bedeutet, die abstrakten Konzepte der psychoanalytischen Entwicklungspsychologie in Kontakt dazu zu bringen, was beobachtet oder erfragt werden kann.

Wie bereits erwähnt, formuliert Hartmann eine Unterscheidung zwischen Ich und Selbst. Die Besetzung des Selbst (als der Besetzung von Objekten prinzipiell analog) unterscheidet sich von der Besetzung der Ich-Funktionen (Hartmann, 1964, S. 12), ist also eingebettet in eine Auffassung des Narzissmus. Hartmann (1956, S. 278) unterscheidet zwischen zwei »Thesen«: »Die eine bezieht sich auf die Funktionen und Besetzungen des Ichs als eines Systems (im Unterschied zu den Besetzungen der anderen Teile der Persönlichkeit), die andere bezieht sich auf die Besetzung der eigenen Person im Gegensatz zu der anderer Personen (Objekte).« Während, wie oben bereits skizziert, das Ich »ein Teilgebiet der Persönlichkeit [ist] und [...] durch seine Funktionen bestimmt [wird]« (Hartmann, 1950, S. 120), ist das Selbst die Vorstellung der eigenen Person: »[B]ei der Anwendung des Begriffes Narzißmus [scheinen] oft zwei verschiedene Gegensatzpaare in eins verschmolzen zu sein. Das eine bezieht sich auf das Selbst (die eigene Person) im Gegensatz zum Objekt, die andere auf das Ich (als ein psychologisches System) im Gegensatz zu den anderen Teilstrukturen der Persönlichkeit. Das Gegenteil von Objektbesetzung ist jedoch nicht Ich-Besetzung, sondern Besetzung der eigenen Person, das heißt Selbstbesetzung.« (a. a. O., S. 132)

3.2.1 Primäre und sekundäre Autonomie des Ichs

Wie erwähnt vertritt Hartmann die Annahme einer Autonomie des Ichs, in erster Linie die von »primäre[n] autonome[n] Ichfunktionen« (besonders: Synthese, Differenzierung, Realitätsprüfung, Antizipation, Handlungskontrolle und Ich-Interessen; Mertens, 2010, S. 116). Hartmann (1952) möchte die »gegenseitigen Beeinflussungen von Ich und Es in der psychoanalytischen Theoriebildung« untersuchen. Dabei geht er von angeborenen Vorläufern des Ich-Apparates aus und von einer frühen entwicklungspsychologischen »undifferenzierte[n] Phase« (vgl. Freud, 1940a, S. 72; Lampl-de Groot, 1964, S. 7), allerdings nicht unter der Annahme einer Entwicklung des Ichs aus dem Es heraus. Er meint, »die der Wahrnehmung, Bewegung und anderen Ich-Funktionen zugrundeliegenden Apparate beim Kleinkind« schienen »durch triebhafte Bedürfnisse aktiviert zu werden.« Diese *Aktivierung* durch Triebhaftes setzt er jedoch nicht mit ihrer *Erzeugung* durch triebhafte Strebungen gleich: Die Ich-»Apparate« seien »teilweise angeboren; sie können nicht auf den Einfluß von Trieben und Realität im einzelnen Menschen zurückgeführt werden.« (Hartmann, 1952, S. 167f.) Das Ich sei »mehr [...] als nur ein Nebenprodukt des Einflusses der Realität auf die Triebe« (Hartmann, 1950, S. 124), es seien »nicht alle bei der Geburt vorhandenen Anlagen zur psychischen Entwicklung ein Teil des Es«. Daher versteht Hartmann die Ich-Entwicklung als das »Resultat von drei Faktorengruppen«: »ererbte Ich-Eigenschaften«, »Einflüsse der Triebe« und »Einwirkungen der Außenwelt« (a. a. O., S. 125f.). Mit der »Autonomie«, und zwar einer primären, ursprünglichen, des Ichs ist also gemeint, dass nicht alles an seiner Konstitution und Struktur aus Trieben ent-

3.2 Die Ich-Psychologie als psychoanalytische Richtung bei Heinz Hartmann

steht beziehungsweise auf diese bewältigend antwortet. Etwas daran ist angeboren und etwas daran entwickelt sich aus der Erfahrung vor dem Hintergrund sozialer und biologischer Bedingungen (zum Beispiel dahingehend, dass die Interaktion mit der Umwelt das Überleben sichert und die psychische Entwicklung auf den Weg bringt). Die primäre Autonomie des Ichs kann zwar konflikthaft eingeschränkt sein (vgl. Hartmann, 1964, S. 10f.), sie kann »gehemmt, verstümmelt oder gelähmt« werden (Lampl-de Groot, 1964, S. 8), wenn sie in einen Konflikt mit Triebbedürfnissen oder der Umwelt gerät, sie ist aber nichtsdestoweniger Teil der »Grundausstattung« des Menschen. Das Kind kommt in der Sicht Hartmanns mit dem spezifisch menschlichen Vermögen auf die Welt, sich an die »durchschnittlich zu erwartende Umwelt« optimal anzupassen. Teile des Ichs entwickeln sich nicht »im Konflikt mit Es oder Umwelt«, sondern durchlaufen »ihre eigenen spezifischen Reifungsprozesse« (Lampl-de Groot, 1964, S. 8).

Hartmann konzipiert darüber hinaus eine »sekundäre Autonomie« des Ichs; damit ist gemeint, dass das Ich sich in Teilen von Einflüssen des Es emanzipiert und sich gleichsam Konfliktfreiheit *erarbeitet*. Auch die durch Triebeinflüsse entstandenen Teile des Ichs können sich davon wieder lösen. Hartmann (1939) bezeichnet es als »Funktionswechsel«, wenn Ich-Funktionen, die zum Zweck der Bewältigung von Triebregungen entstanden sind, zu einem Teil der Struktur der reifen Persönlichkeit werden (z. B. die Sublimierung). So schreibt er: »Was sich als Folge einer Abwehrmaßnahme gegen die Triebe entwickelt hat, mag sich in eine mehr oder weniger unabhängige und mehr oder weniger strukturierte Funktion wandeln« (Hartmann, 1950, S. 128). Als ein weiteres Beispiel für die sekundäre Autonomie des Ichs führen Fonagy und Target (2003, S. 84) die »Internalisierung elterlicher Verbote« an: Diese sei erst insofern eine Reaktionsbildung, als sie einen Umgang mit dem Verhältnis von Triebwünschen und Einschränkungen/Verboten bedeutet, der sich in der Gewissensinstanz niederschlägt, später entstehe eine »unabhängige Funktion« von persönlichen Werten (Fonagy & Target, 2003, S. 84; ähnlich wie sich die Stufen der Moralentwicklung bei Kohlberg zunächst an der Vermeidung von Bestrafung und in höheren Stufen an »universellen« Prinzipien wie Gerechtigkeit oder sozialer Kollaboration orientieren).

Verbunden mit dem Gedanken einer sekundären Triebautonomie ist bei Hartmann die Sublimierung, die er in erweitertem Sinn als Neutralisierung von Triebenergie versteht, der Vorgang schließt also nicht nur die Sublimierung sexueller Strebungen, sondern auch der Aggression ein (Hartmann, 1964, S. 12). Während Freud von einer Ich-Libido spricht und damit letztlich beschreibt, dass und wie sich Libido auf die Vorstellung der eigenen Person richtet und damit eine libidotheoretische Begründung des Narzissmus gibt, folgt Hartmann (1952, S. 170f.) ihm zwar in der »Ansicht, daß das Ich im allgemeinen eine andere Art der Energie verwertet als die Triebe«, will dessen Annahme einer dazu nötigen Desexualisierung jedoch dahingehend erweitern, dass sie »die Neutralisierung aggressiver Energie mitein[..]schließ[t].« Darin wiederum gebe es »verschiedene[.] Schattierungen der Desexualisierung und Desaggressivierung« (Hartmann, 1950, S. 135). Das Ich wandelt also etwas um: »Die Fähigkeit, beträchtliche Mengen Triebenergie zu neutralisieren, mag ein Zeichen von Ich-Stärke sein.« (a. a. O., S. 133) Das Ich wird tätig auf der Grundlage umgewandelter Triebstrebungen, die es sich in den Dienst nimmt, dann »sekundär autonom«. Dabei sind nicht nur Funktionen des Ichs betroffen, sondern auch das Ich als Struktur: »Die erfolgreiche Neutralisierung oder Sublimierung der Aggression erzeugt eine Ich-Struktur, die gute Objektbeziehungen ermöglicht.« (Fonagy & Target, 2003, S. 86)

3.2.2 Exkurs: Das Prinzip der mehrfachen Funktion

Etwas ähnliches wie der von Hartmann beschriebene Funktionswechsel wird bereits von Wälder (1930), für den das Ich eine »aufgabenlösende Instanz« ist, als das »Prinzip der mehrfachen Funktion« ausgearbeitet. Er nimmt Freuds Angsttheorien, die sich im Verlauf seines Werks wandeln, als Ausgangspunkt. In der ersten Angsttheorie ist Angst für Freud direkt umgesetzte, nicht durch Befriedigung »abgeführte« Libido; in der zweiten fungiert die Angst als ein Signal für drohende Unlust. Während in der ersten Theorie also die Angst *Ausdruck* von Unlust ist, dient sie in der zweiten deren möglicher Vermeidung. Wälder (a. a. O., S. 285) meint dazu, dass hier »das eine Mal das Phänomen von der Seite des Es und das andere Mal von der Seite des Ich beschrieben ist«. Es stehen hier ein Getriebenwerden (durch das Es) und ein Gerichtetsein (durch das Ich) des Menschen nebeneinander (a. a. O., S. 286). Damit verbindet Wälder das Argument, »daß eine [...] mehrfache Betrachtungsweise einem jeden psychischen Akt gegenüber nicht nur zulässig, sondern durch die Psychoanalyse geradezu gefordert sein könnte« (a. a. O.). Sich das vor Augen zu führen, ist für die Psychoanalyse bis heute von großer Bedeutung: Auch Deutungen beispielsweise sollten nicht mit dem Anspruch verbunden sein, die eine kausal verstandene Wahrheit über das Zustandekommen psychischer Phänomene oder Handlungen zu benennen, sondern einen Aspekt eines Geschehens zu benennen. Es muss also nicht in Absolutheit festgelegt werden, ob etwas, eine Handlung oder ein psychischer Prozess, durch das Ich oder das Es motiviert oder gesteuert wird: »[A]lles Handeln des Menschen [...] hat [...] das Ich passiert und ist also Lösungsversuch einer Aufgabe« (a. a. O.). Entscheidend dabei ist, dass das Ich nicht nur passiv oder reaktiv (hemmend) ist, sondern seine »eigene Aktivität« zeigt, etwa dergestalt sich zu behaupten oder durchzusetzen und »die ichfremden Instanzen in der eigenen Person in organischem Wachstum [..] assimilieren«. Das ist natürlich in erster Linie auf das Triebhafte bezogen. Das Triebleben werde vom Ich nicht nur »von den drohenden Folgen von außen« her als gefährlich betrachtet, sondern zudem »als Gefahr, in seiner Organisation zerstört, überflutet zu werden« (a. a. O., S. 287f.).

Wälder bestimmt »acht Gruppen von Aufgaben« für das Ich, jeweils entlang der Aktivität oder Passivität bezüglich der Aufgaben in Relation zu den vier Bereichen Wiederholungszwang, Es, Über-Ich und Außenwelt (a. a. O., S. 288). Daran veranschaulicht er das Prinzip der mehrfachen Funktion, basierend auf der Annahme, »daß [...] jeder psychische Akt jederzeit als ein gleichzeitiger Lösungsversuch aller acht Aufgaben aufgefaßt werden kann und muß« (a. a. O.). Ein »psychisches Geschehen« muss »mehrfach sinnvoll sein« (a. a. O., S. 292), es hat eine »mehrfache Bedeutung« und ist gekennzeichnet von einer »Überdeterminierung« (a. a. O., S. 290). Dabei ist allerdings eine »vollständige gleichzeitige Lösung« der acht benannten Aufgaben unmöglich, wie auch sollte es immer möglich sein, Aufgaben beispielsweise bezüglich der Außenwelt und dem Es sowohl für Aktivität als auch für Passivität »verlustfrei« zu lösen? So begründet Wälder den »Kompromißcharakter jedes psychischen Aktes« (a. a. O., S. 289). Dabei kommt dem »Liebesakt« eine besondere Bedeutung zu, insofern dessen »unvergleichliche Bedeutung [...] im seelischen Haushalt« derart zu verstehen sei, »daß er derjenige psychische Akt ist, der einer vollständigen und allseits gleichmäßigen Lösung der widerspruchsvollen Aufgaben des Ich am nächsten kommt.« (a. a. O., S. 289f.) Es gibt darin eine lustvolle und eine sozial-interaktive Komponente, man kann darin im Einklang mit seinen persönlichen Werten sein, es gibt eine passive und eine aktive Komponente darin u. a.

Im Hinblick auf die klinische psychoanalytische Arbeit zieht Wälder entsprechende Folgerungen aus dem Prinzip der mehrfachen Funktion anhand eines Vergleichs mit dem (antiken) Fünfkampf, in dem verschiedene Fähigkeiten erforderlich sind, ohne dass zwingend in einer Einzeldisziplin (und nur in dieser) die höchsten Leistungen erzielt werden: »Das ist in der Tat die Art, wie der psychoanalytische Praktiker vorgeht – oder vorgehen sollte. Der Analytiker schwankt beständig zwischen einem inneren und einem äußeren Sehen hin und her.« (Wälder, 1963, S. 32f.) Der mehrfachen Funktion psychischen Geschehens korrespondiert ein klinischer Blick, der multiperspektivisch ist.

3.2.3 Anpassungsmechanismen

Hartmann widmet sich also dem Verhältnis des Ichs zum Es, entlang der Konzeptionen von Autonomie und Funktionswechsel. Oben habe ich bereits Hartmanns (1939) programmatische Schrift »Ich-Psychologie und Anpassungsproblem« erwähnt. Darin taucht der zweite wichtige Bereich auf, das Verhältnis des Ichs zur Außenwelt. Unter Anpassung versteht Hartmann dabei nicht so etwas wie Unterordnung oder Selbstverleugnung, sondern Fragen der Passung zwischen Ich/Individuum und sozialer Umgebung.

Hartmann (1939, S. 83) meint, das »Problem der Anpassung« begegne »uns in der Psychoanalyse vor allem im Zusammenhang der Ich-Theorie«, konkreter spricht er von der »Realitätsangepaßtheit« (a. a. O.) des Menschen vermittelt über sein Ich. Daher untersucht er dessen »Verarbeitungsweisen äußerer und innerer Reize, die zu durchschnittli-

3.2 Die Ich-Psychologie als psychoanalytische Richtung bei Heinz Hartmann

cher Anpassungsfähigkeit und normaler Anpassung führen« (a. a. O., S. 89). Die Anpassung wird der auf pathologische Prozesse begrenzten Abwehr (vgl. zu Abwehr und Bewältigung auch Storck, 2021a, Kap. 6.1) gegenüber gestellt: »Wir haben das Ich von seiner Abwehrtätigkeit kennengelernt […] Aber es gibt Fragen […], welche uns die Beschäftigung auch mit anderen Ich-Funktionen und mit einem anderen Aspekt der Ich-Tätigkeit nahelegen« (a. a. O., S. 89). Darin folgt Hartmann dem Anliegen, die »autonomen« Aspekte des Ichs zu untersuchen, die sich nicht über die Reaktion auf Triebstrebungen begreifen lassen.

In soziologischer Betrachtung benennt Hartmann »Anpassungsaufgaben« als »von der Gesellschaft gestellte[.] Aufgaben« (a. a. O., S. 97), das bedeutet, es geht um »Aufgaben der Realitätsbewältigung« (a. a. O., S. 98): »Wenn man von einem Menschen sagt, er sei gut angepaßt, meint man damit oft nichts anderes, als daß seine Leistungsfähigkeit, seine Genußfähigkeit, sein seelisches Gleichgewicht ungestört sind.« (a. a. O., S. 99) Das ist zwar einerseits in allgemeiner Hinsicht eine Beschreibung psychischer Gesundheit (ähnlich wie die psychoanalytisch in diesem Kontext angeführte Liebes-, Arbeits- und Genussfähigkeit), aber zugleich ist sie, so Hartmann (a. a. O.), »relativ nichtssagend«.

Dass es bei der Anpassung im Sinne Hartmanns nicht nur um die Umbildung des Individuums angesichts der Umwelt geht (eine autoplastische Anpassung), wird deutlich, wenn man heranzieht, dass er zwischen drei Ausformungen der Anpassung unterscheidet: »Der Vorgang der Anpassung kann durch Veränderung der Umgebung geschehen […] oder durch zweckmäßige Veränderungen im psychophysischen System«, als dritten Weg beschreibt er »die Wahl einer neuen Umwelt, die günstigeres Funktionieren ermöglicht.« (a. a. O., S. 102) Entweder wird das Individuum verändert oder die Umwelt oder das Individuum begibt sich in eine andere Umwelt.

Damit ist nicht zuletzt in psychoanalytischer Hinsicht die interpersonelle Umwelt gemeint, als Ergänzung eines rein biologischen Blicks auf Anpassung. Hartmann benennt die »Aufgabe der Anpassung des Menschen an den Menschen« (a. a. O., S. 105) und verbindet sie mit der Figur eines »sozialen Entgegenkommens« (a. a. O., S. 106). Er unterscheidet dabei eine progressive Form (»Anpassung im Sinne der Entwicklung«) von einer regressiven Form (hier bedarf die Anpassung »des Umwegs über die Regression«) (a. a. O., S. 109f.). Zuständig dafür ist das Ich als das »spezifische Anpassungsorgan[.]« des Individuums (a. a. O., S. 119). Die Ichentwicklung lässt sich über die Art der »Realitätsbeziehung« (a. a. O., S. 161) auffassen beziehungsweise besteht das Ich »aus jenen Funktionen […], die mit der Beziehung des Individuums zu seiner Umwelt zu tun haben« (Brenner, 1955, S. 43).

In seinen »Bemerkungen zur psychoanalytischen Theorie des Ichs« (Hartmann, 1950) widmet sich Hartmann konkreter der Frage nach den Ich-Funktionen, ohne Anspruch auf Vollständigkeit: »Kein Analytiker hat es je versucht, eine vollständige Liste der Ich-Funktionen zusammenzustellen, und auch ich habe nicht die Absicht, dies hier zu tun.« (a. a. O., S. 120f.) Genannt werden allerdings die Organisation und Kontrolle von Motilität und Wahrnehmung, das Aufrichten und Aufrechterhalten einer »schützende[n] Schranke gegen übermäßige Reize«, die Realitätsprüfung, das Handeln (statt bloßer »motorischer Entladung«) und Denken (als Probehandeln), die Beziehung zur Zeitwahrnehmung, die Abwehr sowie allgemein »organisierende[.] Funktion«: »koordinierende[.] oder integrierende[.] Tendenzen, die sogenannte synthetische Funktion«.

In der TV-Serie *Westworld* wird das Szenario eines Wild-West-Vergnügungsparks entworfen, den Menschen (»guests«) besuchen können, um dort ihre Fantasien (vor allem sexueller und aggressiver Art) mit den äußerlich nicht von Menschen unterscheidbaren, programmierten Robotern auszuleben. Diese Roboter (»hosts«) haben kein Bewusstsein dessen, dass sie künstlich sind und sowohl in ihren Handlungen als auch in ihrer Persönlichkeit einer Programmierung folgen. Schritt für Schritt entwickeln einzelne von ihnen ein Gewahrsein ihrer Situation, unter ihnen die Chefin des Bordells der Wild-West-Stadt, Maeve, die im »Wartungsbereich« eine Unterhaltung mit Felix, einem Techniker des Unternehmens, beginnt (»The Adversary«, 2016). Er sagt ihr: »Alles was du tust, tust du, weil die Programmierer von oben dich so programmiert haben. Du hast keine Wahl.« Sie antwortet: »Keiner bringt mich dazu, etwas zu tun, was ich nicht will, Schätzchen.« Er: »Ja, aber das ist Teil deines Cha-

3.2 Die Ich-Psychologie als psychoanalytische Richtung bei Heinz Hartmann

> rakters. Du bist schwer rumzukriegen. Wenn du zu den Gästen Nein sagst, dann, weil du so gemacht bist.« Die beiden unterhalten sich darüber, dass Felix ein Mensch sei, wie die Gäste. Maeve fragt ihn, woher er das wisse; sie nimmt seine Hand, befühlt sie und sagt: »Wir fühlen dasselbe/fühlen uns gleich an« Er erwidert, ja, das sei größtenteils wahr, aber mit dem Unterschied, dass die »Verarbeitungsleistung« der Roboter sehr viel höher sei – mit dem Nachteil, dass sie unter der Kontrolle der Menschen stünden. Alles, was in ihrem Kopf sei, sei dort eingepflanzt. Sie sagt: »Bullshit, niemand weiß, was ich denke.« Felix meint, er werde es ihr zeigen. Dazu holt er eine Art Tablet und meint, er müsse es mit Maeve koppeln: »Du kannst ein bisschen improvisieren, aber das meiste von dem, was du sagst, wurde von denen da oben entworfen.« Maeve glaubt ihm nicht – und meint, in zehn Jahren im Bordell habe sie gelernt zu erkennen, »when I'm being fucked with« (also etwa: Wenn mich jemand aufs Kreuz legen will). Sie blickt auf der Steuerungstablet und sieht dort, Wort für Wort, das von ihr gerade Gesagte/Gedachte als Ergebnis eines Algorithmus. Das geht noch einen weiteren Satz so, bis sowohl Maeve ins Stocken gerät und das Tablet einen »Konflikt« in der Improvisation anzeigt. Maeve kann nicht weitersprechen und »fährt runter«...

Im Hinblick darauf, was in der Psychoanalyse mit Ich-Funktionen gemeint ist, ist ein (abgrenzender) Vergleich mit dem Tablet, das Persönlichkeitseigenschaften festlegt und Gedanken und Gesagtes vorausberechnet und dann umsetzt, nützlich. Insgesamt wirft *Westworld* die Frage auf, was im Rahmen der Möglichkeiten der Künstlichen Intelligenz und Nachbildung menschlicher Körper das »künstliche« vom »echten« Bewusstsein unterscheidet (wobei vor allem die Frage der Bedeutung des Wissens um die eigene Sterblichkeit ins Zentrum rückt; nicht sterben zu können/müssen macht die Menschen in moralischer Hinsicht »unmenschlich«). Es bedarf auch in technischer Hinsicht eines dynamischen Modells komplexer Steuerungsmechanismen zwischen Kognition, Gedächtnis, Denken und – da wird es in der Programmierung schon schwieriger – Fühlen einschließlich von dessen Ambivalenzen.

Die menschliche »Programmierung« allerdings ist vor allem dadurch von der künstlichen unterschieden, dass sie auf sozialen Prozessen beruht; es ist dann nicht nur eine Frage der Komplexität, sondern eine Frage der Funktion leiblicher Interaktion mit anderen für die Strukturbildung des Psychischen und zwar sowohl des »Ichs« in seinen Funktionen als auch des »Selbst« als Repräsentanz (auch letzteres ist in *Westworld* im Fall Maeves programmiert, wenn auch unter dem Irrtum, vorangegangene Erfahrungen einfach löschen und überschreiben zu können). Wird dieser Schritt übergangen, erfolgt also eine Programmierung jenseits der strukturbildenden Rolle von Interaktion, bleibt ein fundamentaler Unterschied zwischen Roboter und Mensch bestehen – zumindest so lange die Forschung zu »künstlicher Intelligenz« nicht bedeutet, den Menschen nur noch über das zu bestimmen, was sich apparativ abbilden oder simulieren lässt (vgl. Fuchs, 2020).

3.2.4 Weiterführungen

Eine Reihe von Weiterführungen der Hartmann'schen Gedanken innerhalb der Ich-Psychologie können hier erwähnt werden. Dazu gehört Kris' (1936) Konzeption einer Regression im Dienste des Ichs. Die Auffassung einer Regression im Rahmen der Symptombildung ergänzend entwirft er eine Konzeption, in der regressive Prozesse (also das Zurückschreiten zu weniger vernunftgeleiteten Modi des Erlebens) dazu dienen, neue Verbindungen herzustellen, und dabei vor allem insofern »im Dienste des Ichs« stehen, als sie im Dienste der Progression eingesetzt werden. Die Regression ist Teil eines einheitlichen Prozesses, der auch die Progression, also das Voranschreiten zu neuen Formen einbezieht. Das spielt zum Beispiel eine Rolle im Rahmen kreativer Prozesse, lässt sich aber auch auf den Behandlungsprozess und dessen Dynamik beziehen.

Rapaport (1959) erweitert die von Freud beschriebenen metapsychologischen Gesichtspunkte (ökonomisch, topisch, dynamisch) um einen adaptiven. Darin wird der Annahme gefolgt, »die Ausformung des Seelenlebens, seine Gestaltwerdung, [beruhe] auf der Interaktion zwischen den mitgebrachten Potentialen, der inneren Realität und den prägen-

3.2 Die Ich-Psychologie als psychoanalytische Richtung bei Heinz Hartmann

den und lenkenden Einflüssen des Milieus, der äußeren Realität« (Loch, 1999, S. 28; Hervorh. aufgeh. TS). Auch Rapaport (1959) geht hinsichtlich des adaptiven Gesichtspunkts vom Ich als einer geschaffenen/gebildeten Persönlichkeit aus, die sich in ihrem Funktionieren zumindest in Teilen unabhängig vom Es macht.

Brenner (1955; 1976) erkundet die Bedeutung einer grundlegenden Konflikthaftigkeit in der Konzeption der Ich-Psychologie. Er versteht das Ich als »Vollstrecker der Triebe« (1955, S. 45; Hervorh. aufgeh. TS), unterstreicht also, dass das Ich sich gegenüber ihnen nicht bloß zur Wehr zu setzen hat, sondern sie in das psychische Erleben und in soziale Situationen gleichsam einfädelt und für Befriedigung sorgt. Gleichwohl bleiben Ich und Es in einem Spannungsverhältnis, arbeiten also gerade nicht »Hand in Hand«.

Gray widmet sich in den 1970er und 1980er Jahren darüber hinaus behandlungstechnischen Folgerungen einer »modernen« Ich-Psychologie in Richtung einer ansonsten vor allen Dingen von der Kleinianischen Richtung betonten Arbeit im »Hier und Jetzt«. Blanck und Blanck (1979) legen eine psychoanalytische Entwicklungspsychologie ichpsychologischer Prägung vor. Darin wird das Ich nicht bloß über seine Funktionen bestimmt, sondern »durch sein Funktionieren als Organisator«, als ein »Organisationsprozeß« (a. a. O., S. 32; Hervorh. aufgeh. TS). In Teilen sind auch die Arbeiten von Mahler, Pine und Bergmann (1975) zur Entwicklungspsychologie der Individuation heranzuziehen, wenngleich diese bereits stärker einen Fokus auf die Objektbeziehungstheorie legen.

Behandlungstechnisch ist auch der Ansatz von Busch seit den 1990er Jahren zu erwähnen. Darin steht die Beachtung des »jeweiligen Zustand[s] der Ich-Funktionen zum Zeitpunkt seiner Aktivierung« (Mertens, 2010, S. 177) im Mittelpunkt, Veränderung werde dann möglich »aufgrund einer strukturellen Modifikation des Ichs« (Schmidt-Hellerau, 2002, S. 670). Dazu entwickelt Busch die Konzeption eines Deutens »in der Nachbarschaft« (1993) (▶ Kap. 3.4).

Busch legt dabei einen von der »klassischen« Ich-Psychologie unterschiedenen behandlungstechnischen Ansatz vor. Eine gewisse Berüchtigkeit hat in der klassischen Auffassung Rangells (1954, S. 741; Übers. TS) Bild des Analytikers als Tennis-Schiedsrichter bekommen. Rangell macht die Unterschiede zwischen Psychotherapie im allgemeinen und Psychoanalyse im Besonderen deutlich, wenn er formuliert: »Nehmen wir an, dass der psychische Apparat um sich herum ein Feld magnetischer Energie aufspannt. In der Psychoanalyse nimmt der Therapeut seinen Platz an der Peripherie dieses Magnetfelds des Patienten ein, weder zu weit entfernt, als dass er nutzlos würde und ebenso gut gar nicht da zu sein bräuchte, noch zu nah, so dass sein eigenes Magnetfeld mit dem anderen interagieren würde [...] Immun gegen Abstoßung oder Anziehung (zumindest im Idealfall, innerhalb der Grenzen seines eigenen Unbewussten) sitzt er am Rand, wie ein Schiedsrichter bei einem Tennis-Match, so dass er zu seinem Patienten sagen kann: ›Das ist es, was Sie gerade machen, hier ist die Strebung, hier Abwehr, hier Widerstand, hier Kompromissbildung, hier Symptom.‹ [...] In der Psychotherapie hingegen ist der Therapeut [...] vielmehr generell auf dem Court mit seinem Patienten, interagiert mit ihm und die beiden Magnetfelder sind miteinander verschränkt, dabei sind die Werte, Meinungen, Wünsche und Bedürfnisse des Therapeuten mehr oder weniger aktiv am Werk.«

Die Ich-Psychologie ist für eine behandlungstechnische Haltung, die einem solchen Bild entspricht, kritisiert worden. Es legt nahe, dass der Analytiker bloß als »neutraler« Beobachter da sitzt und Deutungen gibt, die kommentieren, was der Analysand erlebt und erinnert, mit dem Ziel, dass so, also durch die Aufdeckung von Abwehr und Widerstand sowie deren Funktion im Rahmen einer Übertragungsbeziehung, in welche der Analytiker sich nicht einbringt, Veränderung bewirkt wird. Tatsächlich sind diese beiden Eckpfeiler der Behandlung, Deutung von Abwehr und Widerstand, wie sie sich in der Übertragung manifestieren (und verbunden sind mit infantilen Wünschen), und eine abstinente Haltung zur Unterstützung der Übertragungsprozesse, in der Ich-Psychologie entscheidend und haben die Psychoanalyse in den 1950er und 1960er Jahren stark geprägt.

In der TV-Serie *Mad Men*, die im New York der 1960er Jahre spielt und im Wesentlichen die gesellschaftliche Lage dieser Zeit, nicht zuletzt in den Geschlechterrollenbeziehungen, unter der Perspektive

3.2 Die Ich-Psychologie als psychoanalytische Richtung bei Heinz Hartmann

> der Tätigkeit einer Werbeagentur in den Blick nimmt (vgl. Storck, 2017), befindet sich Betty, die Ehefrau des Protagonisten Don Draper, in einer Psychoanalyse, in der sie darüber spricht, wie sie die Untreue ihres Mannes erlebt und wie sie sich als Hausfrau und Mutter in der Vorstadt fühlt. Im Verlauf erfährt man, dass ihr Analytiker ihrem Ehemann telefonisch Bericht über die Behandlung erstattet. In einer Szene (»The Wheel«, 2007) sehen wir Betty zu ihrem Analytiker gehen. Sie legt sich auf die Couch, er sitzt dahinter und schreibt gelegentlich etwas in sein Notizbuch. Sie redet und geht dabei ihren Assoziationen nach: die Bedeutung, die Thanksgiving nach dem Tod ihrer Mutter für sie habe, wie sie darunter leide, wenn ihr Mann nach Parfüm »oder Schlimmerem« riecht. Sie spricht auch darüber, dass sie versuchen wolle, dankbar zu sein, unter anderem für die Analyse, die ihr geholfen habe, weil sie über das sprechen könne, was sie beschäftigt. Sie blickt sich kurz zu ihrem Analytiker um, der in der gesamten Szene kein Wort sagt, und zündet sich dann, weiter auf der Couch liegend, eine Zigarette an...

Hier ist nun einiges überspitzt (die komplette Wortlosigkeit des Analytikers) beziehungsweise schlicht unethisch (die Berichterstattung an den Ehemann), anderes zeitgeschichtlich einzuordnen (das Rauchen auf der Couch, aber in Teilen auch die strikt abstinente, kühle Haltung) und wieder anderes bildet zentrale Elemente der Psychoanalyse ab, so die freie Assoziation oder die Zurückhaltung des Analytikers mit dem Ziel, dass sich Übertragungsmuster vertiefen können. Über die Deutungstechnik erfahren wir hier gleichwohl wenig, ichpsychologisch hätte sie sich, wie erwähnt, wohl vorrangig auf Abwehr und Widerstand gerichtet.

Grundsätzlich kann man zeitgenössisch sagen, dass die eher abwartende, zurückgenommene Position des Analytikers nichts mit Faulheit oder intendierter Abweisung (um den Analysanden ins Arbeiten zu bringen o. ä.) zu tun hat, sondern damit, ihm einen Raum zu eröffnen, in dem er sich mit seinen verinnerlichten Beziehungsmustern entfaltet.

3.3 Zur Kritik an der Ich-Psychologie

Ich werde zunächst einige Kritikpunkte an Hartmanns Ansatz im Besonderen, dann einige Einwände gegenüber der Ich-Psychologie allgemein aufführen, bevor ich zur dezidierten Kritik und den entsprechenden Gegenentwürfen aus Richtung der strukturalen sowie der relationalen Psychoanalyse komme.

Lampl-de Groot (1964) trägt vier Kritikpunkte zusammen: Erstens sei Hartmanns Theorie als »zu kompliziert und zu schwer zu verstehen« wahrgenommen worden; der Vorwurf habe darin bestanden, »daß den Texten Hartmanns jeglicher Reiz abgeht. Sie sind mühsam, spröde und unerfreulich zu lesen.« (Schmidt-Hellerau, 2002, S. 658) Hartmann verwendet so gut wie keine klinischen Beispiele, was er selbst beispielsweisefolgendermaßen kommentiert: »So instruktiv [...] die Mitteilung von Analysen und Analysebruchstücken sein mag: im Rahmen dieses Buches, welches den wissenschaftlich interessierten Nichtanalytiker in die Problematik der Psychoanalyse einführen will, wäre sie nicht am Platze.« (Hartmann, 1927, S. 8) Zweitens, so die Kritik, werde in seiner Theorie die Freud'sche Strukturtheorie (das Instanzen-Modell) verdinglicht, wenn es »das Ich« ist, das für Anpassung sorgt, sich autonom macht etc. Drittens sei der Nutzen der Theorie für die klinische Arbeit in Zweifel gezogen worden. Neben einer wiederkehrenden Debatte über den Wert und Nutzen der psychoanalytischen Metapsychologie (vgl. z. B. Zepf, 2006, S. 282ff.) geht es hier um die Frage, in welcher Weise die von Hartmann anvisierte Anbindung an die Allgemeine Psychologie oder eine auch naturwissenschaftliche Methodik mit dem klinischen Prozess allzu viel zu tun hat und ob die Ergebnisse diesem dann Wesentliches hinzufügen: »[M]an konnte die erfahrensten Psychoanalytiker sagen hören, daß sie die Ich-Psychologie zwar interessant fänden, daß sie aber für die Behandlungstechnik doch ziemlich irrelevant sei.« (N. Ross in: Blanck & Blanck, 1974, S. 7) Viertens schließlich ist Hartmann dafür kritisiert worden, während und nach der NS-Zeit eine Theorie der Anpassung zu formulieren, ohne eine Betrachtung der sozialen und politischen Realität einzubeziehen beziehungsweise die sozialpsychologische Ebene von Anpassung zu beachten.

3.3 Zur Kritik an der Ich-Psychologie

Die Ich-Psychologie ist auch in allgemeiner, den Ansatz Hartmanns im engeren Sinn überschreitender Weise kritisiert worden. Insgesamt wird ihr die Vernachlässigung einer Zwei-Personen-Psychologie vorgeworfen (statt dessen konzentriere sie sich auf den Analysanden, der vom Analytiker betrachtet wird), aufgrund ihres »positivistischen Verständnis[ses] einer strikten Subjekt-Objekt-, beziehungsweise Analytiker-Patient-Trennung, die eine externe, möglichst objektiv bleibende Beobachter-Position beinhaltete« (Mertens, 2010, S. 15). Die Ich-Psychologie, so Schmidt-Hellerau (2002, S. 658), »ruft bis heute vor allem in den romanischsprachigen Vereinigungen, aber auch bei den britischen Kleinianern und Independents Befremden« oder zumindest eine »europäische' Reserviertheit« (a. a. O.) hervor: »Die Pioniere der Ich-Psychologie, wie Hartmann und Rapaport, wurden außerhalb Nordamerikas nicht gut aufgenommen.« (Busch, 2013, S. 308; Übers. TS) Bereits früh zeigten sich französische Autoren kritisch, so tragen Roudinesco und Plon (1997, S. 445) zusammen: »Man kann sagen, dass alle Strömungen des amerikanischen Freudianismus in gewisser Weise das Ich (Ego), das Selbst und das Individuum zum Nachteil des Es, des Unbewussten und des Subjekts bevorzugen. Er stellt der angeblichen Dekadenz der alten westeuropäischen Gesellschaft eine pragmatische Ethik entgegen, die auf der Idee der sozialen Prophylaxe und der mentalen Hygiene aufbaut.« Es handele sich bei der Ich-Psychologie um »eine Art medizinisierte und in die Psychiatrie integrierte Psychoanalyse«, die »gegen die alte Wiener Laien-Psychoanalyse gerichtet« sei (a. a. O.); damit ist eine lange Diskussion in der Psychoanalyse berührt, welche die nicht-ärztlichen Analytiker betrifft (vgl. Freuds *Die Frage der Laienanalyse*; Freud, 1926e).

Dabei habe die Ich-Psychologie »in gewisser Weise die Todestriebtheorie relativiert und das Unbewusste wieder näher in den Bereich des Vorbewussten gerückt« (Roudinesco & Plon, 1997, S. 446). Auch Busch (2013, S. 308; Übers. TS) erkennt den Vorwurf, die Ich-Psychologie entferne sich von der »Vorrangigkeit des Unbewussten«. Mit diesem Kritikpunkt ist gemeint, dass das Unbewusste weniger in seinen spannungsreichen, dynamischen oder gestalterischen Anteilen gesehen wird, sondern als etwas prinzipiell Bewusstseinsfähiges. Mehlman (1972, S. 6f., zit.n. Zeitlin, 1997; Übers. TS) geht dabei sogar soweit, von der Ich-Psychologie als einer Institutionalisierung der »Verdrängung der Entdeckung der Verdrängung« zu sprechen. Sie habe sich, so Schmidt-Hellerau (2002, S. 658) in der Zusammenfassung der Kritik, dem Verdacht ausgesetzt gesehen, »daß mit dem Schielen nach Akzeptanz im akademischen Milieu und der Hinwendung zu verschiedenen Formen von Anpassung an die jeweils geltenden sozialen Normen das genuine Anliegen der Psychoanalyse, die Erforschung des Unbewußten und des Trieblebens, verraten worden sei; der Schluß lag nahe, daß mit der Ichpsychologie nur noch Oberflächen- oder Bewußtseinspsychologie zu betreiben sei.«

3.3.1 Aus der Sicht Jacques Lacans

Besonders scharf ist die von Lacan, der von Grant (2000) als »shrink from hell« bezeichnet wird, geäußerte Kritik an der Ich-Psychologie. Lacan hielt seine Seminare von 1953 bis 1978 ab, also zumindest zu Beginn zu einer Zeit, in der die Ich-Psychologie als psychoanalytischer »Mainstream« galt. Seine eigenen Überlegungen finden vor einem gänzlich anderen Hintergrund als dem ichpsychologischen Anliegen einer naturwissenschaftlich begründeten Anknüpfung an die Allgemeine Psychologie statt, nämlich Philosophie (Hegel, Heidegger), Linguistik (de Saussure, Jakobson), Mathematik (Gödel; gerade dieser Bezug ist von Sokal & Bricmont, 1999, ausführlich dekonstruiert worden) oder Strukturalismus (Lévi-Strauss). Besonders die zentrale Denkfigur des Strukturalismus, nämlich dass sich soziale Systeme über die Beziehungen der Elemente zueinander bestimmen (zum Beispiel kann jemand nur als Onkel bezeichnet werden, wenn er jemandes Bruder und diese/r jemandes Mutter oder Vater ist), ist für Lacans Verständnis des Psychischen wichtig (auch wenn er sich selbst kaum als Strukturalist bezeichnet hätte).

In Lacans Konzeption spielen die drei »Register« des Psychischen, Symbolisches, Imaginäres und Reales, in ihrer Verknüpfung miteinander eine wichtige Rolle. Lacan konzipiert einen »kleinen anderen« und einen »großen Anderen« als Bezugspunkte des Psychischen: Während zum kleinen anderen eine imaginäre, spiegelbildliche Beziehung besteht beziehungsweise gesucht wird, steht der große Andere für eine (in anderer Terminologie ausgedrückt:) triangulierte Beziehung, unter Einbezug von Verbot, Gesetz oder sozialer Ordnung. Hinsichtlich des Begehrens ist Lacan der Auffassung, dass triebhaft das Objekt (»Objekt klein a«) umkreist, aber nicht getroffen wird. Dieses Kreisen um einen Mangel macht das Symbolische aus. Lacans linguistische Fundierung der Psychoanalyse führt ihn dazu, das Subjekt als »Sprechwesen« (parl-être) zu verstehen und Psychisches unter der Perspektive von Signifikat und Signifikant aufzufassen. Klinisch unterstreicht er die Bedeutung des Analytikers als »Subjekt, dem Wissen unterstellt wird«, das heißt, der Analysand adressiert den Analytiker als jemanden, der ihm sagt, was zu tun ist, wie er ist und sich selbst verstehen kann. Vom Analytiker ist demgegenüber gefordert, durch die deutende Arbeit das Begehren freizulegen, unter anderem im Rahmen von Sitzungen in variabler Länge. Dieser letzte Punkt führte letztlich 1953 zum Ausschluss Lacans aus der Internationalen Psychoanalytischen Vereinigung, nachdem ein erläuternder Brief Lacans an Hartmann, zu dieser Zeit deren Präsident, nicht für Überzeugung sorgen konnte. Der Gedanke der variablen Sitzungslänge ist, dass die Stunde in dem Moment beendet werden soll, in dem etwas vom Unbewussten gleichsam freigelegt worden ist und dann weiter arbeitet. Das hat allerdings in Schwierigkeiten, nicht zuletzt mit den Terminvereinbarungen, geführt, mit der Folge, dass, so wird es berichtet (vgl. Langlitz, 2005, S. 100), in Lacans Wartezimmer immer eine Gruppe von Analysanden saß, die erwartete, hereingerufen zu werden, wenn die vorangegangene Stunde mehr oder weniger spontan beendet wurde.

Lacan, Analysand von Rudolph Loewenstein, der später eine wichtige Figur in der Ich-Psychologie wurde, habe, so Evans (1996, S. 140), »[e]inen Großteil seiner Berufstätigkeit [...] auf[gewandt], um sich gegen den Anspruch der Ich-Psychologie [...] zu wehren«. Man kann sogar sagen, dass »[e]in großer Teil von Lacans Theorie [...] ohne Referenz auf die Ich-Psychologie, gegen die Lacan seine Theorie abgrenzt, nicht richtig verstanden werden [kann]. Lacan verwirft alle zentralen Begriffe der Ich-Psychologie« (a. a. O., S. 141) – allen voran das Ich. Lacan (1955, S. 19) bezeichnet die Psychoanalyse als die »Wissenschaft von den Trugbildern«, er konzipiert das Ich daher als imaginäres, als eine Art konstitutive Selbsttäuschung oder eine Bildung des Selbst aus der Täuschung über die eigene Ganzheit beziehungsweise Identität. Freuds

Diktum »Wo Es war, soll Ich werden«, liest Lacan anders: »Dort, wo es war, man kann sagen, wo es sich war, möchten wir verstanden wissen, ist es meine Pflicht, dass ich zum Sein komme.« (a. a. O., S. 39)

Auch das steht natürlich in einem Kontext, hier in erster Linie von Teilen der französischen Geistesgeschichte, anschließend an Rimbauds Formulierung »Ich ist ein anderer« (ca. 1870) oder Ricœurs (1990) später auf den Punkt gebrachter Konzeption *Das Selbst als ein Anderer*. Zwar weist Lacan Rimbauds Denkfigur zurück: »Lassen Sie sich davon nicht verblüffen, fangen Sie nicht an rumzuerzählen, daß ich ein anderer ist – das hat überhaupt keine Wirkung, glauben Sie mir.« Lacan (1954/55, S. 15) konzipiert aber das Ich beziehungsweise das Subjekt als ein gespaltenes: Das »Ich« (Je), das etwas aussagt, unterscheidet sich von dem »ich«, über das etwas gesagt wird. Wenn »ich« »mich« betrachte, kriege ich etwas anderes zu fassen als mich als Betrachtenden.

Lacan polemisiert daher gegen die Aufwertung des Ichs in der Ich-Psychologie: »Die Einführung seiner neuen Topik durch Freud ist verstanden worden als die Rückkehr des guten alten Ich [...] Das ist eine wirkliche Befreiung gewesen, eine Explosion der Wonne – Ah, da ist es ja wieder!« (Lacan 1954/55, S. 79; Hervorh. aufgeh. TS) Das Ich wurde von Freud als »nicht Herr im eigenen Haus« erkannt, dann aber seitens der Ich-Psychologie wieder dazu gemacht. Dabei begreift Lacan die Weiterentwicklungen der Freud'schen Lehre als solche nicht problematisch, sondern deren Rezeption: »[W]eit davon entfernt, daß er verstanden worden wäre, wie es nottat, es gab einen allgemeinen Aufruhr, eine veritable Befreiung der Schüler – Ah, da ist es ja wieder, das brave, kleine Ich! So trifft man sich wieder! Wir betreten wieder die Wege der allgemeinen Psychologie.« (1954/55, S. 19) Darin sieht Lacan eine Nivellierung der Entdeckungen Freuds über Sexualität, dynamisch Unbewusstes u. a. Das von ihm so bezeichnete »System Anna Freud«, das sich darauf aufbaut, »steckt unter analytischem Gesichtspunkt in einer Sackgasse.« (a. a. O., S. 135) Hauptsächlich richtet sich seine Kritik auf das allgemeine Menschenbild der Ich-Psychologie, das er als eine Orientierung an der Funktionstüchtigkeit erlebt, vor allem angesichts des als autonom denkbaren und erstrebten Ichs.

So entbrennt ein Streit: »[W]ir [werden...] die Ansicht vertreten, dass ihr Gegenstand [der Autoren der Ich-Psychologie; TS] nicht gehaltvoller

3.3 Zur Kritik an der Ich-Psychologie

sei als der frei erfundene Blödsinn, den sie uns unterstellen« (Lacan, 1966a, S. 151). Er spricht von »genialen Hirngespinsten, die augenblicklich von jenseits des Wassers zu uns kommen« (a. a. O.), Hartmanns These eines autonomen Ichs solle uns erlauben, »ruhig zu schlafen« (a. a. O., S. 20), das Unreglementierte und Unverzichtbare des unbewussten Begehrens wird aus seiner Sicht darin zum Verschwinden gebracht. Das Ich, das »immer als konflikthaft angesehen worden ist« und »in einem Drama errungen wird, wird uns auf einmal als eine zentrale Gegebenheit zurückerstattet« (a. a. O.). Weiter meint Lacan über die ichpsychologische Sichtweise: »Das Ich ist eine Funktion, das Ich ist eine Synthese, eine Synthese von Funktionen, eine Synthesenfunktion. Es ist autonom! Das ist wirklich ein guter Witz. Das ist der letzte Fetisch, der ins Allerheiligste der Praxis aufgenommen wurde, die auf der Überlegenheit der Überlegenen fußt.« (1955, S. 44) Er meint: »Offenbar haben wir alle die Neigung zu glauben, dass wir wir sind«, was Lacan als die »individuelle Naivität des Subjekts« bezeichnet. In der Ich-Psychologie wolle man »uns [...] nicht nur zu diesem naiven Glauben zurückführen«, sondern davon ist die »Analyse als Technik« betroffen (1966a, S. 20).

Diese Anklagen Lacans sind mit einer Generalkritik an den USA verbunden, denen er einen »kulturelle[n] Ahistorismus« vorwirft, der »kennzeichnend [...] für die Vereinigten Staaten Nordamerikas« sei (1956, S. 11). Etwas später hält Lacan selbst einen Vortrag in den USA, in dem er schildert: »Als ich heute Abend hierher kam, las ich auf einer kleinen Leuchtreklame den Werbespruch ›Enjoy Coca-Cola!‹« (1966b, S. 29) – nicht überraschend, dass das ihn, der sich mit dem Genießen/ jouissance in seiner Konzeptualisierung beschäftigt, besonders interessiert hat... So ist es auch Lacan (1955, S. 12), der berichtet, C.G. Jung habe ihm einmal gesagt, Freud habe bei deren gemeinsamer Reise in die USA 1909 zu ihm den Satz gesagt »Sie wissen nicht, dass wir ihnen die Pest bringen.« Es gibt keine Belege für diese Aussage als die Worte Lacans dazu. Roudinesco und Plon (1997), die dieser Begebenheit in ihrem Wörterbuch der Psychoanalyse unter dem gesonderten Schlagwort »Pest« einen eigenen Eintrag widmen, bezeichnen sie als »Gründungsmythos des Freudianismus und des Lacanianismus [in Frankreich]« (a. a. O., S. 781). Lacan meint, dass Freud sich geirrt habe, schließlich sei die Psychoanalyse in den USA adaptiert beziehungsweise angeglichen worden. Während der NS-Zeit waren viele (jüdische) Psychoanalytiker gezwungen, v. a. in die USA zu emigrieren und beeinflussten dort die Weiterentwicklungen der Psychoanalyse; Zeitlin (1997) vertritt die Auffassung, dass eine Assimilation in Form eines Ahistorismus für die psychoanalytischen Einwanderer nötig gewesen sei.

Lacan führt an, die Praxis der Psychoanalyse sei »im amerikanischen Raum [...] allgemein so sehr zu einem Mittel verkommen, um den ›success‹ zu erlangen, und zu einer Forderung nach ›happiness‹, dass man präzisieren muss, dass darin die Verleugnung der Psychoanalyse besteht« (Lacan, 1955, S. 36). Es handele sich bei der (ichpsychologisch geprägten) Psychoanalyse im Nordamerika der 1950er Jahre »um den Mechanismus der systematischen Verkennung, der den Wahn simuliert« (a. a. O.). Unter anderem kritisiert er den Fokus auf die Analyse des Widerstands durch die Ich-Psychologie; dies habe zu einer »Verstärkung der objektivierenden Subjektposition« geführt (a. a. O., S. 41). Problematisch ist dies für Lacan, weil es ein Irrtum sei, den Widerstand bloß beobachtend, losgelöst vom Widerstand des Analytikers, zu betrachten. Darin bestehe eine Objektivierung des Analysanden, was zur Folge habe, ihn mit einer Deutung nicht zu erreichen: »Sie können nicht gleichzeitig diese Objektivierung des Subjekts betreiben und zu ihm angemessen sprechen.« (a. a. O.) Das stelle eine »Rückkehr zum reaktionären Prinzip, das die Dualität zwischen dem, der leidet, und dem, der heilt, die Opposition zwischen dem, der weiß, und dem, der nicht weiß, beinhaltet.« (a. a. O., S. 12) Für Lacan ist es eben eine (notwendige) Illusion des Analysanden, dem Analytiker »Wissen« zu »unterstellen«.

Lacan setzt dem seine eigene Auffassung des Ichs entgegen. Er legt eine umfangreiche Rekonstruktion des Freud'schen Ich-Begriffs vor (Lacan, 1954/55). Dabei ist Freuds Auffassung der dritten Kränkung, die der Mensch durch die Psychoanalyse erfahre (neben der Darwinschen Evolutionstheorie und dem Kopernikanischen Weltbild), das Ich sei nicht Herr im eigenen Hause (implizit fortgesetzt zu: ...glaubt jedoch, es zu sein) leitend: »Das Unbewußte entzieht sich ganz und gar diesem Zirkel von Gewißheiten, worin der Mensch sich als Ich/moi erkennt. Außerhalb dieses Feldes existiert etwas, das alles Recht darauf hat, sich

3.3 Zur Kritik an der Ich-Psychologie

durch ich/je auszudrücken« (a. a. O., S. 15). Lacan meint, das Subjekt sei »in bezug auf das Individuum dezentriert« (a. a. O., S. 16), was in seiner Unterscheidung zwischen dem Subjekt der Aussage und dem Subjekt des Aussagens verweist, die ich oben als den Unterschied zwischen dem *Je* und dem *moi* erwähnt habe. 1953, im Jahr seines Ausschlusses aus der Internationalen Psychoanalytischen Vereinigung, publiziert Lacan einen Text mit dem sehr schönen Titel »Some reflections on the ego« (Lacan, 1953), eine Figur (Reflexion und Ich), die auch in seinem vermutlich bekanntesten Text mit dem Titel *Das Spiegelstadium als Bildner der Ich-Funktion, wie sie uns in der psychoanalytischen Erfahrung erscheint* zum Thema genommen wird. Bei diesem handelt es sich um einen Kongressbeitrag von 1936, der 1949 modifiziert wurde und dann 1966 in den *Schriften* Lacans erschien (Lacan, 1949). Mit dem Spiegelstadium bezieht sich Lacan auf die Beobachtung des rund anderthalbjährigen Kindes, das damit beginnt, »jubilatorisch[.]« sein Spiegelbild zu begrüßen (1949, S. 64). Diese Wahrnehmung löst beim Subjekt eine »Verwandlung« aus und stellt die »symbolische Matrix« dar, »an der das Ich (je) in einer ursprünglichen Form sich niederschlägt, bevor es sich objektiviert in der Dialektik der Identifikation mit dem andern und bevor ihm die Sprache im Allgemeinen die Funktion eines Subjektes wiedergibt.« (a. a. O.) So werde das Ich (moi) »auf einer fiktiven Linie situiert« (a. a. O.), das »Spiegelstadium ist ein Drama, dessen innere Spannung von der Unzulänglichkeit auf die Antizipation überspringt« (a. a. O., S. 67). Für Lacan gründet dies auf der »spezifische[n] Vorzeitigkeit der menschlichen Geburt« (a. a. O., S. 66).

Lacan nimmt an, dass zunächst Fantasien eines »zerstückelten Körpers« (a. a. O., S. 67) vorherrschen, das Phänomen im Spiegelstadium bedeutet für ihn nun die Antizipation einer Ganzheit des Körpers und damit des Ichs (das er als »Fata Morgana« bezeichnet; a. a. O., S. 64). Es wird also gleichsam vom Spiegel etwas anderes zurückgegeben als was dem Erleben des Kindes entspricht: Zerstückeltes wird so ganz und das Kind identifiziert sich mit diesem ganzen Bild im Spiegel, einschließlich interpersoneller Spiegelungen, für das dies hier das Modell abgibt: »Dieser Augenblick läßt auf entscheidende Weise das ganze menschliche Wissen in die Vermittlung durch das Begehren des anderen umkippen« (a. a. O., S. 68). Das Ich, als Identifizierung mit sich selbst im Spiegel des anderen, ist damit Täuschung und Trugbild, es täuscht vor, man sei ganz und könnte sich auch in Gänze irgendwo finden. Das ist allerdings konstitutiv, man kann dieser Täuschung nicht ausweichen, darauf gründet jegliches Ich-Erleben. Entscheidend ist dann das Hinzutreten des Symbolischen, also etwa in Form der Sprache und Benennung, in der Zuschreibung etwa von: »Da ist ja der XY!«, womit dem Kind im Verhältnis zu seinem Spiegelbild etwas zugeschrieben wird, eine Bezugnahme auf die Spiegelbeziehung, die mit der sozialen, sprachlichen Ordnung zu tun hat.

Daher spricht Lacan von den »konstitutiven Verkennungen des Ichs (moi)«, von dessen »imaginären Knechtschaft«. Darin nun besteht die Abgrenzung von der Ich-Psychologie: Die analytische Erfahrung »führt uns weg von der Annahme, daß das Ich (moi) auf das Wahrnehmungs- und Bewußtseinssystem zentriert und [vom] ›Realitätsprinzip‹ organisiert sei [...]; diese unsere Erfahrung läßt uns vielmehr von der Verkennungsfunktion ausgehen, die das Ich [...] charakterisiert« (a. a. O., S. 69f.). Der Gegenstand meiner Reflexion ist etwas anderes als der Punkt, von dem aus ich reflektiere. Lacan hält der Ich-Psychologie vor, dass sie diesen Unterschied einebnet.

3.3.2 Aus »beziehungsorientierter« Sicht

Andere Kritiker führen die fehlende Beziehungsorientierung in der Ich-Psychologie an, insbesondere aus der Richtung der relationalen Psychoanalyse (Mitchell), der Selbstpsychologie (Kohut) oder der interpersonellen Therapie (Sullivan), wobei angemerkt werden muss, dass es im Anschluss an Hartmann auch viele Verknüpfungen zwischen der Ich-Psychologie und der (nordamerikanischen) Objektbeziehungstheorie gibt, den Übergang führen beispielsweise Blanck und Blanck (1986) vor: »Die Objektbeziehungen wurden als Ichfunktionen verstanden, doch bis heute waren sie zu relativer Obskurität verdammt« (a. a. O., S. 10), sie gehören »zu einer anderen Ordnung als die übrigen Ichfunktionen« (a. a. O.). Bei Guntrip (1971, S. 103ff.) findet sich eine Unterscheidung zwischen »system-ego« und »person-ego«, welche der Unterscheidung zwischen Ich und Selbst nahekommt.

Unterschiedlichen Richtungen der Beziehungsorientierung (Selbst-Psychologie, interpersonelle Therapie, relationale Psychoanalyse) ist der Weg in eine »Zwei-Personen-Psychologie« (z. B. Balint, 1968, S. 196f.) und die Zurückweisung (oder zumindest das In-den-Hintergrund-Treten) von Trieb oder Konflikt in einem für das Ich konstitutiven Sinn gemeinsam. Dies und der Vorwurf an Hartmann und andere Vertreter der Ich-Psychologie, der Analytiker enthalte sich in der klinischen Situation der Beziehung, im vermeintlichen Ideal einer methodisch genauen Betrachtungsweise, haben verschiedene konzeptuelle Linien in den USA als Antwort auf die Ich-Psychologie hervorgebracht. Greenberg und Mitchell (1983, S. 266; Übers. TS) schreiben zusammenfassend, »Hartmanns Interesse daran, die klassische Theorie zu bewahren, führte dazu, dass er unwillig war, so einen Wandel voranzubringen«, so dass er die Perspektive auf soziale Beziehungen (zur Umwelt) und die Perspektive auf intrapsychische Konflikte nicht stärker zusammengeführt hat. Hinzu kommt die Kritik Fromms entlang des Arguments, in der Anpassung vor allem den Konservatismus, Autoritarismus und den Konsumcharakter zu sehen.

3.4 Zusammenfassung und behandlungstechnische Folgerungen

Zusammenfassend kann man nun sagen, dass das prinzipiell öffnende Anliegen der Ich-Psychologie bei Hartmann die Formulierung einer anschlussfähigen allgemeinen psychoanalytischen Psychologie ist, und damit die Interdisziplinarität, die man für A. Freud in Richtung der Pädagogik sehen kann, bei Hartmann in Richtung der Kognitionspsychologie oder der Biologie. Methodisch wird die rekonstruktive um eine beobachtende Methode ergänzt, also der (insbesondere entwicklungspsychologische) Blick aus dem Behandlungszimmer heraus unternommen. Konzeptuell stehen die primäre und sekundäre Autonomie des Ichs im Zentrum, Konflikte entstehen vor allem zwischen den Instanzen und können prinzipiell »zu Gunsten« des Ichs aufgelöst werden. Dabei wird ein Funktionswechsel und die Neutralisierung von Triebenergie konzipiert. Vor diesem Hintergrund werden Ich-Funktionen untersucht, klinisch steht die Analyse von Abwehr, Widerstand und Übertragung aus einer »neutralen« Haltung heraus im Zentrum.

Der Stellenwert der Ich-Psychologie ist über die Jahrzehnte geringer geworden, sie ist deutlich hinter den mehr oder minder allgemeinen Konsens einer Objektbeziehungstheorie (unterschiedlicher Akzentuierung gleichwohl) zurückgetreten: »Über weite Teile der psychoanalytischen Welt hinweg scheint die Ich-Psychologie in den analytischen Mülleimer verfrachtet worden zu sein.« (Busch, 2013, S. 293; Übers. TS) Zwar habe es »verschmähende Angriffe gegen die Ich-Psychologie« gegeben (a. a. O.), aber es kann auch ein beständiger Einfluss gesehen werden (zum Beispiel in der Fortsetzung der Konzeption von Ich-Funktionen in Konzepte psychischer Struktur). Dabei sind Überlegungen zu Denk*prozessen* relevanter für klinisches Verstehen und für Veränderungsprozesse als solche zu Denk*inhalten*.

Beiträge der Ich-Psychologie betreffen auch Fragen nach der Indikation für psychoanalytischen Behandlungen (vgl. z. B. Blanck & Blanck, 1974), etwa die Frage, ob das Ich, also der realitätszugewandte Teil eines potenziellen Analysanden, »stabil« genug ist, um nach einer analytischen Stunde den Weg zurück in die Anforderungen des Alltags zu finden, oder auch, ob es gelingt, mit dem »gesunden« Teil des Ichs eines Analysanden ein Arbeitsbündnis einzugehen. Die Perspektive auf »Störungen des Ichs« (statt neurotischer Störungen, die sich auf der Grundlage von Wunsch-Abwehr-Konflikten begreifen lassen) bringt es unter Umständen mit sich, Haltung, Setting oder Technik anzupassen. Behandlungstechnisch erlaubt die Fortführung einer ichpsychologischen Perspektive die Konzeption und klinische Umsetzung der »Hilfs-Ich«-Funktion des Analytikers und es wird theoretisch darstellbar, in welcher Weise zum Ende der Analyse auf der Seite des Analysanden eine Identifizierung mit der analytischen Funktion (Introspektion, Regulierung u. a.), wie er sie seitens des Analytikers erlebt hat, möglich werden soll (Loewenstein, 1972). Ziel einer ichpsychologischen Behandlung ist es, dem Analysanden zu mehr Ich-Stärke beziehungsweise dessen Ich zu sekundärer Autonomie zu verhelfen.

3.4 Zusammenfassung und behandlungstechnische Folgerungen

In zeitgenössischer Perspektive legt Busch (2013) eine »post-ichpsychologische« behandlungstechnische Konzeption vor, in der es stärker um eine kollaborative Haltung (bzw. das Zusammenarbeiten mit dem Ich des Analysanden) sowie um ein Deuten »in der Nachbarschaft« geht. Er stützt seine Überlegungen auf das vor allem von Greenson systematisch ausgearbeitete Konzept des Arbeitsbündnisses sowie auf die therapeutische Ich-Spaltung (Sterba, 1934), die von beiden Beteiligten des analytischen Prozesses dahingehend gefordert ist, zugleich eine Beziehung einzugehen und sich auf die dort zutage tretenden Dynamiken und Gefühle einzulassen, als auch auf dieses Beziehungsgeschehen und die eigene Position darin blicken zu können. Sterba schreibt dazu: »Der Analytiker tritt an das Ich als an das Aufnahmsorgan der Wahrnehmungen und als an das Kontrollorgan der Realität heran. Durch die Deutung der Übertragungssituation versucht er, diese realitätsbeflissenen Anteile des Ichs den trieb- und abwehrbesetzten Anteilen desselben gegenüberzustellen. Was er damit erreicht, kann als eine Spaltung im Bereiche des Ichs bezeichnet werden« (Sterba, 1934, S. 68). In der Fortsetzung solcher Überlegungen (Arbeitsbündnis mit dem »gesunden« Ich-Anteil, Einsetzen der therapeutischen Ich-Spaltung) ist seit Gray (1982) eine »durchgängige Anwendung der Ich-Psychologie auf die psychoanalytische Methode« zu sehen (Busch, 2013, S. 295; Übers. TS).

Busch wendet sich in einer Reihe von Arbeiten der Überbrückung des Grabens zwischen ichpsychologischer Theorie und deren Umsetzung in der klinischen Praxis zu. Seine Technik, mit Interventionen/Deutungen unbewusster Erlebnisaspekte »in der Nachbarschaft« dessen zu liegen, gemessen, was das Ich des Analysanden tolerieren kann, folgt diesem Anliegen (z. B. Busch, 1993). Er greift mit dem Bild der »Nachbarschaft« beziehungsweise Nähe auf eine Bemerkung Freuds (1910k, S. 123f.) zurück, in welcher dieser vorschlägt, mit der Deutung zu warten, »bis der Kranke durch Vorbereitung selbst in die Nähe des von ihm Verdrängten gekommen ist«. In anderen Ansätzen taucht ein vergleichbarer Gedanke in der Empfehlung auf, »von der Oberfläche zur Tiefe« zu deuten. Busch unterstreicht: »Wie brillant auch immer der Analytiker das Unbewusste lesen mag, es handelt sich dabei solange nicht um brauchbare Daten, bis es mit etwas verbunden werden kann, dessen sich der Patient bewusst sein kann.« (Busch, 1993, S. 152; Übers. TS)

Busch meint weiter in kritischer Perspektive, es sei beeindruckend, wie viele Deutungen weniger auf dem basieren, was der Patient hören, sondern mehr auf dem, was der Analytiker verstehen kann, es entstehe ein Bemühen darum, die »›eigentliche‹ unbewusste Fantasie« zu erwischen (a. a. O., S. 153). Busch fügt dazu ein Beispiel Greensons an. Der Analysand spricht über einen Professor, der sich nicht darum schere, ob seine Studenten ihm folgen können, und verspricht sich dann: »I hate to have him treat -… I mean, teach me« (a. a. O.; also etwa »Ich hasse es, dass er mich behandelt… ich meine, unterrichtet.«). Die Interpretation Greensons ist, dass der Versprecher den Ärger des Analysanden auf seinen Analytiker angesichts der bevorstehenden Ferienunterbrechung zeige. Busch stellt dem die mögliche Interpretation zur Seite, dass es sich bei dem Versprecher um ein Widerstandsphänomen handele und dass der Inhalt des Abgewehrten darin nicht für das bewusste Erleben des Analysanden annehmbar sei. Eine Deutung der unbewussten Aggression, selbst eine korrekte, würde den Widerstand nur verstärken; außerdem steckt in der Bezugnahme auf einen »Professor« außerdem die bewusstseinsnahe Kommunikation dessen, es mit einem »theoretischen« Gegenüber zu tun zu haben.

Es ist in Buschs Sicht daher wichtig, auf die Möglichkeiten des Analysanden zu achten, die Deutung zu hören und aufzunehmen. Bezüge dazu gibt es in Josephs (2013) Betonung des »Hier und Jetzt« (in einem Kleinianschen Rahmen) oder Faimbergs (1997) Konzeption eines vom Analytiker geforderten »listening to listening«, also zum Zuhören darauf, wie ein Analysand zuhört. Es sei die Aufgabe analytischer Arbeit (und einzelner Interventionen), es dem Analysanden zu ermöglichen, sich seiner Denkprozesse bewusst zu sein oder zu werden (Busch, 1993, S. 167; ähnliches ist das Ziel der Mentalisierungsbasierten Therapie; vgl. Taubner, Fonagy & Bateman, 2019). Folglich ist es wichtig, so zu intervenieren, dass Analysanden »dem zuhören können, worüber sie gesprochen haben« (Busch, 1993, S. 171; Übers. TS). Mit Searl (1936) hebt Busch die Gefahr hervor, »abwesende Inhalte« zu deuten, also etwas, das gerade nicht wirksam ist (auch nicht in unbewussten Prozessen). Dann schlägt eine Deutung fehl, auch wenn sie sich theoretisch gut begründen ließe. Bereits Fenichel (1941, S. 58) formuliert: »Wenn eine Deutung nicht wirkt, fragt man oft: ›Wie hätte ich tiefer deuten können?‹ Aber oft lautet die richtigere Frage: ›Wie hätte ich oberflächlicher deuten können?‹« Damit ist gemeint, dass Deutungen ausreichend oberflächennah sein müssen. Busch (1993, S. 171) weist darauf hin, dass man an sich selbst beobachten könne, in Situationen, in denen eine Deutung keine Wirkung zeigt, lauter und langsamer zu sprechen…

Auf dieser Grundlage entwickelt Busch eine Kritik an Hartmann, dessen Konzepte schwer in eine klinische Technik zu integrieren seien, die Ichpsychologie habe »eine ganze Generation von Analytikern staunend angesichts Hartmanns intellektueller Kraft« zurückgelassen, »während sie zugleich kopfschüttelnd vor der Frage standen, wenn es um die Relevanz dessen für ihren letzten Patienten ging« (1993, S. 164; Übers. TS). Während die Ichpsychologie auf dem Papier gefeiert worden sei, habe ihre Übersetzung in verständliche, in der Arbeit der klinischen Situation umsetzbare Zugänge hinterhergehinkt (a. a. O., S. 165).

3.5 Fallbeispiel Herr P., Teil 2

In Kapitel 2.7 ist es bereits um den fiktiven Fall von Herrn P. gegangen und darum, wie es wäre, wenn dieser eine analytische Behandlung aufsuchen würde und über die Ereignisse in der Serie reden würde, als wären es Erlebnisse oder Träume. Anhand dessen versuche ich, analytische Behandlungstechnik mit unterschiedlichen Schwerpunktsetzungen zu demonstrieren. Nachdem es bislang um eine eher Freud'sche Zugangsweise gegangen ist, versuche ich jetzt, die Herangehensweise der Ichpsychologie zu veranschaulichen.

Was den Kontext der Behandlung angeht, ist es bisher darum gegangen, wie sich Herrn P.s Wünsche nach väterlicher/elterliche Zuwendung in entstellter Weise äußern, zum Beispiel in seinem hohen Einfühlungsvermögen in Kinder, aber weniger gegenüber sich selbst und seinen kindlichen Wünschen. Für den folgenden Abschnitt (»Shotgun«, 2011) ist wichtig zu wissen, dass die Zusammenarbeit Herrn P.s mit dem älteren Mann, Herrn W., ihm zufolge ganz gut zu laufen scheint, meistens verstünden sie sich gut miteinander, aber manchmal würden ihn Ängste beschäftigen, Herr W. könnte ihn bei bislang unklar bleibenden gemeinsamen »Geschäften« ausbooten. In der aktuellen Stunde berichtet Herr P. davon, vor einigen Tagen auch erstmals mit einem anderen älteren Mann, Herrn E., einen Auftrag erledigt zu haben, für den sie weite Strecken mit dem Auto hätten zurücklegen müssen.

> P: (Herr P.) Wir sind rumgefahren und mussten was erledigen, so Stopps abfahren, etwas einsammeln und er hat dann immer was in seinem Buch notiert. Ich weiß gar nicht, warum ich dabei war. Ich habe mir dann vorgestellt, ich bin der Bodyguard oder so und hab 'nen Joke gemacht, dass ich doch eigentlich eine Waffe bräuchte, aber er hat gar nicht darauf reagiert. Dann sind wir weitergefahren und ich wollte eine Zigarette rauchen, aber er nur so: »Keine Chance.« Lange Fahrten im Auto, da haben wir nicht gesprochen, dann Stopps, bei denen ich rumstehen musste, dann wieder Fahrten. Ich habe das Radio angemacht, er hat es wieder ausgemacht. Ich habe zu ihm gesagt: »Ist das Ziel hier, dass ich mich zu Tode langweile? Dann hat es geklappt.« Wieder nichts. Ich dann: »Meinen Sie nicht, es wäre gut, hier ein bisschen Kommunikation zu haben, die hin und her geht? Wie fahren hier ewig rum und es wäre schön, wenn Sie mir sagen, worum es geht. Wenn ich hier dabei sein soll, dann sollten Sie mir sagen, was los ist.« Immer noch keine Antwort und das war's eigentlich auch schon. Irgendwann waren wir fertig und ich bin nach Hause.
>
> P: (nach einer Pause) Der Typ ist cool, aber es hat mich *wahnsinnig* gemacht, wenn ich rede und rede und er sitzt nur still da und fährt. Ich meine, es war einfach meeeega langweilig, wir sind stundenlang rumgefahren, nichts zu sehen, ich durfte das Radio nicht anmachen. Ich dachte, ich sterbe vor Langeweile, deshalb habe ich ein Gespräch angefangen. Gut, war dann nix. Hab ich mich halt weiter gelangweilt, es war wie eine Prüfung, wie viel Langeweile ich aushalten kann. Wir hatten so viel vorbereitet, so ist es auch jedes Mal, wenn wir zusammenarbeiten: So viel vorbereitet und dann zieht es sich so hin…

A: (Analytiker) Es könnte ja auch sein, dass Ihnen eigentlich gar nicht so langweilig war.
P: Häh? (Pause) Können Sie vielleicht mal sagen, was Sie damit meinen?
A: Vielleicht ist es ja wichtig zu *sagen*, dass Sie es blöd fanden, aber eigentlich war es für Sie wichtig, diese gemeinsame Zeit zu haben. Alles war vorbereitet, Sie haben sich das ersehnt...
P: Ja, alles vorbereitet – aber damit meine ich ja, dass wir auch sonst bei der Arbeit alles immer zurechtlegen. Das ist »vorbereiten«.
A: Und etwas Emotionales? Vielleicht haben Sie sich gefreut – und Sie waren dann enttäuscht, dass er sich Ihnen nicht so zugewandt hat, wie Sie es sich gewünscht haben.
P: Pfff. Enttäuscht. (Pause) Ich denke halt, wenn man schon vier Stunden lang zusammen im Auto sitzt, dann kann man auch quatschen. So war es nur Generve, auch mit dem Rauchen.
A: Das Rauchen?
P: Na, dass er immer wieder gesagt hat, dass das nicht geht. Da hat er dann mal gesprochen! Als es um Regeln ging und um das, was ich nicht darf!
A: Wieder sagt Ihnen jemand, Sie dürfen nicht rauchen.
P: Ja! Wie eine Kopie meines Vaters. Ich soll nur kommen, wenn ich mich auch benehme. Und mehr ist dann auch nicht. Das ist das Beste, was für mich drin ist: Schweigen. Darüber müsste ich mich schon freuen – Schweigen heißt, dass nicht an mir rumgenörgelt wird. Na, danke. Ich meine, vier Stunden lang!
A: Vielleicht erleben Sie es hier auch so, in unseren vier Stunden jede Woche: Sie möchten wechselseitige Kommunikation, Sie möchten, dass wir beide Waffen haben und einander beschützen, wie Partner, die durch dick und dünn gehen. Sie möchten, dass ich Sie teilhaben lasse...
P: (schweigt) Ich kann mich allein beschützen. Ich kann mich auch allein unterhalten. Machen Sie sich keine Sorgen. (Pause) Sehen Sie? Schweigen. Wenn ich nicht zu allem »Ja, danke, ja, mache ich so, finde ich auch« sage, dann ist es so, als wäre ich nicht da.

> A: Sie haben das Gefühl, Sie sind nicht da, oder sind für mich nicht da, wenn Sie mir nicht zustimmen. Und ich habe den Eindruck, dass alles, was damit zu tun haben könnte, was Sie sich wünschen, trotzig abgetan werden muss. Als würden Sie das lieber nicht hören. Oder spüren.

Vielleicht würde ein klassisch ichpsychologischer Analytiker weniger sprechen, aber der Fokus würde auf Abwehr und Widerstand liegen, diese würden gedeutet, unter Umständen konfrontativer und feststellender, weniger fragend als im obigen Beispiel. Die Hauptlinie der Intervention besteht darin, dass Herr P. seine Wünsche nach gemeinsamer Zeit mit einer väterlichen Figur, nach Anerkennung und Beteiligung nicht direkt ausdrückt, sondern sie überdeckt mit der Betonung der Langeweile. Der Ärger über die fehlende Antwort des anderen ist dann überdeterminiert durch den dem Bewusstsein zugänglichen Gedanken, dass es dann weniger langweilig ist und er informiert werden möchte, und den latenten Wunsch nach emotionaler Zuwendung. Auf einer zweiten, damit verbundenen Linie wird aufgenommen, wie sich das in der analytischen Beziehung beziehungsweise in der Übertragung zeigt. Auch hier geht es um ein Vermeiden dessen, die Wünsche an eine väterliche Figur zu spüren. Dass sich diese in die Übertragung vermitteln, dem dient die neutrale und abstinente Haltung, wie sie insbesondere die Ich-Psychologie herausstellt.

4 Die psychoanalytische Selbstpsychologie

Bisher sind zunächst die Freud'schen Gedanken zum Ich zum Thema geworden: dessen hemmende Wirkung auf Erregungsabläufe, seine Kennzeichnung als psychische Instanz, die sich über ihre Funktionen bestimmt, z. B. die Abwehr, und insgesamt die Aufgabe einer Balancierung zwischen den Ansprüchen der anderen Instanzen und der Außenwelt sowie die behandlungstechnische Folgerung, das dort »Ich werden« solle, wo »Es war«. Ferner ist es um das Selbst gegangen, als Repräsentanz, die aus Erfahrungen der Körper-Grenzen und in Auseinandersetzung mit einem relativen Verlust des Objekts erwächst, was die Aufrichtung einer Bezogenheit bei Getrenntheit zum anderen möglich macht, sowie als Teil einer Narzissmus-Theorie, die die Besetzung der Selbstrepräsentanz betrifft. Im Anschluss daran habe ich die Grundzüge der Ichpsychologie bei Anna Freud (Analyse der Abwehr; Erkundung der Bedeutung der sozialen Umwelt) und Heinz Hartmann (Formulierung einer allgemeinen psychoanalytischen Psychologie; Konzeption einer Autonomie des Ichs sowie von Anpassungsmechanismen) vorgestellt. Während das Ich also als »Organisationsfunktion« gilt, wird das Selbst in Richtung der Selbst*repräsentanz* verstanden, auch als Selbst-in-Beziehung.

Im Weiteren soll es nun um Weiterentwicklungen in der Konzeption des Selbst und des Narzissmus gehen (vgl. a. Ermann, 2020), mit einem Fokus auf die Selbstpsychologie Kohuts. Als Bezugspunkt ist wichtig herauszustellen, dass es sich bei Freuds Narzissmuskonzeption um eine libidotheoretische handelt. Für den primären Narzissmus, das primäre Identifiziertsein mit der Welt, in dem es keine Trennung zwischen Selbst und Nicht-Selbst gibt, ist für Freud entscheidend, dass alle Libido noch »im« Ich/Selbst verbleibt, es gibt keine Besetzung von Objekten.

Unter dem sekundären Narzissmus versteht Freud den Rückzug der Libido von den Objekten auf das Selbst. Der wichtigste Ausgangspunkt für die Konzeption des Narzissmus durch Kohut ist die Formulierung einer eigenständigen Entwicklungslinie des Narzissmus. Bevor dies genauer betrachtet wird, kann noch ein weiteres Konzept Freuds herangezogen werden, das gleichsam eine Brücke zwischen dem Ich und dem Selbst darstellt, nämlich das Ich-Ideal.

4.1 Das Konzept des Ich-Ideals

Das Ich-Ideal wird als »Instanz der Persönlichkeit« verstanden, »die aus der Konvergenz des Narzißmus (Idealisierung des Ichs) und den Identifizierungen mit den Eltern, ihren Substituten und den kollektiven Idealen entsteht.« Es stellt »ein Vorbild dar, an das das Subjekt sich anzugleichen sucht« (Laplanche & Pontalis, 1967, S. 202f.). Hier stößt man einmal mehr an terminologische Unklarheiten zwischen »Ich« und »Selbst«. Es ist hilfreich, hier unter dem Ich-Ideal etwas zu verstehen, in dem eine Idealvorstellung vom Selbst (»So will/soll ich sein«) und die Funktion einer Prüfung, wie das reale Selbst im Verhältnis dazu steht, zusammenkommen, also Aspekte des Ichs und Aspekte des Selbst. Komplizierter wird es allerdings noch dadurch, dass bei Freud und in dessen Nachfolge das Ich-Ideal üblicherweise zugleich als ein Teil des Über-Ichs betrachtet wird. Es ist definiert als »eine Anzahl von ethischen und moralischen Idealvorstellungen, die eine Substruktur des Über-Ichs bildet«, es erfüllt eine »Richtung gebende und Wert orientierende, im Unterschied zu den eher verbietenden und Grenzen setzenden Funktionen« (Mertens, 2014, S. 388f.). Als solche Teil-Instanz verkörpert das Ich-Ideal »als partielles Resultat von Identifizierungen mit den wichtigsten Bezugspersonen des Kindes einen stets präsenten und als äußerst wichtig erlebten Maßstab, an dem Wünsche, Handlungsimpulse und Verhaltensweisen hinsichtlich ihrer sozial verträglichen und ethischen Implikationen und Konsequenzen eingeschätzt werden« (a. a. O.). Insofern es sich um eine (durch Internalisierung gebildete) psychische Struktur handelt, ist das Ich-Ideal weder personifiziert noch an konkrete äußere Personen (mehr) gebunden; allerdings gibt es »Vorläufer [...] beim Kind, die sich als idealisierte Eltern-Imagines und als idealisierte Selbstbilder beschreiben lassen« (a. a. O., S. 389), was besonders von Kohut aufgegriffen wird.

Es lassen sich drei Ebenen des Konzepts unterscheiden (Laplanche & Pontalis, 1967, S. 203f.; Überblick bei Chasseguet-Smirgel, 1975, S. 215ff.):

1. Die narzisstische Ebene: Das Ich-Ideal »beobachtet« das Ich und bemisst es an einem gesetzten Ideal. Freud (1914c, S. 161) spricht von der Aufrichtung eines »Ideals in sich [...,] an welchem [... ein Mensch] sein aktuelles Ich mißt«. Eine solche »Idealbildung« sei die »Bedingung der Verdrängung« (a. a. O.), anders gesagt: Verdrängt wird, was vom Ich-Ideal zu weit entfernt ist und vor allem Scham hervorruft. Es ist eine narzisstische Struktur, der Narzissmus scheine »auf dieses neue, ideale Ich verschoben, welches sich wie das infantile im Besitz aller wertvollen Vollkommenheiten befindet. Der Mensch [...] will die narzißtische Vollkommenheit seiner Kindheit nicht entbehren, und [...] sucht [...] sie in der neuen Form des Ichideals wieder zu gewinnen. Was er als sein Ideal vor sich hin projiziert, ist der Ersatz für den verlorenen Narzißmus seiner Kindheit, in der er sein eigenes Ideal war.« (a. a. O.) beziehungsweise ein »Erbe des ursprünglichen Narzissmus« (1921c, S. 121). Freud meint, »daß sich in unserem Ich eine solche Instanz entwickelt, welche sich vom anderen Ich absondern und in Konflikte mit ihm geraten kann. Wir nannten sie das ›Ichideal‹ und schrieben ihr an Funktionen die Selbstbeobachtung, das moralische Gewissen, die Traumzensur und den Haupteinfluß bei der Verdrängung zu.« (a. a. O.) Ferner bezeichnet Freud das Ich-Ideal als den »Niederschlag der alten Elternvorstellung, de[n] Ausdruck der Bewunderung jener Vollkommenheit, die das Kind ihnen damals zuschrieb« (1930a, S. 71); es ist also vor allem aus einer Zeit entstanden, in der eine narzisstische Ungetrenntheit entscheidend ist und zwischen dem Kind, das »sein eigenes Ideal« ist, und den als vollkommen bewunderten Eltern nicht streng unterschieden

wird. Hier wird deutlich, dass die Konzeption des Ich-Ideals zugleich das Idealbild *und* den Abgleich damit umfassen soll.
2. Die interpersonelle/kollektive Ebene: In Prozessen der Massenbildung/-kohäsion wird »eine fremde Person vom Subjekt an die Stelle seines Ichideals gesetzt« (Laplanche & Pontalis, 1967, S. 203). Freud (1921c, S. 116) meint, die Identifizierung strebe danach, »das eigene Ich ähnlich zu gestalten wie das andere, zum ›Vorbild‹ genommene«. Das wird mit dem Vorgang der Idealisierung in Verbindung gebracht: »Bei manchen Formen der Liebeswahl wird es selbst augenfällig, daß das Objekt dazu dient, ein eigenes, nicht erreichtes Ichideal zu ersetzen. Man liebt es wegen der Vollkommenheiten, die man fürs eigene Ich angestrebt hat und die man sich nun auf diesem Umweg zur Befriedigung seines Narzißmus verschaffen möchte.« (a. a. O., S. 124) Das hat eine massenpsychologische Konsequenz: Freud versteht als eine »primäre Masse« eine »Anzahl von Individuen, die ein und dasselbe Objekt an die Stelle ihres Ichideals gesetzt […] haben« (a. a. O., S. 128; Hervorh. aufgeh. TS). Ein Gefühl der Zusammengehörigkeit entsteht darüber, dieselbe idealisierte Figur an Stelle des eigenen Ich-Ideals genommen zu haben, sich also miteinander über die Auslagerung dessen, was als moralisch richtig oder anzustreben erlebt wird, miteinander zu identifizieren (▶ Kap. 2.5).
3. Die Ebene der strukturellen Einordnung: Es gibt Bemerkungen Freuds, in denen das Ich-Ideal mit dem Über-Ich gleichgesetzt wird, im Verlauf differenziert er zwischen beiden in Richtung der Gebote (»So sollst du sein«; Ich-Ideal) und Verbote (»So darfst du nicht sein«; Über-Ich) (Freud, 1923b, S. 262). Da Freud (1930a, S. 72) drei Funktionen des Über-Ichs unterscheidet, nämlich »die Selbstbeobachtung, das Gewissen und die Idealfunktion«, liegt die Annahme nahe, dass er das Ich-Ideal als Substruktur versteht. Das Über-Ich ist »auch der Träger des Ichideals, an dem das Ich sich mißt, dem es nachstrebt, dessen Anspruch auf immer weitergehende Vervollkommnung es zu erfüllen bemüht ist« (a. a. O., S. 71). Mit dem Über-Ich, einschließlich der Unterstruktur des Ich-Ideals, können Minderwertigkeits- oder Schuldgefühle zu tun haben (vgl. a. Adlers »Minderwertigkeitskomplex«, s. dazu Freuds Kommentar; a. a. O., S. 71f.).

Wie erwähnt changiert das Konzept des Ich-Ideals dazwischen, die Funktion eines Abgleichs zwischen Realem und Idealem zu sein, und dem Idealbild als solchem. Letzteres wäre dann eher als Ideal-Selbst zu bezeichnen. Bei Kohut spielen in diesem Zusammenhang die Begriffe des infantilen Größen-Selbst oder der idealisierten Eltern-Imago eine Rolle, verbunden mit Vorgängen der Idealisierung und Ent-Idealisierung (▶ Kap. 4.2). Kernberg (▶ Kap. 5.1.4) versteht die narzisstische Persönlichkeitsstörung als Fragmentierung und Verschmelzung »von realen Selbstbildern mit idealen Selbstbildern und idealisierten Objektbildern« (Mertens, 2014, S. 393). Entsprechend wird aus der Perspektive von Betroffenen gleichsam die Haltung vertreten: »[I]ch bin selbst mein Ideal, und damit bin ich viel besser als diese Idealperson, die mich hätte lieben sollen, und brauche niemanden« (Kernberg, 1975, S. 266).

In der französischen Psychoanalyse spielt ferner eine genauere Unterscheidung zwischen Ich-Ideal und Ideal-Ich eine Rolle. Bei Freud finden sich beide Termini, sie werden aber nur wenig unterschieden. Gleichwohl formuliert Freud, der »Kranke« verspüre »das Walten einer Instanz in seinem Ich, welche sein aktuelles Ich und jede seiner Betätigungen an einem Ideal-Ich mißt, das er sich im Laufe seiner Entwicklung geschaffen hat« (1916/17, S. 444; es ist also gleichsam das Ich-Ideal, das Ideal-Selbst und Real-Selbst vergleich). Das Ideal-Ich wird verstanden als »[i]nnerpsychische Bildung, die manche Autoren, sie vom Ichideal unterscheidend, als ein Ideal narzißtischer Allmacht definieren, das nach dem Vorbild des infantilen Narzißmus geprägt ist« (Laplanche & Pontalis, 1967, S. 217). Hier ist das Ich-Ideal die Vergleichsgröße, während das Ideal-Ich als Größenfantasie fungiert (= das Ich als ein ideales).

Für Lagache (1958) wird ein Identifizierungspol (Ideal-Ich) unterschieden vom Begriffspaar Ich-Ideal und Über-Ich. Das Ideal-Ich wird verbunden mit einer »narzisstischen Identifizierung mit der Allmacht«, das Über-Ich beziehungsweise Ich-Ideal als eine »Unterwerfung unter die Allmacht« (Lagache, 1961, S. 46; zit. n. Lacan, 1966a, S. 174) verstanden. Für Lacan (1966a) steht das Ideal-Ich in Verbindung mit dem Imaginären, in dieser Hinsicht spricht er von der »Verkennungsfunktion« des Ichs (a. a. O., S. 171). Während das Ich-Ideal eine Art von Vorbild ist, begreift er das Ideal-Ich als ein »Streben«.

Chasseguet-Smirgel (1975) prägt die Formulierung einer »Krankheit der Idealität«, worunter sie »bestimmte[.], heute mehr und mehr verbreitete [.] Störungen«, zum Beispiel Perversionen versteht (a. a. O., S. 184). Die Distanz zwischen dem Ich und dem Ich-Ideal gilt ihr als Entwicklungsmotor und ist verbunden mit der Anerkennung des Generationen- und Geschlechterunterschieds. Narzisstische Strebungen werden in der »gelingenden« Entwicklung auf idealisierte Objekte projiziert, eine Kränkung des infantilen Größenselbst wird im weiteren Entwicklungsweg aufgehoben, es entwickelt sich mehr Toleranz für Grenzen, Entwicklungsnotwendigkeit u. a.. Die Pathologie besteht darin, sich selbst zum Ideal zu nehmen, das ist die »Krankheit der Idealität«, denn darin ist die Entwicklungslosigkeit enthalten: Reale Idealität (an sich ein Paradox) bringt es mit sich, schon alles zu sein, was man sein/werden könnte.

Zwei Aspekte können zusammenfassende Orientierung liefern: Zum einen kann gesagt werden, dass das Ich-Ideal (als Teil-Instanz) Idealvorstellungen der eigenen Person als Vergleich/Zielvorstellung repräsentiert, während das Ideal-Ich als die Fantasie von Vollkommenheit verstanden werden kann. Zum anderen liegt eine mögliche Unterscheidung darin, dass das Über-Ich mit Schuldgefühlen verbunden sein kann, das Ich-Ideal mit Scham.

4.2 Die Selbstpsychologie bei Heinz Kohut

Die Selbstpsychologie gilt in mittlerweile klassischer Sicht als eine der vier großen Richtungen der Psychoanalyse, neben der Triebtheorie, der Ich-Psychologie und der Objektbeziehungstheorie (Pine, 1988). Kohut ist der Begründer und imponiert in der Geschichte der Psychoanalyse durchaus als eine tragische Figur: Über den Wandel von der Blütezeit seiner Theoriebildung in den 1970er Jahren und der entsprechenden Anerkennung hin zu einer allumfassenden Kritik schreibt er: »Ich war Mr. Psychoanalyse, in jedem Saal, den ich betrat, begegneten mir lächelnde Gesichter. Jetzt schaut jeder weg. Ich habe für Unruhe gesorgt.« (Kohut, zit.n. Butzer, 1997, S. 8) Im Oktober 1981 schreibt die New York Times angesichts des Todes Kohuts in der Überschrift eines Artikels: »Heinz Kohut, whose theory opposed Freud's, dead at 68«. Das erste, was über ihn gesagt wird, ist, dass seine Theorie derjenigen Freuds entgegengestanden habe... Was ist da geschehen?

Kohut studierte Medizin in Wien und floh zu Beginn des Zweiten Weltkriegs (1939/40) über England in die USA, wo er eine rasche Karriere in Psychiatrie und Psychoanalyse machte. Er galt als »designierter Nachfolger« Hartmanns (Mertens, 2011, S. 13) an der Spitze der internationalen Psychoanalyse und wurde von Anna Freud gedrängt, Präsident der Internationalen Psychoanalytischen Vereinigung zu werden. Schließlich blieb er bis 1973 für acht Jahre »nur« deren Vizepräsident. 1971 erschien sein wegweisendes Werk *Narzißmus* (Kohut, 1971), bald darauf wurde bei ihm Leukämie diagnostiziert, an deren Folgen er schließlich verstarb, vor seinem Tod erschien 1977 *Die Heilung des Selbst* (Kohut, 1977) sowie posthum *Wie heilt die Psychoanalyse?* (Kohut, 1984).

Einmal mehr ist dabei eine wichtige psychoanalytische Strömung in abgrenzender Relation zu einer anderen zu betrachten: Kohut kritisiert am Ansatz Hartmanns die Vermischung von psychologischen, biologischen und sozialpsychologischen Begriffen sowie eine Vernachlässigung von Empathie als Mittel des Verstehens des Anderen. Es gibt den Vorwurf einer »allzu große[n] Kühle im Umgang mit [...] Patienten« (Kutter, 1999, S. XI); darin erscheine das Bild eines »schuldigen Menschen«, in der Kohut'schen Selbstpsychologie hingegen geht es um den »tragischen Menschen« (vgl. Ornstein, 1988). Es stehen weniger Schuldgefühle im Zentrum der Konzeption innerer Prozesse, sondern die Differenz zu Idealvorstellungen. Kohuts Ansatz, so Fonagy und Target (2003, S. 253), »war offensichtlich eine Reaktion auf die seiner Ansicht nach übertrieben strenge Haltung, mit der klassische Analytiker ihren Patienten begegneten.« (vgl. a. Ricœur, 1986)

Kohut begründet die Selbstpsychologie (vgl. z. B. Wolf, 1988; Fonagy & Target, 2003, S. 227ff.; Mertens, 2011, S. 27ff.; Butzer, 2016 Milch, 2001; 2016, S. 191ff.; 2019; Überblick auch bei Ornstein, 2009). Vor allem steht darin die Formulierung einer eigenständigen (also nicht letztlich doch libidotheoretisch begründeten) Entwicklungslinie des Narzissmus im Zentrum. Damit stehen die bereits erwähnten Begriffe eines infantilen Größen-Selbst und einer idealisierten Eltern-Imago in Verbindung, also psychischer Strukturen, die mit narzisstischen Bedürfnissen und Idealisierungen als Teile der Entwicklung zu tun haben (vgl. allgemein z. B. Resch & Möhler, 2009). Kohut konzipiert die Bedeutung von »Selbstobjekten« und in behandlungstechnischer Hinsicht kehrt er Empathie und Introspektion als methodische Grundpfeiler des psychoanalytischen Vorgehens heraus. Mit seinem Ansatz ist, wie in etwa zeitgleich mit dem Kernbergs, ein erweiterter Indikationsbereich der Psychoanalyse als Behandlungsverfahren verbunden (z. B. hinsichtlich der narzisstischen Persönlichkeitsstörung), hier tauchen in der Perspektive Kohuts Übertragungsformen auf, die im Kontext von Selbstobjekten/Selbstobjekterfahrungen verstanden werden.

Kohut geht von einem grundlegenden Bedürfnis nach Anerkennung und Spiegelung zur Aufrichtung und zum Erhalt des »Selbstwerts« aus: »Die Mutter, die ihr Kind so behandelt, als besäße es ein Selbst, setzt den Prozeß der Selbstentwicklung in Gang« (Fonagy & Target, 2003, S. 228). Dabei sind nach Kohut nicht die Triebe »Schrittmacher alles Lebendigen, sondern Werte, die als sinnvoll erlebt werden« (Mertens, 2011, S. 29). Entsprechend wird auch die ödipale Phase von Kohut »nicht mehr als Eckpfeiler der Bemeisterung der Triebe betrachtet, sondern als ein Stadium, in dem Zuneigung und Selbstbehauptung die Selbststruktur stärken.« (Fonagy & Target, 2003, S. 231) Statt der Triebe geht es um Bezogenheit und um (narzisstische) Bedürfnisse nach Spiegelung und Anerkennung. Ornstein (1998, S. 278) spricht von einer »Entsprechung« zwischen Säugling und Umwelt. Dabei steht das Selbst im Zentrum, das als eine psychische Struktur betrachtet wird, »deren Präsenz dadurch deutlich wird, daß sie uns ein gesundes Selbstgefühl, ein Selbstwertgefühl und ein allgemeines Wohlbefinden vermittelt« (Wolf, 1988, S. 46). Es ist dabei eine gleichsam abstrakte Struktur, sie erschließt sich nur über Gefühle oder Bedürfnisse in Beziehungen, das Selbst ist »so schwer faßbar […] wie das Wesen eines Elektrons« (a. a. O.), seine »Essenz«, so Milch (2019, S. 15), ist nicht erfassbar, nur über (pathologische) Manifestationen, was nicht zuletzt bedeutet, dass es nicht losgelöst von Beziehungen und den »Antworten« der Personen auf das Individuum zu denken ist.

Milch (2019, S. 15f.) benennt »zwei Erfahrungswelten für das werdende Selbst«: Erstens geht es um »Erfahrungen der Selbstwirksamkeit, der Fähigkeit, die eigene kindliche Welt zu beeinflussen und darauf spiegelnde Rückmeldungen zu erhalten«. Es sind spiegelnde Erfahrungen, die das Selbst konstituieren und Bedürfnisse nach Bestätigung aufnehmen. Gelingende Prozesse von Resonanz in diesem Bereich fördern das Gefühl der Selbstwirksamkeit (also das Erleben, andere erreichen, bei diesen etwas bewirken zu können) und die Ambitionen des Kindes. Zweitens werden »Erfahrungen mit allmächtig erlebten Bindungspersonen [genannt; TS], an deren Größe und Macht Anteil genommen werden kann und die idealisiert werden.« Es ist ein wichtiger Entwicklungsschritt, die wichtigen Bezugspersonen idealisieren zu können, ihnen zuzuschreiben, auf alle Fragen der Welt eine Antwort zu haben. Ebenso ist es wichtig, sie sukzessive *ent*idealisieren zu können, um die Beziehung angesichts realistischer Bilder vertiefen zu können. Erfahrungen eines solchen Wechselspiels von Idealisieren und Entidealisieren führen zur Aufrichtung »grundlegender Ideale«, damit verbunden sind Wünsche, selbst für andere ein Vorbild zu sein, Ideale zu haben und zu vertreten.

So entsteht aus Sicht Milchs (a. a. O.; Hervorh. aufgeh. TS) eine »bipolare Struktur des auftauchenden Selbst«. Erfahrungen anerkennender Spiegelungen führen zur Aufrichtung eines Selbst und dem Erleben von Selbstwirksamkeit, Erfahrungen möglicher Idealisierungen und Ent-Idealisierungen richten verinnerlichte Ideale auf und strukturieren, wie jemand sich selbst anderen gegenüber zeigt. Vor diesem Hintergrund muss Kohuts Verständnis von Narzissmus gesehen werden, der also nicht etwas grundlegend Pathologisches ist, sondern zunächst Bedürfnisse und Erfahrungen des Selbst in Relation zu anderen benennt.

Die TV-Serie *Curb Your Enthusiasm* zeigt den Alltag von Larry David (gespielt von ihm selbst), der vor allem als Erfinder und Autor der Serie *Seinfeld* berühmt geworden ist. In einer Szene (»Mister Softee«, 2011) sucht Larry seinen Psychiater/Psychotherapeuten auf, um zu monieren, dass ihm ein (Stunden-)Honorar für ein dreiminütiges Telefongespräch berechnet worden sei. Der Therapeut antwortet, dass

Menschen, die unter dem leiden, »was ich die ernsteren Formen von Narzissmus nennen würde«, es manchmal schwer einschätzen könnten, wie lange ein Gespräch über die eigenen Probleme andauere. Larry ist überrascht: »Wollen Sie damit sagen, dass ich ein Narzisst bin?« Sein Gegenüber sagt: »Larry, vielleicht kann ich es Ihnen auf diese Weise verständlich machen. Ich hatte mal einen Patienten, einen ziemlich berühmten Regisseur. Ich möchte jetzt nicht offenlegen, wer es war, aber er hat bei *Star Wars* Regie geführt, und unter all den Dingen, die ihm gefielen, war auch eine Vorliebe für Prostituierte.« Während der Therapeut spricht, zeigt Larry bereits mimisch und gestisch starke Verwunderung über die Indiskretion. Der Therapeut fährt fort: »Und in diesem speziellen Fall, wenn er eine Prostituierte für eine Stunde bestellte, was für ihn normal war...« Larry unterbricht: »Sie können genau so gut sagen, dass es George Lucas war, das ist doch der Regisseur von *Star Wars*.« Der Therapeut sagt, das würde er niemals tun. Larry meint, aber das habe er doch gerade getan. Therapeut: »Ich habe lediglich angedeutet, dass es ein sehr bekannter Regisseur war.« Er fährt dann fort, Larry unterbricht ihn erneut und sagt, es wisse doch jeder, wer bei *Star Wars* Regie geführt habe. Der Therapeut sagt: »Nicht jeder ist im Show Business, Larry« und will erneut fortfahren, aber Larry sagt: »Gott weiß, was Sie über mich erzählen.« Sein Therapeut antwortet: »Niemand fragt nach Ihnen.« Larry erwidert: »Ich habe auch nicht nach George Lucas gefragt und Sie haben gerade von ihm angefangen!« Wieder sagt der Therapeut: »Ich habe lediglich gesagt: ein bekannter Regisseur. Und hier ist mein Punkt: Er bestellte sich Prostituierte, für eine Stunde, denn das war deren Minimum. Aber er brauchte nur drei, vielleicht fünf Minuten, um fertig zu werden [to complete the shot], wenn Sie verstehen, was ich meine. Allerdings fanden sowohl er als auch sie es fair, dass er sie für die komplette Stunde bezahlte. So lief das Geschäft.« Larry meint, er sei schockiert von dem, was er gerade gehört habe: »Das sollte doch vertraulich sein! Sie können mir das nicht einfach erzählen!« Therapeut: »Es ist bloß mein Weg, etwas zu veranschaulichen. Mein Punkt ist, dass die Menschen verschiedene Dinge brauchen, um zu funktionieren. Und ich hatte gehofft, dass ich Ih-

> nen das ermögliche.« Larry lächelt und sagt: »Gratulation, Doktor. Ich glaube, Sie sind über die perfekte Analogie für genau das gestolpert, was Sie tun.« Therapeut: »Ja, für mich ist es genau so etwas zwischen einem Hobby und einem Beruf, wie es das für sie ist.« Die beiden verabschieden sich voneinander.

4.2.1 Narzissmus und Entwicklung

Kohut legt also eine spezifische, allgemeine Narzissmustheorie vor (Alternativen finden sich zum Beispiel bei Balint, Rosenfeld u. a.; Überblick bei Zepf, 2006a). Hier ist sein Aufsatz »Formen und Umformungen des Narzißmus« (Kohut, 1966) wichtig. Darin kritisiert Kohut die Gegenüberstellung von Narzissmus und Objektbeziehung, wie sie sich etwa in der Freud'schen Auffassung vom Narzissmus als einer Vorstufe der Objektbeziehung oder als Ergebnis eines Abzugs der Libido von den Objekten auftaucht. Für Kohut steht stattdessen ein Gegensatz zwischen Narzissmus und Objekt*liebe* im Zentrum (a. a. O., S. 142), er versteht Narzissmus also nicht libidotheoretisch und konzipiert das Verhältnis der Liebe zu sich und der Liebe zu anderen. Was dadurch möglich wird, ist eine Konzeption von »narzisstischer« Objektwahl, also dem Eingehen einer Beziehung zum anderen, die aber mehr der Selbstliebe und -regulation dient als der genuinen Beziehung. Kohut differenziert zwischen narzisstischem Selbst, Ich und Über-Ich (v. a. bezüglich dessen Substruktur, dem Ich-Ideal).

Einer der Grundgedanken Freuds im Instanzen-Modell ist, dass das Über-Ich durch Identifizierungen gebildet wird, welche Objektbesetzungen ersetzen (das spielt in Freuds Auffassung der Bewältigung ödipaler Konflikte eine Rolle); innerpsychische Verbote werden aufgerichtet, weil der Objektbeziehung im außen ein Verbot entgegensteht, so entwickelt sich eine Struktur von Gewissen oder Moralität. Das ist ein Grundmodell der Bildung innerer Objekte, in libidotheoretischer Hinsicht.

Kohuts Vorstellung der Internalisierung der frühen Bezugspersonen unterscheidet sich davon. Er geht in seiner Konzeption davon aus, dass die Versorgung durch die Mutter (beziehungsweise die primäre Bezugsperson) »notwendigerweise unvollkommen« (Kohut, 1966, S. 142) ist, d. h. dass sich das unweigerliche Erkennen einstellt, dass es keine vollkommene Einheit und Allmacht gibt. Bedürfnis und Befriedigung fallen nicht in eins, es wird immer eine Latenz spürbar, die Bezugsperson kann nicht permanent anwesend sein. Das Kind versuche nun, »sich die ursprüngliche Vollkommenheit und Allmacht zu erhalten, indem es das rudimentäre Du, den Erwachsenen, mit absoluter Vollkommenheit und Macht ausstattet.« (a. a. O., S. 143) Der *Erfahrung* »realer« Unvollkommenheit wird mit der *Fantasie* von Vollkommenheit begegnet, die ersten Objekte sind eine Korrektur einer unvollkommenen Realität. Die Idealisierung des Objekts beziehungsweise die Internalisierung eines Objekts als ideales folgt hier narzisstischen Motiven.

Im weiteren Verlauf einer förderlichen Entwicklung kommt es in der Sicht Kohuts zu einem »allmähliche[n] Verlust der idealisierten Elternimago« (a. a. O., S. 145), das bedeutet, dass die Eltern zunehmend realistisch wahrgenommen werden (es ist wichtig zu erkennen, dass Mama und Papa nicht die Stärksten, Klügsten und zu allem fähig sind, man sie aber trotzdem lieben kann). Allerdings führt »[j]ede Unvollkommenheit, die im idealisierten Elternteil entdeckt wird, [...] zu einer korrespondierenden innerlichen Konservierung der äußerlich verlorenen Eigenschaft des Objekts« (a. a. O.) und zwar in Form der Bildung des Ich-Ideals als »jene[m] Aspekt des Über-Ichs, der der phasenspezifischen, massiven Introjektion der idealisierten Eigenschaften des Objekts entspricht« (a. a. O.). Es sind also nicht mehr die Objekte ideal, sondern die Auseinandersetzung mit der Unvollkommenheit der Objekte findet nun auf dem Feld der Bildung des Ich-Ideals statt, hier findet sich eine Instanz der Idealität. So liefert Kohut eine Erklärung für die Wichtigkeit von Normen und Werten; diese sind das Resultat eines Ringens um Idealisierung beziehungsweise Vollkommenheit.

In der genannten Arbeit von 1966 grenzt Kohut ein »narzisstisches Selbst« vom Ich-Ideal ab. Er nimmt dazu an, »daß das Ich den Einfluß des Ich-Ideals als von oben kommend erlebt, den des narzißtischen Selbst als von unten kommend«. Der Mensch werde »von seinen Idealen geleitet, von seinem Ehrgeiz jedoch getrieben«. »Von unten« kommt der Ehrgeiz des narzisstischen Selbst, »von oben« die Orientierung an der Idealität. Wir erleben »das vorbewußte Korrelat des narzißtischen

Selbst als unseren Ehrgeiz und das des Ich-Ideals als unsere Idealwerte«. Dabei wolle das narzisstische Selbst »angestaunt und bewundert werden« (a. a. O., S. 146f.).

Sowohl das narzisstische Selbst (also die Bedürfnisse nach Bewunderung) als auch das Ich-Ideal, also die idealen Werte und Normen, erfahren einen »Einbau[.] in die Persönlichkeit« (a. a. O., S. 153). Das narzisstisches Selbst ist in einem günstigen Entwicklungsverlauf zuständig für das Erleben einer »gesunde[n] Freude an der eigenen Tätigkeit und den eigenen Erfolgen«. Das Ich-Ideal bildet »ein Kontinuum mit dem Ich«: »Unter optimalen Bedingungen sind daher das Ich-Ideal und die Zielstruktur des Ichs der beste Schutz gegen narzißtische Verwundbarkeit und Schamgefühl« (a. a. O., S. 150f.). Es hilft also dabei, Kränkungsgefühle oder erlebte Zurücksetzung zu regulieren.

Was passiert nun bei dem, was man »narzißtische Gleichgewichtsstörungen« nennen könnte? Eine »pathologische« Verarbeitung narzisstischer Themen erfolgt bei einer mangelnden Integration: »So ist die Persönlichkeit in fast allen klinisch signifikanten Fällen übergroßer Neigung zur Scham durch eine mangelhafte Idealisierung des Über-Ichs und die Konzentration der narzißtischen Libido auf das narzißtische Selbst gekennzeichnet« (a. a. O., S. 151). Scham entstehe, »wenn der Mensch nicht imstande ist, seine Ideale zu erreichen«, was vor allem dann der Fall ist, wenn die Ideale als zu weit entfernt von der Wahrnehmung des Selbst entfernt sind, entweder bei Überhöhung der Ideale oder bei ausgebliebener Spiegelung des Selbst als liebenswert. Dann ist jemand anfälliger für Kränkbarkeit und tiefe narzisstische Krisen. Pathologischer Narzissmus kann so verstanden werden als ein dysfunktionales Ringen mit Kränkung und Beschämung.

Das entspricht also zwei entwicklungspsychologischen Risikofaktoren: Zum einen ist dies die fehlende Anerkennung, Wertschätzung oder Liebe durch die frühen Bezugspersonen, ein unbefriedigtes und daher intensiviertes Bedürfnis danach, »angeschaut und bewundert« zu werden (wer nach übermäßiger Bewunderung strebt, dem hat eben die entwicklungsförderliche, gutartige Bewunderung gefehlt). Zum anderen kann die fehlende »Idealisierbarkeit« der Eltern als Risikofaktor gelten. Fehlt die Möglichkeit, die Eltern als ideal zu bewundern (entweder wenn diese konkret schädigend sind, oder wenn sie selbst in narzisstisch bedingte Not geraten), können sich die genannten Strukturen von Idealität psychisch nicht bilden und in der Konsequenz dessen können auch Allmachtsfantasien bezüglich des Selbst nicht aufgegeben werden (wer also seine Eltern nicht als ideal erleben und dies sukzessive an der Realität prüfen und korrigieren kann, wird weiter davon angetrieben sein, selbst ideal sein zu müssen); in der Folge werden die Bedürfnisse des narzisstischen Selbst intensiviert (starkes »Getriebensein«). Wichtig ist dabei, dass sowohl die fehlende Idealisierbarkeit der Eltern ein entwicklungspsychologischer Belastungsfaktor ist als auch deren ausbleibende Ent-Idealisierung. Eltern beziehungsweise Bezugspersonen müssen es dem Kind möglich machen, dass es sie auch ent-idealisiert, sie also in ihren Grenzen erlebt, was nicht zuletzt bedeutet, ein Vorbild dafür zu finden, eigene Grenzen zu spüren und anzuerkennen, ohne dass dies des Selbstwert mindert (es geht also um die psychische Möglichkeit, Kränkungen und Begrenzungen tolerieren zu können). Kohuts Theorie ermöglicht dabei die Konzeptualisierung dessen, dass u. U. gerade die »schlechten« Eltern idealisiert werden: Wenn die Unvollkommenheit beziehungsweise Unzulänglichkeit der Realität zu früh oder zu intensiv wirksam wird, müssen innerlich umso höhere Idealbilder geschaffen werden, da gerade diese den Umgang mit einer schmerzlichen Realität erleichtern sollen.

Bei fehlender »Ent-Idealisierbarkeit« der Eltern bleiben die inneren Objekte ideal beziehungsweise perfekt, was Konsequenzen für die Ausbildung des Über-Ichs und des Ich-Ideals hat, denn es entstehen keine differenzierten, integrierten Formen beider Strukturen. Das Über-Ich bleibt archaisch und überstreng, das Ich-Ideal diffus unerreichbar. Das Ich bleibt auf diese Weise immer weit entfernt von unrealistischen, nicht erreichbaren Werten, es resultieren (unbewusster) Selbsthass, Selbstentwertung und Scham. In der Konsequenz werden die Objekte umso stärker idealisiert und es wird umso schwieriger, die Idealisierung aufzugeben, denn dies wäre verbunden mit einer Entwertung des Selbst oder mit der Fantasie, durch die unvollkommenen Objekte selbst unvollkommen zu sein. Jedes Erleben einer realen Unvollkommenheit, eine Konfrontation der Fantasien von Idealität mit der Realität, führt dann zur Destabilisierung in Form einer narzisstischen Krise (die unter Umständen durch eine »Selbst-Bewunderung« dysfunktional bewältigt wird).

1971 erscheint Kohuts im Deutschen mit *Narzissmus. Eine Theorie der psychoanalytischen Behandlung narzißtischer Persönlichkeitsstörungen* betiteltes Buch (Kohut, 1971). Er grenzt darin die narzisstische Persönlichkeitsstörung von der Psychose, der Borderline-Störung und den Übertragungsneurosen ab. Er folgt der Annahme, dass »Patienten mit narzißtischen Störungen im Grunde ein kohärentes Selbst erreicht und kohärente, idealisierte archaische Objekte errichtet« haben (a. a. O., S. 20) und sich aufgrund von erfahrener »schwere[r] narzißtische[r] Traumen« (a. a. O., S. 46) unter Ängsten vor Beschämung, dem Verlust der Liebe des Objekts beziehungsweise dessen Verlust überhaupt leiden, statt unter Strafängsten (a. a. O., S. 38). Die Patientinnen »leiden an spezifischen Störungen im Bereich des Selbst und jener archaischen, mit narzißtischer Libido besetzten Objekte (Selbst-Objekte), die noch in enger Beziehung zum archaischen Selbst stehen« (a. a. O., S. 19). Zwar gibt es kohärente innere Strukturen (im Kontrast zur Psychose oder der Borderline-Störung), aber die »erwachsene Persönlichkeit und ihre reifen Funktionen sind verarmt« (a. a. O., S. 19) und es gibt massive Ängste vor dem »Durchbruch« und dem »Eindringen der archaischen Strukturen« (a. a. O., S. 20). Die Kohärenz ist also fragil, psychische Funktionen sind nicht integriert.

Kohut führt die vorangegangenen Überlegungen (narzisstisches Selbst, idealisierte Eltern) fort, allerdings unter leichter terminologischer Veränderung, er spricht nun statt von einem »narzistischen Selbst« (das ihm als Tautologie erscheint) vom (infantilen) »Größen-Selbst« (a. a. O., S. 45). Auch die idealisierten Eltern-Imagines werden nun als »narzißtisch« verstanden, was Kohut in die Konzeption des Selbstobjekts führt.

4.2.2 Selbstobjekte

Im Spielfilm *Besser geht's nicht* (Brooks, US, 1997) geht es um den Protagonisten Melvin, der sich durch eine Reihe von Auffälligkeiten in seiner Alltags- und Beziehungsgestaltung auszeichnet, die als zwanghafte und pathologisch narzisstische Symptome bezeichnet werden können. In einer Szene sehen wir ihn in seinem Lieblingsfrühstücksrestaurant (in das er sein eigenes Plastikbesteck mitgebracht hat). Eine Kellnerin kommt an seinen Tisch, aber er schickt sie weg und meint, sie solle Carol, seine Lieblingskellnerin, holen. Sie sagt, dass sie für Carol einspringe, und deutet an, dass Carol vielleicht in Zukunft woanders arbeiten werde. Sie nimmt Melvins Besteck in die Hände und äußert Unverständnis. Melvin sagt: »Nein, nein. Hören Sie, Elefantenmädchen, gehen Sie und holen Sie Carol. Sie soll mir nur meine Mahlzeit hier servieren. Ich bezahle auch, was immer es kostet. Ich warte auch.« Als die Kellnerin kurz zögert, schreit Melvin sie an und schlägt mit den Worten »Wird's bald!« auf den Tisch. Die Kellnerin ruft ihren Chef hinzu, der Melvin zu verstehen gibt, dass er jetzt gehen solle. Melvin ist kleinlaut und sagt: »Ich bin ganz still. Lassen Sie mich nur hierbleiben. Kein Problem. Gehen Sie Carol holen. Schaffen Sie sie her. Ich bin kein – Schwein. Sie schon, ich werte das nicht weiter, ich bin ein Primakunde. Der heutige Tag war eine Katastrophe. Ich weiß wirklich nicht, ob ich das auch noch verkrafte«. Der Chef schmeißt Melvin raus, im Hintergrund erhebt sich ein Polizist, so dass Melvin – unter dem Jubel der anderen Stammgäste – das Restaurant verlässt. Allerdings bezahlt er noch einen anderen Kellner dafür, dass er ihm Carols Privatadresse nennt. Melvin fährt dort hin, klingelt an ihrer Haustür und sagt: »Ich hab Hunger...«

Im Hinblick auf Kohuts Konzept des Selbstobjekts kann hier gesagt werden, dass Melvin Carol zwar als enorm bedeutsame Figur ansieht, sie ist unersetzlich – aber in der *Funktion*, die sie für ihn hat: als jemand, die ihm das Essen serviert oder die Teil des Arrangements ist, in dem er sich an einem katastrophalen Tag selbst zusammenhalten kann. Dabei findet es keinerlei Berücksichtigung, dass sie nicht einfach »herangeholt« werden kann, wenn sie nicht arbeitet, oder dass es ihr nicht recht sein könnte, wenn er zu ihr nach Hause fährt. Sein »Hunger«, sein Bedürfnis, das Carol etwas in seinem Ablauf und womöglich seinem psychischen Innenleben quasi vervollständigt, steht über allem.

Im Fall des pathologischen Narzissmus, so Kohut (1971, S. 37), sind das Selbst und die »narzisstischen Objekte« (Selbstobjekte) »ungenügend besetzt« und »nicht der übrigen Persönlichkeit integriert«. Ängste vor Fragmentierung des Selbst oder Verlust des Objekts herrschen vor, auch weil die Objekte »archaisch, narzißtisch besetzt und prästrukturell« (a. a. O., S. 39) sind. Statt dass es um reife Objektbeziehungen geht, wird die andere in ihrer Funktion für das Selbst gesehen. Das ist in der Regel keine intentionale Manipulation, sondern Ausdruck eines Erlebens des Selbst im Verhältnis zu anderen.

Das unter diesem Terminus gefasste Konzept des Größen-Selbst versteht Kohut nun als »grandiose[s] und exhibitionistische[s] Bild[..] des Selbst« (a. a. O., S. 43), geleitet von einem »selbstbezogene[n] Verlangen nach Zuwendung« (a. a. O., S. 26); es geht um die Fantasie »Ich bin vollkommen«. Als zweite wichtige Struktur taucht weiterhin die idealisierte Eltern-Imago auf, als »Vollkommenheit«, die »einem bewunderten, allmächtigen (Übergangs-)Selbst-Objekt« zugewiesen wird (a. a. O., S. 43), geleitet von einem »unabweisbare[n] Bedürfnis nach Verschmelzung mit [einem] mächtigem Objekt« (a. a. O., S. 26); es geht um die Fantasie »Du bist vollkommen, aber ich bin ein Teil von dir«. Etwas später (Kohut, 1977, S. 150ff.) geht es, beide Aspekte zusammenfassend, um ein »bipolares Selbst«, das sich zwischen einem »Pol der Ambitionen« und einem »Pol der Werte« zusammensetzt (Wolf, 1988, S. 74).

Bei »schwere[n] narzißtische[n] Traumen« beziehungsweise »traumatische[n] Enttäuschungen von dem bewunderten Erwachsenen« komme es zu keiner Integration des Größen-Selbst, keiner Fortentwicklung, sondern es »bleibt in unveränderter Form erhalten« (a. a. O., S. 46) und ebenso »bleibt auch die idealisierte Eltern-Imago in ihrer unveränderten Form erhalten« (a. a. O.). Es resultiert ein »archaisches Übergangs-Selbst-Objekt, das für die Aufrechterhaltung des narzißtischen Gleichgewichts gebraucht wird« (a. a. O., S. 47). Die fehlende Erfahrung eines realistischen Blicks auf sich und andere führt zu einer fehlenden Integration »reifer« Idealbilder und des möglichen Abgleichs des Selbst und anderer damit; statt dessen verbleibt eine unreife Selbstobjekt-Struktur, in der ein anderer gebraucht wird, um vollständig und vollkommen zu sein. Das bedeutet aber auch, dass es sich bei Selbstobjekten nicht um konkrete Personen oder um deren abgegrenzte Repräsentanz handelt. In Anlehnung an die Perspektive, dass bei Freud eine »Ein-Person-Psychologie« vorherrscht und dann bei anderen, zum Beispiel Balint, eine Erweiterung zu einer »Zwei-Personen-Psychologie« erfolgt (dahingehend, wie Psychisches im Hinblick auf Beziehungen gedacht wird), spricht H.-P. Hartmann (2009, S. 9) für Kohuts Selbstobjekt-Konzeption von einer »Eineinhalb-Personen-Psychologie« (H-P. Hartmann, 2009, S. 9).

Für Kohut (1984, S. 85) ist das Selbstobjekt definierbar »hinsichtlich der Rolle, die das ›Du‹ bei der Stützung der Kohärenz, Stärke und Harmonie des Selbst spielt, d. h. der Erfahrung des ›Du‹ als Selbstobjekt«; anders gesagt: Das Gegenüber wird über seine Rolle und Funktion für die Stabilität des Selbst erlebt. Implizit ist hier an Freuds Modus der »narzisstischen Objektwahl« angeschlossen: »Die Psychoanalyse lehrt, daß es zwei Wege der Objektfindung gibt, erstens die [...], die in Anlehnung an die frühinfantilen Vorbilder vor sich geht, und zweitens die narzißtische, die das eigene Ich sucht und im anderen wiederfindet« (Freud, 1905d, S. 123f.).

In der Sekundärliteratur werden Selbstobjekte definiert als »der subjektive Anteil einer das Selbst erhaltenden oder fördernden Erfahrung, die durch die Beziehung zwischen Selbst und Objekt möglich wird und in der Funktion besteht, die der eine für den anderen hat.« (Milch, 2001, S. 295), oder als »ein [...] spezieller Aspekt jeder Objektbeziehung, die emotionale Stabilität für die Selbstkohärenz bereitstellt« (Milch, 2019, S. 23f.). Dabei sind Selbstobjekte »[g]enau genommen [...] weder Selbst noch Objekte, sondern [...] der subjektiv erlebte Aspekt einer Funktion, die in einer Beziehung ausgeübt wird.« (Wolf, 1988, S. 77; Hervorh. aufgeh. TS) In ihrer Grundform sind Selbstobjekte und die Erfahrungen mit ihnen entwicklungsförderlich – und sie bleiben, dann aber in reiferer Form (jemanden emotional brauchen, sich abhängig machen können), Bestandteil des psychischen Funktionierens und des Beziehungserlebens: »Bei dem Selbstobjekt handelt es sich um einen speziellen Aspekt jeder Objektbeziehung, der innere Funktionen und emotionale Stabilität für die Aufrechterhaltung der Selbstkohärenz bereitstellt, im Unterschied zu Beziehungen mit abgegrenzten Objekten, die vom ›kohäsiven‹ Selbst aufgrund ihrer objektalen Eigenschaften benötigt werden.« (Milch, 2001, S. 65)

Im Hinblick darauf, dass Selbstobjekte sowohl Teil der allgemeinen Entwicklungstheorie als auch einer Konzeption pathologischen Narzissmus sein können, differenziert Kohut (1984, S. 81) zwischen einer allgemeinen und einer spezifischen Bedeutung des Selbstobjekts. In der allgemeinen Bedeutung ist die »Erfahrung einer anderen Person, die mit den Funktionen dieser Funktion als Stütze unseres Selbst verbunden ist«, gemeint, in der spezifischen das Stadium der frühen Entwicklung, in dem das Selbstobjekt vom Selbst noch relativ ungetrennt ist. Milch (2001, S. 295) unterteilt die Selbstobjekte in infantile, archaische, spiegelnde, idealisierbare, Alter-Ego- und adversative (aversive).

Im weiteren Verlauf der konzeptuellen Entwicklung der Selbstpsychologie (▶ Kap. 4.3) geht es dann stärker um Selbstobjekt*erfahrungen*. Wolf (1988) bezeichnet diese als »das eigentliche Thema der psychoanalytischen Forschung« (a. a. O., S. 79). Es werde jede »Erfahrung, die dazu beiträgt, das Selbst zu strukturieren […] oder die die Kontinuität eines solchen Selbst aufrechterhält, […] als Selbstobjekterfahrung bezeichnet.« (a. a. O., S. 77) Mit dem Begriff wird also keine Beziehung, sondern eine Erfahrung bezeichnet und es wird möglich, eine »Entwicklungslinie in den Selbstobjektbeziehungen« zu kennzeichnen (Wolf, 1980) beziehungsweise mit Kohut (1984, S. 81ff.) von Selbst-Selbstobjekt-Beziehungen (vgl. a. die entwicklungspsychologischen Weiterführungen bei Lichtenberg et al., 1992, S. 175ff.).

4.2.3 Übertragungsformen

Diese Konzeptionen (Größen-Selbst, idealisierte Eltern-Imago, Selbstobjekterfahrungen) sind von hoher Relevanz für die klinische Situation. Kohut konzipiert unterschiedliche Übertragungsformen, die konzeptuell daran anschließen. Zunächst spricht er von »narzisstischer Übertragung«, später erfolgt ein terminologischer Wandel zu »Selbstobjekt-Übertragungen« (vgl. Kohut, 1977, S. 11). Entlang einer »tripolaren Struktur« des Selbst (vgl. Wolf, 1988) können drei Formen dieser Übertragung unterschieden werden (vgl. a. Storck, 2020a, S. 108ff.):

Kennzeichnend für die Spiegelübertragung ist der Versuch, im Gegenüber »die bestätigend-billigenden Reaktionen des Selbstobjekts hervorzurufen«. Diese Übertragungsform zielt darauf ab, vom Gegenüber anerkannt zu werden.

In der idealisierenden Übertragung ist die Suche »nach einem Selbstobjekt« entscheidend, »das [die] Idealisierungen annimmt«. Hier wird das Gegenüber als jemand gebraucht, der sich als ideal erweist und den Idealisierungen gemäß funktioniert. Die Kehrseite dieser Übertragungsform, in die sie oft abrupt übergehen kann, ist die Entwertung.

Die Zwillings-/Alter-Ego-Übertragung wird bestimmt durch die »Suche nach einem Selbstobjekt, das sich für die tröstende Erfahrung essentieller Ähnlichkeit zur Verfügung stellt« (Kohut, 1984, S. 275). Es geht hier also um das Herstellen der Erfahrung, nicht unterschieden zu sein, das Gegenüber teilt das Erleben des Individuums (vgl. a. Balzer, 2009, zu Doppelgänger-Phänomenen).

Ferner werden weitere »Sonderformen« unterschieden (Überblick bei Milch, 2001, S. 71 ff.), so die Kreativitätsübertragung (Alter-Ego im Zuge kreativer Tätigkeit), die Verschmelzungsübertragung (als frühste Form der Spiegelübertragung), die adversive Übertragung (angetrieben vom Bedürfnis nach einem Selbstobjekt, das sich abgrenzt und auf diese Weise unterstützt) oder die Effektanzübertragung (mit dem grundlegenden Bedürfnis, im Gegenüber etwas zu bewirken).

4.2.4 Empathie

Kohuts Grundausrichtung einer Orientierung an sich in Beziehungen zeigenden narzisstischen Bedürfnissen (nach Anerkennung, Spiegelung u. a.) mündet in eine methodologische Beschreibung der klinisch-psychoanalytischen Arbeit. Darin stehen Empathie und Introspektion im Zentrum. Selbstverständlich ist die Psychoanalyse vor Kohut nicht empathielos gewesen, gleichwohl finden sich die berüchtigten Freud'schen Metaphern vom Analytiker als Chirurg oder als Spiegelplatte. Eine Öffnung dieser Beschreibung der analytischen Haltung, der Freud im Übrigen selbst nicht gerecht geworden ist, finden sich bereits früh in den Auffassungen von Ferenczi und Rank (1924) zur »aktiven Technik«. Kohut fußt darauf seine Methodologie von Empathie und Introspektion, darüber möchte er die Professionalität und Wissenschaftlichkeit der (klinischen) Psychoanalyse begründen.

In seiner Arbeit »Introspektion, Empathie und Psychoanalyse« (Kohut, 1959) bezeichnet Kohut Introspektion und Empathie als »die wesentlichen Bestandteile der psychoanalytischen Forschung« (a. a. O., S. 837) und vertritt die Auffassung einer »wissenschaftliche[n] Verwendung von Introspektion und Empathie« in der Psychoanalyse (a. a. O., S. 836; Hervorh aufgeh. TS). Das ist die Folgerung daraus, dass die Psychoanalyse sich mit »psychischen Erscheinungen« beschäftigt. Von solchen sprächen wir, »wenn unsere Beobachtungen hauptsächlich mittels Introspektion und Empathie zustande kommen« (statt zum Beispiel messend), also »durch Introspektion in uns selbst und durch Empathie, d. h. durch Sich-Einfühlen in die Introspektion anderer« (a. a. O., S. 832). Kohuts Empathie-Begriff ist hier verschachtelt: Es geht darum, dass wir uns in das einfühlen, was jemand anderes in seiner Innenschau findet beziehungsweise finden könnte.

Als wissenschaftlich-methodologische Kategorien bringt dies Fragen an die Validierung der Empathie mit sich. Kohut spricht von der »fachmännisch geschulte[n] Introspektion des Analytikers, die er in Form von Empathie zum Verständnis des Patienten auszuwerten weiß« (a. a. O., S. 835). Freie Assoziation und gleichschwebende Aufmerksamkeit als die »Hauptwerkzeuge der psychoanalytischen Technik« hätten »die introspektive Beobachtung von vorher unerkannten Entstellungen (Rationalisierungen) befreit« (a. a. O., S. 836), sie sichern deren »spezifische Gültigkeit« (a. a. O.). Kohut will sagen, dass die psychoanalytischen Grundregeln es möglich machen, dass Introspektion und Empathie der Analytikerin gegenüber der, unter Umständen verstellten, Introspektion der Analysandin nicht beliebig sind, sondern etwas Wichtiges treffen. Psychoanalytische Konzepte, so Kohut in diesem Kontext, seien nicht beobachtbar, aber »von unzähligen introspektiven Erfahrungen abgeleitet«, sie betreffen »Verhältnisse zwischen den Beobachtungsdaten« (a. a. O., S. 833).

Insbesondere in seinem Buch *Wie heilt die Psychoanalyse?* (Kohut, 1984; vgl. a. H.-P. Hartmann, 2006) greift Kohut diese Überlegungen wieder auf. Die Psychoanalyse heile durch die »umwandelnde[.] Verinnerlichung des Selbstobjekt-Analytikers und seiner Funktionen« (Kohut, 1984, S. 248), Veränderung entsteht durch und mit dem Ergebnis von veränderten Modi der Selbstobjekterfahrungen, das heißt, Erfahrungen mit der Analytikerin, die im Hinblick darauf, was diese für die Analysandin bedeutet, eine Veränderung durchlaufen. Es sei die Aufgabe des

Analytikers »durch konsequente Deutungen der Selbstobjekt-Übertragungen den Defekt [...im] Selbst [des Patienten] zu heilen« (a. a. O., S. 250). Gedeutet wird also, was die Analytikerin für die Analysandin bedeutet, in welchem Modus sie erlebt und in welcher Funktion sie adressiert wird. Nach wie vor ist für Kohut »Empathie [...] die Operation, die das Feld der Psychoanalyse definiert«. Er versteht sie als »wertneutrales Beobachtungswerkzeug«, als »stellvertretende Introspektion« (a. a. O., S. 251). Dabei wolle er keine »neue[.] Art von Empathie« (a. a. O.) konzipieren oder fordern, sondern die »Einführung einer neuen Theorie« (a. a. O., S. 253) auf den Weg bringen. Die Selbstpsychologie habe »der Psychoanalyse neue Theorien gegeben [...], die das Feld empathischer Wahrnehmung verbreitern und vertiefen« (a. a. O., S. 252).

Kohut unterscheidet hinsichtlich der klinischen Arbeit zwischen einer Verstehens- und einer Erklärungsphase (a. a. O., S. 264ff.). Auch die erklärende Phase beruhe auf Empathie. Er meint, »daß korrekte dynamische Deutungen und genetische Rekonstruktionen dem Analysanden [...] Beweise dafür [geben], daß ein anderer Mensch ihn verstanden hat« (a. a. O., S. 265). Die Intervention, die etwas »erklären«, also ein Angebot für Verbindungen machen sollen, werden von der Analysandin erlebt als etwas, das nur auf der Grundlage eines empathischen Verstehens entstanden sein kann (hier gibt es enge, aber nicht explizierte Bezüge zu den Grundlagen der Gesprächspsychotherapie). Jede Deutung soll auf einem empathischen Verstehen beruhen. Von Seiten der Analytikerin ist ein »empathisches Begreifen« (a. a. O., S. 268) leitend. Das Ziel für den Patienten sei es, »sich selbst und seinen Problemen gegenüber objektiver zu werden«. Dazu bewege sich der Analytiker »in Richtung auf die größere Objektivität« und gibt dem Patienten »Gelegenheit, sich selbst gegenüber objektiver zu werden und sich gleichzeitig weiterhin zu akzeptieren« (a. a. O., S. 265). Das Verstehen sichert die Beziehung, verbindet die Beteiligten über die Empathie und deren Wahrnehmung, so dass für beide ein Zurücktreten und eine »Draufsicht« auf die Analysandin möglicher wird. Dabei besteht zwischen Verstehen und Erklären kein unilineares Verhältnis, sondern eher ein Changieren.

An die Stelle einer »archaischen Bindung« zwischen Analytikerin und Analysandin (im Sinne der Selbstobjekt-Übertragung in einem unreifen Sinn) tritt im Verlauf »eine empathische Bindung auf einer reiferen Erfahrungsebene« (a. a. O., S. 265). Es erfolgt die »Ersetzung einer Selbstobjekt-Erfahrung durch eine andere [...] durch die Erfahrung empathischer Resonanz von seiten des Selbstobjekts« (a. a. O., S. 266). Das Ziel ist schließlich nicht, dass eine Analysandin a-sozial wird und nichts vom Gegenüber mehr braucht, sondern dass sie erkennt, was ihre Bedürfnisse sind und diese in reiferer Weise, das heißt unter Anerkennung der Getrenntheit und Personalität des Gegenübers, in Beziehungen einbringt. Die empathische Haltung der Analytikerin und die davon getragenen Deutungen bringen es mit sich, dass die Analysandin sie auf reiferen Ebenen von Selbstobjekterfahrungen erlebt. Es kommt zu einer »allmählichen und zunehmend festen Errichtung einer reifen Selbstobjekt-Erfahrung und reifer Selbstobjekt-Bedürfnisse des Patienten« (a. a. O., S. 266), damit ist die Stabilisierung und Integration des Selbst (und des Ich-Ideals) verbunden (vgl. a. Wolf, 1988; Milch, 2001).

4.3 Weiterentwicklungen der Selbstpsychologie

Auch die Kohut'sche Psychoanalyse entwickelt sich weiter. Als Vertreterinnen einer »traditionellen« Selbstpsychologie gelten Wolf sowie A. und P. Ornstein. Mertens (2011) benennt als Autorinnen einer »Postkohutianischen« Selbstpsychologie (Mertens, 2011) Bacal, Fosshage oder Lichtenberg. Auch die intersubjektive Richtung der Psychoanalyse (Stolorow, Atwood, Orange) greift einige Ideen Kohuts auf, ebenso tut dies die Richtung einer relationalen Selbstpsychologie (Milch, 2001), etwa bei Bacal oder Newman. Eine systematische Weiterführung, auch in Richtung der Grundbedürfnisse des Selbst und damit der motivationalen Systeme, legen Lichtenberg et al. (1992) vor. In Deutschland sind H.-P. Hartmann, Milch oder Kutter zu nennen.

4.3.1 Therapeutischer Dialog

Bei Anna und Paul Ornstein finden sich u.a. Weiterführungen der klinischen Überlegungen der Selbstpsychologie, dabei schließen sie neben Kohut an Balint an. Sie stellen dabei die Haltung einer empathischen Responsivität heraus: »Wenn wir unsere Haltung des Zuhörens im Zentrum der subjektiven Welt des Patienten (dezentriert von unserer eigenen) lokalisieren und versuchen, die Bedeutung der Gedanken und Gefühle des Patienten wahrzunehmen, sie anzuerkennen, zu verstehen, zu erklären und ihm unser Verständnis mitzuteilen, sind wir ›empathisch responsiv‹.« (Ornstein & Ornstein, 1984, S. 17; auch hier sind die Berührungspunkte mit der Gesprächspsychotherapie zu erkennen, vor allem zum »inneren Bezugsrahmen«.)

Ausgehend davon vertiefen sie die Bemerkungen Kohuts zum Verstehen und Erklären. Unter Verstehen fassen sie es, dass der Therapeut »[a]uf der Grundlage authentischer Akzeptanz« seine Responsivität bewahrt, »indem er sich in seiner Vorstellung ins Zentrum der inneren Welt seines Patienten hineinversetzt.« (a.a.O., S. 15) Dazu bedürfe es einer »genuine[n] emotionale[n] Präsenz« (a.a.O.) des Analytikers, Verstehen bedarf eines geteilten emotionalen Rahmens. Der Analytiker vermittle seinem Analysanden ein »Sicherheitsgefühl« (a.a.O., S. 16) und begegne so dessen »intensive[m] Wunsch, vom Anderen genau gekannt und geschätzt zu werden« (a.a.O.). Das Verstehen schafft Begegnung und Dialogizität; im therapeutischen Dialog kämen der »Versuch des Therapeuten, zu verstehen«, und »das Gefühl des Patienten, verstanden zu werden«, zusammen« (a.a.O., S. 19). Dabei übe das Gefühl des Verstandenwerdens »einen tiefgreifenden Einfluß auf den Zustand des Selbst aus« (a.a.O.). Verstanden zu werden ist veränderungswirksam. Im Zuge dessen komme der Analysand zu einer »Akzeptanz seines ganzen Selbst« (a.a.O.), unter Lockern der Abwehr und durch eine Förderung der Selbstkohäsion.

Der Prozess wird mittels des Bilds einer Bergwanderung beschrieben (a.a.O., S. 18f.). In einer ersten Phase oder Ebene, der des Verstehens, wandert man gemeinsam, erkennt ein geeignetes Tempo u.a. Es geht um die »Aufrechterhaltung des Kontakts« und ein »Gewahrsein dafür, wo sich der Patient gerade befindet«, und unter Umständen begegnet man Hindernissen und Unwägbarkeiten, nicht alles ist schon auf der Wanderkarte eingezeichnet gewesen. In einer zweiten Phase oder Ebene, der des Erklärens, ist dann ein Plateau erreicht, so dass ein gemeinsames Zurückschauen auf den Weg, eine Einordnung des Verstandenen in ein größeres Panorama möglich wird.

Erst auf der Ebene des Erklärens verorten Ornstein und Ornstein (1985, S. 33) »die Deutung im engeren Sinn«. Sie erfolgt ebenfalls »unter dem empathischen Blickwinkel« (a. a. O., S. 43), d. h. unter Einbezug der Patientin und deren Korrekturmöglichkeiten. Sie »muß im Patienten das Gefühl hervorrufen können, daß der Analytiker etwas von seiner Vergangenheit verstanden hat, das Aufschluß über seine Gegenwart gibt – daß all dies mit dem sich wandelnden und erweiternden Selbstbild des Patienten im Längs- und Querschnitt im Einklang steht.« (a. a. O., S. 44) Wie oben bereits erwähnt wird die Analysandin nur eine solche Deutung aufnehmen, in der sich das empathische Verstehen, auf dem sie beruht, zeigt. Auch die Ornsteins benennen dann als Ziel und Folge dieses Vorgehens eine Veränderung beziehungsweise Weiterentwicklung der Selbst-Selbstobjekt-Matrix.

4.3.2 Motivationale Systeme und Modellszenen

Lichtenberg (1988; Lichtenberg et al., 1992) widmet sich in seinem Ansatz den motivationalen Systemen. Dabei werden fünf basale Systeme unterschieden, welche die Eigenschaft aufweisen, Grundbedürfnisse zu erfüllen beziehungsweise zu regulieren, dabei jeweils bestimmte motivationale und funktionale Aspekte umfassen und auf »zu beobachtenden Verhaltensweisen« beruhen, »die in der Neugeborenenzeit einsetzen«.

Die fünf Systeme sind:

1. Bedürfnis nach psychischer Regulierung physiologischer Erfordernisse (klassisch-psychoanalytisch: »Selbsterhaltung«)
2. Bedürfnis nach Bindung und – später – Zugehörigkeit
3. Bedürfnis nach Exploration und Selbstbehauptung
4. Bedürfnis, aversiv zu reagieren – mit Antagonismus oder Rückzug
5. Bedürfnis nach sinnlichem Genuss und sexueller Erregung (klassisch gesprochen: libidinöse Wünsche)

Lichtenberg (1989) formuliert dazu: »In der Kindheit leistet jedes System in wechselseitigen regulierenden Interaktionen mit den Pflegepersonen einen Beitrag zur Selbstregulierung. [...] Von einem Moment zum anderen kann die Aktivität eines jeden Systems so weit intensiviert werden, daß es eine motivationale Dominanz im Selbst bewirkt. Das ›Selbst‹ entfaltet sich als ein unabhängiges Zentrum, in dem Motivation ausgelöst, organisiert und integriert wird. Das Selbstgefühl erwächst aus der Erfahrung dieses Auslösens, Organisierens und Integrierens.« (zit.n. Lichtenberg et al, 1992, S. 14) Das Selbst ist also der »Ort«, an dem motivationale und regulative Funktionen erfüllt werden, es entsteht durch diese Funktionen, als das Gefühl von Kohärenz, Identität oder Selbstwirksamkeit.

Aus der Richtung derselben Forschungsgruppe stammt die Konzeption von Modellszenen. Hier wird dem Gedanken einer »Verwendung prototypischer Episoden« gefolgt, um in der Psychoanalyse Erfahrungen zu beschreiben«. In den Assoziationen von Analysandinnen hört man »eine Modellszene [...], die wichtige Erfahrungen kennzeichnet und symbolisiert« (Lichtenberg, 1999, S.75), es wird also etwas Partikulares als Beispiel für zugrundeliegende Beziehungsmuster und Verarbeitungsweisen genommen. Sind diese Erfahrungen nicht verbalisierbar, dann »nehmen wir die Ursprünge einer ungünstigen Erfahrung innerhalb einer Entwicklung wahr, vermittelt durch Persönlichkeitseigenschaften, Interaktionen und ein intersubjektives Feld, in das uns der Patient [...] hineinzieht« (a.a.O.). Allerdings muss beachtet werden, dass der Zugang zur Verbalisierbarkeit auf der Grundlage unterschiedlicher Prozesse verstellt sein kann, einmal in Richtung eines allenfalls impliziten »Wissens«, einmal in Richtung hemmender Prozesse im Sinne der psychischen Abwehr im eigentlichen Sinn. Konzeptionen von Szenen und deren Verstehen finden sich auch in der Beschreibung des szenischen Verstehens (Argelander, 1967; Lorenzer, 1970).

Die Konzeption der motivationalen Systeme und der Modellszenen werden nun miteinander verbunden: »Jedes der fünf [...] motivationalfunktionalen Systeme liefert Modellszenen, die spezifische Entwicklungen in jeder Lebensphase sinnbildlich darstellen« (Lichtenberg, 1999, S.76). Ein solches Modell besteht dann aus einem Prototyp, einem Schema und einer Adaptation bezüglich eines Ideals oder einer Norm.

In einer einzelnen Szene soll das Schema erkannt und benannt werden, so dass eine neue Bedeutungsstruktur entsteht (vgl. a. Lichtenberg et al., 1992, S. 21ff.).

4.3.3 Generalisierte Interaktionsrepräsentationen

Hinsichtlich der Entwicklungspsychologie der Selbstobjekte kann außerdem auf die Konzeption der RIGs, der *Reprentations of Interactions that have been Generalized*, also der generalisierten Interaktionsrepräsentationen zurückgegriffen werden, wie Stern (1985) sie vorlegt: »Die hier vor dem Hintergrund aktueller Untersuchungen entwickelte Theorie« betrachtet das Phänomen der »Entwicklung fortbestehender und sogar wachsender Selbstobjekte« »in bezug auf Erinnerungen, die Erfahrungen des Zusammenseins mit anderen betreffen, und in bezug auf die Art und Weise, wie diese Erinnerungen aktiviert und benutzt werden. Zu Anfang existieren die anderen ›in‹ uns nur in Form von Erinnerungen oder bewußten oder unbewußten Vorstellungen, die das Erleben des Zusammenseins mit ihnen betreffen (RIGs).« (Stern, 1985, S. 339; Hervorh. TS) Internalisiert wird also nicht »Das ist die Welt und das gibt es darin«, sondern »So stehe ich zu anderen in Beziehung«. Stern geht vom »Empfinden eines Kern-Selbst« ab dem Altern von zwei bis drei Monaten aus. Die RIGs im engeren Sinn versteht er (a. a. O., S. 143) dabei als das Resultat der Entwicklung einer »Durchschnittserwartung« und einer »präverbale[n] Repräsentation« früher Interaktionsepisoden (vgl. a. Lorenzer, 1970, zu »Interaktionsformen«). Die RIGs können verstanden werden als »eine Grundeinheit der Repräsentation des Kern-Selbst«, das Selbst besteht aus den Niederschlägen der Interaktionserfahrungen. RIGs »resultieren aus dem unmittelbaren Eindruck mannigfaltiger, realer Erfahrungen« und »integrieren die unterschiedlichen Handlungs-, Wahrnehmungs- und Affekt-Attribute des Kern-Selbst zu einem Ganzen« (a. a. O., S. 143f.). Insofern sind sie die Grundstruktur einer Repräsentation des Selbst in Interaktion mit Anderen; als psychische Struktur sind sie leitend für weitere Interaktionen und deren Erleben.

4.4 Zur Kritik an der Selbstpsychologie

Bisher ist noch weitgehend dunkel geblieben, was, jenseits von einer Abwendung von der Triebtheorie, Kohut vom »Mister Psychoanalyse« zu dem Autor hat werden lassen, in dessen Nachruf vor allem anderen seine Opposition zur Theorie Freuds betont wird. Der Kohut'schen Selbstpsychologie ist der Vorwurf entgegengehalten worden, »nicht mehr Konflikte zu analysieren, sondern ihre Patienten nur noch verstehend zu bestätigen und sie dabei, ohne es zu merken, zu infantilisieren.« (Kutter, 1999, S. XI; vgl. insgesamt zum Vorwurf, »unanalytisch« zu sein z. B. Fonagy & Target, 2003, S. 249). Zepf (2006a, S. 125) meint, Kohut habe die »prinzipielle Konflikthaftigkeit der menschlichen Existenz [...] zugunsten einer idealtypisch verlaufenden Entwicklung aufgehoben, die nur akzidentell zur – u. U. pathologischen – Konflikthaftigkeit führt.« Konflikte seien also nur Störfaktoren, sie tragen nicht als Motor die menschliche Entwicklung als solche.

Gravierender als Kritikpunkt Kohut gegenüber ist aber der ihm vorgehaltene Umgang mit anderen Autorinnen. Scharfe Kritik äußert zum Beispiel Cremerius (1982, S. 39), der von einem »ahistorische[n] Solipsismus« Kohuts spricht. Es sei »offenkundig, daß die Steine zu seinem Werk, der ›neuen Theorie vom Selbst‹ durch stille Entnahme aus schon bestehenden Theoriegebäuden gewonnen wurden.« (genannt werden etwa: Reich, Balint, Benedek, Winnicott, Grunberger, Heimann, Loewald, Racker, Fairbairn, Klein u. a.; vgl. a. Zepf, 2006a, S. 128; Fonagy & Target, 2003, S. 250) Kohut habe sich bei anderen bedient, deren Arbeiten er gekannt haben muss (nicht zuletzt als Vizepräsident der Internationalen Psychoanalytischen Vereinigung für die Dauer von acht Jahren), ohne dies auszuweisen. Die »geheime[.] Ausplünderung« zum Beispiel eines Textes von Eissler sei »ein Musterbeispiel für geistigen Diebstahl« (Cremerius, 1982, S. 39). Konzepte wie das eines idealisierten Selbstbildes oder eines grandiosen Bildes verwende auch beispielsweise Horney, die sich wiederum unausgewiesen bei A. Freud, Sullivan u. a. bediente (a. a. O., S. 40). Butzer (1997, S. 146) bringt die damit verbundene Frage auf den Punkt: »Ist Kohut mit den grundlegenden Schriften berühmter Theoretiker wie M. Balint, W.R.D. Fairbairn, H. Guntrip

4.4 Zur Kritik an der Selbstpsychologie

oder D. W. Winnicott nicht vertraut oder hat das Verschweigen Methode?«

Zepf (2006a, S. 127ff.) ist in seinem Urteil vernichtend: »An Neuem kann man den Überlegungen Kohuts allenfalls eine Trivialität entnehmen: Die Einsicht, dass die kindliche Entwicklung und die klinischen Phänomene immer auch unter narzisstischen Aspekten zu betrachten sind.« Fonagy und Target (2003, S. 248ff.) tragen als Kritikpunkte zusammen: die fehlende Spezifizierung zwischen Entwicklungsbelastung und Psychopathologie; dass negative Affekte der Patientin immer als durch scheiternde Empathie der Analytikerin hervorgerufen gedacht würden (als Schutz der Selbstkohärenz); die fehlende Konzeption negativer Übertragung oder negativer therapeutischer Reaktionen; die Vernachlässigung einer Fähigkeit zur Intimität oder Wechselseitigkeit (zugunsten von Grandiosität und Exhibitionismus); das Zuschreiben der Verantwortung für jegliche negative Entwicklung an die Eltern; die fehlende Unterscheidung zwischen Selbst und Selbstrepräsentanz (beim »späten« Kohut); sowie die unklare Verwendung des Konzepts »Selbstobjekt« (innen? außen? personal? apersonal?). Dieser letzte Punkt unterliegt auch der Kritik von intersubjektiven Vertreterinnen an der Konzeption des Selbst (es fehle eine Differenzierung zum handelnden Selbst als Person) (vgl. Milch, 2019, S. 57ff.).

Auch Butzer (1997, S. 145) trägt einige Kritikpunkte zusammen, so die Frage, ob das Vorgehen noch psychoanalytisch sei; die Abkehr von Metapsychologie, Triebtheorie und der Konzeption (ödipaler) Konflikte in der Entwicklung; eine mögliche grundlegende Fehlrezeption der Psychoanalyse durch Kohut; die Frage, ob eine von der Triebentwicklung losgelöste narzisstische Entwicklungslinie sinnvoll sei; die Überschätzung der Reichweite der Selbstpsychologie (im Hinblick auf unterschiedliche psychische Störungen). Neben Kritikpunkten, welche die Theorie betreffen, seien im »klinischen Sektor […] moniert« worden: »seine Entwicklungstheorie, der Angstbegriff, die Auffassung der Träume, das Verhältnis von Narzißmus und Aggression, die Behandlungstechnik, das klinische Verstehen, die Rolle der Empathie, die Deutungstechnik, das Verhältnis von Defekt, Defizit und Konflikt, die falsche Gegenüberstellung von Trieberfahrung und Selbstgefühl, die Einschätzung der Objektbeziehungen, die Beziehung von Neurose zu Narzißmus und seine Übertragungskonzeption.« Viel Nicht-Kritisiertes bleibt nicht übrig...

Auf einige der Kritikpunkt ist Kohut (1977, S. 14f.) selbst eingegangen, etwa, dass ihm kritisch entgegen gehalten worden sei, ob die Abkehr von der Triebtheorie inhaltlich nötig sei, um seine Konzepte zu entwickeln (zum Beispiel Grandiosität oder Idealisierung), ob es gar »Eskapismus« sei, »ein feiger Versuch, die Analyse zu säubern, die Triebnatur des Menschen zu leugnen« (a. a. O., S. 15). Auch geht er auf den Vorwurf ein, er habe neue Lösungen finden wollen, »ohne mich auf die Arbeit anderer zu stützen« (a. a. O.). Er erkennt einige Einflüsse auf seine Konzeptionen an, so unter anderem von Hartmann, Aichhorn, Adler, Rogers, Balint oder Erikson, konstatiert aber: »[I]m Brennpunkt meiner Bemühungen steht nicht gelehrte Vollständigkeit« (a. a. O., S. 16). Er habe sich nicht die Aufgabe gestellt, »die Ergebnisse meiner Arbeit mit den Ergebnissen der Arbeit anderer zu integrieren«. Das wäre ein »unüberwindliches Hindernis« gewesen, denn »ähnliche[.], sich überschneidende[.] oder identische[.] Termini und Begriffe« seien »nicht Teil des gleichen begrifflichen Kontextes« (a. a. O., S. 17). Insofern er den »Ballast« abgeworfen habe, »die verschiedenen Konzeptionen und Theorien, die von anderen Forschern benutzt worden waren, in meine Betrachtungen einzubeziehen«, vertraue er umso mehr darauf, »daß mein eigener grundlegender Standpunkt [...] klar zum Ausdruck kommen wird« (a. a. O., S. 17).

Neben diesen eher defensiven, wenig überzeugenden Antworten auf die Kritik des Übernehmens des Gedankenguts anderer, äußert sich Kohut in einem privaten Brief an Lampl-de Groot (zit.n. Butzer, 1997, S. 152) anders: Er sei nicht kritikfähig und es falle ihm schwer, aus Kritik zu lernen: »[E]s ist einfach, daß der Kritiker im allgemeinen nicht auf das eingestimmt ist (not in tune with), an dem ich gerade arbeite und kämpfe«. Ihn habe zudem die Sorge beschäftigt, durch die Arbeiten anderer zu stark beeinflusst zu werden.

4.5 Zusammenfassung und behandlungstechnische Folgerungen

Kohuts Selbstpsychologie entsteht aus der Abgrenzung zu Triebtheorie und Ichpsychologie. In seinem Selbstverständnis hat er die Freud'sche Psychoanalyse nicht umgestürzt, sondern weiterentwickelt. Von der Selbstpsychologie aus gibt es starke Entwicklungslinien zur Intersubjektivität (Stolorow, Atwood, Orange) und zur relationalen Psychoanalyse (Mitchell, Aron, Benjamin). Auch wenn Kohut weniger häufig zitiert wird als andere Autorinnen seiner Zeit, hat er doch einen wichtigen Einfluss auf die Entwicklung der Psychoanalyse genommen.

In gewisser Weise ist die Selbstpsychologie dabei seit den 1970er Jahren am Puls der Zeit. Wolf (1999, S. 5) konstatiert eine »offensichtliche Zunahme der Störungen des Selbst« (Wolf, 1999, S. 5), der »moderne Mensch« sei womöglich narzisstisch vulnerabel statt (triebhaft) gehemmt. In der Selbstpsychologie bleiben »basale Motive« zentral, »deren elementare Befriedigung unabdingbar ist, soll der zerrissene moderne Mensch trotz aller gesellschaftlicher Komplexität zu sich finden.« (Kutter, 1999, S. VII) Aus Sicht Kilians (1982; zit.n. Milch, 2001, S. 30) können »weder die patrizentrierte Theorie des Ödipuskomplexes noch der reduktionistische Ansatz der Ich-Psychologie [...] als angemessene Instrumente zur Analyse der Selbstobjektprobleme des postpatriarchalen Selbst angesehen werden.« (Milch, 2001, S. 30)

Zusammenfassend kann man sagen, dass Kohut wichtige Konzepte zum Verständnis des Selbst-in-Beziehung vorgelegt hat, so mit seinen weiterführenden Überlegungen zum Ich-Ideal (Größen-Selbst) oder zur Entwicklungslinie des Narzissmus, in dem neben dem Stellenwert infantiler Größen- oder Vollkommenheitsvorstellungen auch die Idealisierung und Entidealisierung der Eltern gehören. Mit der Konzeption von Selbstobjekten legt Kohut ein Modell vor, das unterschiedliche Reifegrade und Verarbeitungsmodi des eigenen Erlebens vom In-Beziehung-Stehen (zwischen dem Erleben des anderen als Funktion und als Person) erlaubt. Klinisch sind seine Unterscheidungen von (Selbstobjekt-)Übertragungsformen nützlich oder die, unter anderem von Ornstein und Ornstein weitergeführten, methodischen Überlegungen zu Empathie und Introspektion, zu auf empathischem Verstehen beruhenden Deutungen oder zur Veränderung der Art der Selbstobjekterfahrungen im Verlauf des analytischen Prozesses.

Für eine selbstpsychologisch orientierte psychoanalytische Behandlungstechnik steht daher die Betrachtung im Zentrum, in welcher Weise eine Analysandin die Analytikerin »verwendet«, also in ihr Erleben von Spiegelung, Idealisierung, Vervollständigung u. a. einbezieht und in welcher Weise ihr Selbst in Relation zu Anderen steht. Die Interventionen richten sich u. a. daran aus, aus einer empathischen, stellvertretend-introspektiven Haltung heraus geeignete Deutungen zu formulieren.

4.6 Fallbeispiel Herr P., Teil 3

Im bisher bereits in unterschiedlicher Perspektive im Verlauf einer fiktiven psychoanalytischen Behandlung diskutierten Fall von Herrn P. kann angesichts der Selbstpsychologie gesagt werden, dass darin Selbstwertkonflikte sehr prominent sind, zum Beispiel im Vergleich Herrn P.s mit seinem Bruder und der Haltung der Eltern zu beiden. Das setzt sich darin fort, dass er seinen Bruder nicht als Kiffer bloßstellt, sondern für sich die Rolle des »missratenen« Sohnes annimmt und weiterführt. Einiges an der Autodestruktivität, einschließlich des Drogenkonsums und der Delinquenz, kann auf dieser Linie aufgefasst werden. Angesichts dessen, wie Herr P. seine Eltern schildert und erlebt, kann gefragt werden, ob förderliche Erfahrungen von Spiegelung und Anerkennung möglich waren (auch wenn der Kritikpunkt an Kohuts Ansatz beachtet werden muss: Eltern sollten nicht pauschal verantwortlich gemacht werden). Vermutlich ist Herr P. mit rigiden, wenig einfühlsamen Eltern aufgewachsen, bei denen es leicht passierte, etwas falsch zu machen. Zu fragen wäre auch, wie sehr seine Talente (selbst einfühlsam zu sein, gut zeichnen zu können) erkannt und emotional unterstützt wurden.

Im aktuellen Behandlungsabschnitt berichtet Herr P. von einer Zuspitzung seiner Beziehung zu Herrn W., mit dem er in weiterhin etwas unklare Geschäfte verwickelt ist und von dem er sich nur schwer lösen

4.6 Fallbeispiel Herr P., Teil 3

oder abgrenzen kann. Herr P. berichtet, sich manipuliert und ausgenutzt zu fühlen, aber er habe die Sorge, dass er Herrn W. reizen könnte, wenn er sich »verweigert«: »Manchmal denke ich, der ist zu allem fähig…« Es beschäftigt Herrn P. in der Analyse, warum es für ihn so wichtig ist, mit männlichen Vorbildfiguren etwas gemeinsam zu tun. Dann berichtet er in einer Stunde von einem Traum, in dem Herr W. und er als Drogen-Produzenten in verschiedene Mordfälle verwickelt seien und vom Drogendezernat verfolgt würden (»Confessions«, 2013). Im Traum habe Herr W. ihm nahegelegt, die Stadt zu verlassen. Er berichtet weiter:

> *Wir waren mit dem Auto so raus in eine Art Wüste gefahren und saßen dann da so nebeneinander, im Hintergrund wartete irgendwie noch jemand anderes, es war unklar, zu wem der gehört. Ich glaube, es war eine Art Anwalt. Und Herr W. hat zu mir gesagt: »Hier ist doch eh nicht mehr viel für dich da. Wirklich, wenn ich könnte, würde ich mit dir tauschen. Für ein ganzes Leben, das vor einem liegt. Für eine Chance, neu anzufangen. In ein paar Jahren fühlt sich all das hier vielleicht wie ein schlechter Traum an.« Ich bin aufgestanden und ein Stück zur Seite gegangen. Dann habe ich ihn angesehen und gesagt: »Kannst du vielleicht nur ein einziges Mal aufhören, mich zu manipulieren? Und zehn Sekunden lang ehrlich sein? Statt mich zu verarschen?« Er hat sofort gemeint, dass er mich nicht manipuliert. Ich hab ihm gesagt: »Doch, das tust du. Hör mit der Masche des besorgten Papas auf und sag mir die Wahrheit!« Ich dachte, ja, er sagt das jetzt so, dass es für mich gut wäre, wenn ich die Stadt verlasse, dies das, aber eigentlich war es so, dass er mich loswerden wollte, damit uns die Drogenfahnder nicht so leicht erwischen. Es ging komplett um ihn. Ich dann so: »Gib es zu! Es geht um dich. Für dich soll ich weg sein. Und entweder ich verschwinde oder du bringst mich um wie die anderen.« Ich meine, warum haben wir uns wohl in der Wüste getroffen? Ich wollte von ihm hören, dass er es so will, und nicht, dass es für mich gut ist. Er ist dann im Traum ganz langsam auf mich zu und hat mich in den Arm genommen. Ich habe furchtbar geweint. Mehr weiß ich nicht mehr…*

In der psychoanalytischen Arbeit mit Träumen sind die Einfälle der Träumenden der entscheidende Weg zu verstehen, was sich in Träumen ausdrückt. Es geht nicht um vorgefertigte, womöglich überindividuelle

Bedeutungen, sondern darum, dem nachzugehen, was in der psychischen Erlebniswelt, bei zurückgetretener psychischer Zensur, die im Wachleben stärker greift, miteinander verbunden ist. So wird der Traum zwischen Herrn P. und seinem Analytiker zum Thema.

P: (Herr P.) (weint auf der Couch erneut)
A: (Analytiker) (nach einer Pause) Das hat jetzt einiges bei Ihnen gelöst – ich merke, wie traurig Sie sind. Und wie sehnsuchtsvoll?
P: Ja, vielleicht. Ich weiß auch nicht. Es klappt nicht – ich wünsche mir so sehr jemanden, an dem ich mich orientieren kann. Der mich nicht immer gleich für alles kritisiert. Der mich nicht ausnutzt. Für den ich auch wichtig bin. (Pause)
A: Was fällt Ihnen zum Traum noch ein?
P: (schnieft) Er hält mich fest. Aber es ist irgendwie nur sein Körper beteiligt. Als wäre es ihm lästig. – Es war krass, wie bodenlos traurig ich war. Zuerst hatte ich Angst und war misstrauisch. Aber es wurde dann immer stärker: Dass ich gedacht habe, er soll mich in den Arm nehmen. (weint wieder etwas) (Pause)
A: Und dann ist da noch jemand.
P: Ja. (Pause) Der Anwalt. Der stand so da. Ich dachte im Traum zuerst, das ist der Zeuge. Der schützt mich – oder soll mich schützen, aber kann er das? Aber vielleicht ging es auch nicht nur um Schutz, ich weiß nicht.
A: Es war wichtig, dass er da ist?
P: Ja. (Pause) Vielleicht wäre es ohne ihn nicht gegangen. Ohne ihn hätte ich noch mehr Angst gehabt. Dann hätte ich den Herrn W. wohl nicht umarmt. Oder hätte nicht geweint. Ich hätte dann nur gedacht, der haut mir direkt 'n Messer in den Rücken oder so.
A: Es ist wichtig, dass es jemand bezeugt, dass Sie auch diese Gefühle und Wünsche haben. Nach Nähe, nach Anlehnung. Wenn es den nicht gibt, ist es zu bedrohlich, sich so zu zeigen – dann werden Sie verletzt und das fühlt sich manchmal sogar so an, als sei Ihr Leben bedroht.
P: Ja. Ich bin dann ausgeliefert. Herr W. hat mich im Traum komplett in der Hand.

Nun lässt sich eine hilfreiche empathische Haltung nur bedingt in einem verbalisierten Text wiedergeben. Eine solche wäre selbstpsychologisch, aber auch in anderen psychoanalytischen Richtungen hier zentral. Es finden sich zumindest angedeutet verschiedene Übertragungsebenen, auch im Traumbericht: Der Analytiker als möglicher »Zeuge« im Hintergrund, der Wünsche spürbar werden lässt und Schutz bietet, oder der Analytiker als jemand, der Herrn P. komplett in der Hand hat, dem er sich ausgeliefert fühlt. Damit ist die Frage verbunden, ob und wann die Übertragung in Form einer Deutung direkt adressiert werden sollte, zum Beispiel als »Ich stehe ja auch irgendwie mit dabei, in Ihrem Leben« oder »Ich habe Sie hier auch in der Hand und könnte Ihnen ein Messer in den Rücken rammen…?« oder »Sie möchten mich umarmen, aber haben Sorge, dass ich unbeteiligt bin?« Dabei soll es nicht darum gehen, dass eine Analytikerin in Behandlungen ständig sinngemäß sagt »Eigentlich geht es ja um mich…«, sondern versucht aufzugreifen, in welcher Weise sich das Berichtete auf die klinische Situation und auf die Beziehung beziehen lässt, also hier, dass auch Herrn P.s Analytiker im Hinblick auf Wünsche, Ängste, Schutzbedürfnisse oder andere Fantasien relevant ist und dass auf diesem Weg etwas verstanden werden kann, wie Herr P. sich im Verhältnis zu anderen sieht.

Konkreter selbstpsychologisch betrachtet würde das bedeuten zu erkunden, welche Art von Selbstobjekt die Analytikerin für die Analysandin gerade ist, in den und auch jenseits der Selbstobjektübertragungen, wie sie oben benannt wurden. Welcher Teil der Analytikerin wird zu etwas, das für das Selbsterleben der Analysandin eine wichtige, zunächst »narzisstische« Funktion hat und wie kann davon etwas ins Selbstbild integriert, wie zu einer reiferen Form von Selbstobjekterfahrungen gekommen werden? Auf dieser Linie liegen die (meisten) Interventionen, insofern sie von einem empathisch-einfühlenden Verstehen getragen Bemerkungen dazu darstellen, wie die Analysandin ihr Gegenüber erlebt und weshalb auf diese Weise. Psychoanalytisch wird angenommen, dass die Einsichtnahme darin eine Veränderung des Erlebens des Selbst-in-Beziehung auf den Weg bringt.

5 Strukturkonzeptionen in der Psychoanalyse

Das Verhältnis zwischen Ich und Selbst als Teile der inneren Welt (prozessual, repräsentational) ist derart verstanden worden, unter dem Ich eine Gruppe von Funktionen zu verstehen und unter dem Selbst die psychische Repräsentanz der eigenen Person (▶ Abb. 5.1). Das Selbst ist immer als ein Selbst-in-Beziehung zu begreifen, auch die Objekte sind Teil der subjektiven Welt. Einige Konzepte beziehen sich auf beide Aspekte, zum Beispiel Fairbairns Auffassung von dynamischen Strukturen, auf die ich weiter unten eingehen werde (▶ Kap. 5.1.2).

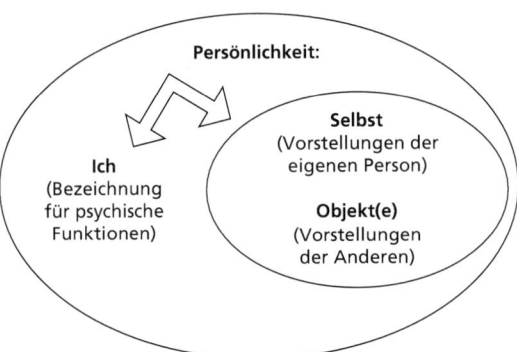

Abb. 5.1: Ich und Selbst als Teile der inneren Welt

Bisher ist es um die Freud'schen Konzeptionen des Ichs gegangen, um dessen hemmende Funktion gegenüber unmittelbaren Erregungsabläufen, um das Ich als Instanz im Struktur-Modell des psychischen Apparates, in dem es für die Vermittlung zwischen den Ansprüchen der übrigen Instanzen oder der Außenwelt zuständig ist, oder um das Ich als Gruppe der Ich-Funktionen. In der von Hartmann weiter vorangetriebenen Ich-Psychologie ist die, von Trieben prinzipiell der Möglichkeit primär wie sekundär autonome Arbeit des Ichs deutlich geworden, einschließlich der, auf unterschiedlichen Ebenen von Aktivität und Passivität zu denkende, Anpassung gegenüber der Umwelt. Während sich im Anschluss an Freuds Überlegungen zum Selbst (wenn auch terminologisch oft als Ich bezeichnet) und zum Narzissmus sowie an die von Kohut begründet Selbstpsychologie mit deren Konzeptionen des infantilen Größen-Selbst, der idealisierten Eltern-Imago oder der Selbstobjekterfahrungen die Aspekte des Erlebens des eigenen Selbst-in-Beziehung konzipieren lassen, setzen sich die Überlegungen zum Ich und seinen Funktionen in der Psychoanalyse bis heute in Struktur-Konzeptionen fort.

5.1 Unterschiedliche Auffassungen von Struktur

Versucht man, sich einen Überblick über den Begriff der Struktur in der Psychoanalyse zu verschaffen, stößt man auf terminologische Unklarheiten und unterschiedliche Verwendungen. Orange (2000, S. 543) schreibt: »Psychische Struktur als psychoanalytischer Begriff beschreibt die organisierte Kontinuität des psychischen Lebens.« Bei Rüger (2014, S. 896) findet sich als Definition: »Unter Struktur verstehen wir das ganzheitliche Gefüge von psychischen Dispositionen.« (vgl. a. Überblick bei Doering & Hörz, 2012) Bisher sind das Definitionen, die ebenso gängig wie allgemein sind.

Küchenhoff (2002) gibt einen Überblick und unterscheidet drei »heterogene Verwendungsarten« (a. a. O., S. 68) von Struktur in der Psychoanalyse. Erstens wird Struktur verstanden als »das geschichtlich gewordene, aber aktuell festgefügte Ensemble von Persönlichkeitseigenschaften«, in diesem Sinn ist Persönlichkeitsstruktur das »Produkt von Funktio-

5 Strukturkonzeptionen in der Psychoanalyse

nen«. Zweitens ist mit Struktur das »Zusammenspiel seelischer Kräfte (Ich-Es-Überich) oder Einflußfaktoren« (Trieb, Außenwelt, verinnerlichte Beziehungserfahrungen) gemeint. Hier ist das Freud'sche Struktur- beziehungsweise Instanzen-Modell maßgeblich, Struktur gilt als »Funktionsprinzip«. Struktur in der zweiten Bedeutung wirkt sich darauf aus, wie Struktur in der ersten Bedeutung ausgestaltet ist: Strukturen im Sinne der seelischen Kräfte und deren Verarbeitungsformen wirken sich auf Persönlichkeit als verfestigte Struktur aus. Drittens schließlich bezieht sich Struktur auf etwas wie Struktur- oder Integrations*niveau*, das »Skelett«, »Gerüst« oder den »Bauplan« verschiedener Persönlichkeiten in unterschiedlicher Reife und Integration der Funktionen. In diesem Kontext geht es um die »Typisierung[en] von Funktionsweisen, um Grundmerkmale von Persönlichkeitsstrukturen zu beschreiben« (a. a. O., S. 69).

Insgesamt kann man als potenzielle Gefahren der Verwendung des Strukturkonzepts den Gebrauch »elementaristischer« und »statischer« Strukturkonzeptionen (a. a. O.) benennen beziehungsweise feststellen, »dass im Begriff der Struktur [...] immer schon die Gefahr der Verdinglichung lag, so als wäre die Struktur eine irgendwo in der Person vorfindbare, mehr oder minder fixierte Realität« (Fuchs, 2006, S. 110). »Struktur« ist zum einen also ein Konzept, keine neuropsychologische Essenz, zum anderen beschreibt das Konzept dynamische, wenngleich verstetigte Funktionen oder Steuerungsprozesse.

Zum geistesgeschichtlichen Hintergrund von (psychischologischen) Strukturkonzeptionen kann man sagen, dass der Begriff durch W. Dilthey eingeführt und begriffen wird als »Anordnung, nach welcher im entwickelten Seelenleben psychische Tatsachen von verschiedener Beschaffenheit regelmäßig durch eine innere erlebbare Beziehung miteinander verbunden sind« (zit. n. Küchenhoff, 2002, S. 73). Strukturen stehen in diesem Verständnis im Gegensatz zu »Gleichförmigkeiten«, sie sind »Erlebnisstrukturen« (a. a. O.). So betont Küchenhoff (2002, S. 69; Hervorh. aufgeh., TS), dass niemals ein einzelnes, isoliertes Element Struktur sei, »sondern nur das Zusammenspiel mehrerer Elemente«. Struktur ist die Art der Verbindung von Elementen zueinander. In einem auch interdisziplinär verstanden Strukturbegriff konstituieren sich »Strukturelemente [...] in einer Struktur gegenseitig und bilden so eine Struktur« (a. a. O., S. 70). Das stellt einen Gegenentwurf zu einem Denken in »Substanzen« dar und unterstreicht die Bedeutung von Genese beziehungsweise Geschichtlichkeit: »Struktur [bildet] sich geschichtlich aus Beziehungserfahrungen« (ein Beispiel dafür ist die Entwicklung der Fähigkeit zur Affektregulierung), so dass gesagt werden kann: »Strukturen [sind] geronnene Lebenserfahrungen« (a. a. O., S. 71). Starrheit in Strukturen ist meist ein Zeichen von Pathologie.

Der Strukturbegriff spielt in der philosophischen Phänomenologie eine Rolle, so etwa bei Merleau-Ponty im Hinblick auf Wahrnehmung, Leiblichkeit oder Sprache. Dabei sind Strukturen »Artikulationsprinzipien, die Bewußtsein und Welt erst aus sich heraustreiben« (Küchenhoff, 2002, S. 74). Auch im Strukturalismus, auf den ich unten im Zusammenhang der strukturalen Psychoanalyse genauer eingehen werde (▶ Kap. 5.1.3), spielt der Terminus eine Rolle.

Fuchs (2006, S. 110; Hervorh. aufgeh., TS), der sich mit einem leibbezogenen Strukturbegriff beschäftigt, bezeichnet Strukturen als »eigentümliche Zwischengebilde« (zwischen Realität und Konstrukt), sie seien »Lebens- im Sinne von Bewegungs- und Verhaltensmöglichkeiten oder Potenziale« beziehungsweise »Prozessformen«. Das fügt dem Strukturkonzept eine weitere zentrale Facette hinzu: Strukturen sind dynamisch und geschichtlich und stellen eine Möglichkeit dar, die sich in konkreter Wirkung und Gestaltung realisiert, sie stehen also, persönlichkeitspsychologisch gesprochen, zwischen »trait« und »state«, denn das Konzept gibt an, wie verstetigte psychische Fähigkeiten konkret zur Wirkung kommen oder eben nicht. Auch hier ist die Betrachtung der Fähigkeit zur Affektregulierung als Beispiel nützlich: Diese wird gewöhnlich als ein lebensgeschichtlich, interpersonell vermitteltes psychisches Vermögen verstanden. Es ist aber keine Essenz, sie ist ein Potenzial, eine Art Abstraktum daraus, sie in konkreten Situationen regulatorisch »einsetzen« zu können.

Fuchs (2006) legt vor dem Hintergrund dieser Begriffsauffassung von Struktur als Möglichkeiten beziehungsweise Prozessformen drei Thesen zur »zwischenleiblichen« Struktur vor (a. a. O., S. 115): Erstens entspringe der Begriff der »leiblichen Struktur [...] einer nicht-dualistischen Sicht der Person als eines verkörperten und handelnden Wesens«. Es wird also einem Dualismus aus Geistigem und Körperlichem eine Absage erteilt, es geht um deren immer schon gegebene Durchdrungensein.

Zweitens wird angenommen, dass leibliche Strukturen »implizit intersubjektiv« seien; Fuchs formuliert: »[I]n den leiblichen Erfahrungsstrukturen [ist] der Andere immer schon enthalten«. Drittens bestehe leibliche Struktur »in interaktiven Dispositionen und Potenzialen; sie gestaltet als ›prozedurales Feld‹ die aktuelle Beziehung.«

Psychoanalytische Strukturkonzeptionen bewegen sich zwischen »Ich« und »Selbst« beziehungsweise beziehen Aspekte beider ein. Es geht darin um (überdauernde) psychische Funktionen ebenso wie um das Selbst in Beziehung zu anderen (vgl. z. B. die Konzeption von Struktur bei Rudolf et al., 1995). Fragt man danach, woraus das Psychische »zusammengesetzt« ist, dann geht es um das Verhältnis von Funktionen und Vorstellungen zueinander. Dabei sind der Einfluss von Beziehungserfahrungen einzubeziehen oder die Trennung zwischen Selbst und Nicht-Selbst im Erleben.

5.1.1 S. Freud: Instanzen-Modell

Betrachtet man die implizite und explizite Verwendung des Strukturbegriffs durch Freud im Verlauf seines Werks, dann ist zunächst auf das einzugehen, was er den »psychischen Apparat« nennt und im Anschluss an das frühe Affekt-Trauma-Modell in zwei weiteren Modellen entwickelt, nämlich der ersten Topik, in der die Strukturen der Psyche als Systeme gedacht werden (Bewusst, Vorbewusst, Unbewusst), und in der zweiten Topik beziehungsweise dem Instanzen-Modell, in dem psychische Strukturen als Instanzen auftauchen (Ich, Es, Über-Ich). Explizit benennt Freud die »Strukturverhältnisse der seelischen Persönlichkeit« (Freud, 1933a, S. 85) als ein besonderes Interessensgebiet der Psychoanalyse. In seiner Metapsychologie taucht ein struktureller/topischer Gesichtspunkt auf (neben dem ökonomischen und dem dynamischen sowie den später hinzugefügten adaptiven und genetischen Gesichtspunkten). Der strukturelle metapsychologische Gesichtspunkt »verlangt, daß bei der Erklärung aller psychologischen Phänomene auch Strukturen aufgeführt werden«. Diese gelten als »relativ permanente Formen innerhalb der Unsumme sich ständig vollziehender Prozesse, die zwischen und innerhalb der Strukturen stattfinden« (Loch, 1999, S. 27).

5.1 Unterschiedliche Auffassungen von Struktur

Wichtig ist dabei anzuerkennen, dass der strukturelle immer mit dem dynamischen Gesichtspunkt in Verbindung steht: Strukturen und ihre Forderungen oder Prinzipien sind in der Freud'schen Perspektive die Grundlage psychischer Konflikte.

In genauerer Betrachtung wiederum ist »Struktur« ein bei Freud nicht systematisch verwendeter Begriff, es finden sich explizit nur drei Einträge dazu im Schlagwortverzeichnis der Gesammelten Werke, so sehr der zugrundeliegende Gedanke auch eine Bedeutung in den Modellen des psychischen Apparates hat: »Die topische Betrachtung faßt den seelischen Apparat als ein zusammengesetztes Instrument auf und sucht festzustellen, an welchen Stellen desselben sich die verschiedenen seelischen Vorgänge vollziehen.« (Freud, 1926f, S. 302) In beiden Freud'schen Topiken sind mögliche Konflikte darstellbar, im Instanzen-Modell etwa zwischen Ich und Über-Ich. Das bringt allerdings in besonderer Weise die Gefahr einer Verdinglichung und/oder Statik in der Verwendung des Strukturbegriffs mit sich, wie auch eine weitere Bemerkung Freuds zeigt, wenn er von »unserem Seelenleben« spricht, »das wir als einen aus mehreren Instanzen, Bezirken, Provinzen zusammengesetzten Apparat auffassen« (1939a, S. 203).

Jedenfalls möchte Freud die »Strukturverhältnisse der seelischen Persönlichkeit, die ich vor Ihnen entwickelt habe, [...] in einer anspruchslosen Zeichnung darstellen.« (Freud, 1933a, S. 85) (▶ Abb. 5.2)

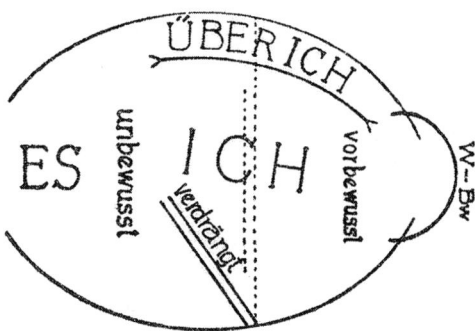

Abb. 5.2: Das Modell des psychischen Apparats in Freuds Werk ab 1923 (Freud, 1933a, S. 85)

Hier sind offenkundig Aspekte der ersten und der zweiten Topik zusammengeführt, nur ist beispielsweise »unbewusst« nun nicht mehr als solches substantiviert, sondern das *Merkmal* einer Vorstellung oder eines Prozesses. »Das Unbewusste« im substantivischen Sinn ist hier kein System mehr, sondern die Gruppe der Vorstellungen und Affekte, die dem Bewussten nicht zugänglich sind (was auch mehr als das Verdrängte umfasst).

Laplanche und Pontalis (1967, S. 507) diskutieren den Übergang von der ersten zur zweiten Topik. In der zweiten Topik beziehungsweise dem Struktur- oder Instanzen-Modell wird das Ich verstanden als »Instanz, die die Interessen der Gesamtpersönlichkeit repräsentiert« (a. a. O.). Eine Revision sei für Freud unter anderem deshalb erforderlich gewesen durch »die Rolle der verschiedenen Identifizierungen bei der Konstituierung der Person und den permanenten Bildungen innerhalb dieser Person«, zudem durch die Abwehrlehre und damit durch die Konzeption unbewusster Anteile des Ichs. Freud zeichnet damit den Weg in spätere Auffassungen vom Ich und, über das Konzept der Ich-Funktionen, letztlich auch zeitgenössische Struktur-Modelle in der Psychoanalyse vor.

Rudolf (2010, S. 8) definiert das klassische psychoanalytische Strukturkonzept über die Vermittlung, die das Ich »zwischen den Triebimpulsen des Unbewussten und den Gewissensforderungen des Über-Ichs« ausübe (die Außenwelt wäre noch hinzuzufügen). Gebildet werde es, wie das Über-Ich, als »Niederschlag der Objektbeziehungen in der Kindheit«, zu einer Störung komme es, wenn konflikthafte Beziehungserfahrungen »unbewusst gestaute Impulse und Affekte« hinterlassen, welche die Abwehrtätigkeit des Ichs in Gang setzen. Als Folge würden »Abwehrmuster« aufgrund der »Konfliktspannung« das Erleben prägen, zur Symptombildung komme es bei einer Labilisierung der Abwehr in einer Versuchungs-/Versagungssituation. Struktur wird also von Rudolf bei Freud konsequent als konflikttheoretisch und von den Resultaten der Abwehr her gedacht (und weniger als Bezeichnung für die Ich-Funktionen).

5.1.2 W.R.D. Fairbairn: Endopsychische Struktur

Fairbairn (1944) formuliert als grundlegende Kritik an der Freud'schen Theorie (die er damit gleichwohl mitnichten zurückweist), dass die Libido nicht nach Lustgewinn/Befriedigung strebe, sondern nach dem Objekt. Das ist eine Akzentverschiebung: Libido ist immer schon »auf der Suche« nach einem Objekt, also nach Besetzung, das ist der Antrieb, nicht die Abfuhr von Libido und damit die Entlastung von hohen Reizintensitäten. Daher kann er konstatieren: »Auf welche Weise ein Individuum Triebspannung abführt, ist […] ein Problem der Objektbeziehungen« (a.a.O., S. 121). Fairbairn entwickelt davon ausgehend eine Auffassung von »dynamischen Strukturen« (vgl. Storck 2020b) und zeichnet so vor, wie dem Konkretismus von Strukturkonzeptionen entgangen werden kann.

Freud habe, so Fairbairn (1944, S. 162ff.), zwei strukturelle und zwei dynamische Faktoren beschrieben. Ich und Über-Ich würden als (gebildete) Strukturen verstanden, das Es hingegen als eine »Quelle strukturloser Energie« (a.a.O., S. 165), mit Libido und Aggression als zwei Formen und damit als zwei dynamische Faktoren. Anders als Freud, der Struktur und Dynamik weitgehend getrennt beschreibt, will Fairbairn dies nun in Form dynamischer Strukturen zusammenführen, statt Strukturen als etwas Statisches zu begreifen.

Fairbairn verfasst seine wichtigsten Arbeiten in den 1940er Jahren. Darin betont er die Bedeutung des (verinnerlichten) Beziehungserlebens sowie die Verbindung des »Ichs« mit psychischen Objekten (vgl. a. Storck 2019b, S. 89ff.). In Schottland lebend ist er relativ isoliert von der britischen, auf London zentrierten psychoanalytischen »Szene« dieser Zeit. Seine Arbeiten haben Kohuts Selbstpsychologie ebenso beeinflusst wie Kernbergs Objektbeziehungstheorie, einige Gemeinsamkeiten gibt es zum Ansatz Kleins und auch die unter anderen mit Mitchell in Verbindung gebrachte Richtung der relationalen Psychoanalyse verdankt ihm wichtige Impulse.

In seiner Arbeit »Darstellung der endopsychischen Struktur auf der Grundlage der Objektbeziehungspsychologie« (Fairbairn, 1944), die als »eines der intellektuellen Highlights« in der Psychoanalyse der 1940er Jahre bezeichnet worden ist (McQuillan, 2019, S. 557; Übers. TS), entwickelt Fairbairn den Gedanken dynamischer Strukturen (dabei ist zu beachten, dass in Fairbairns »Ego«-Konzeption sowohl Anteile von Ich-Funktionen als auch Anteile der Selbstrepräsentanz enthalten sind). Er nimmt an, dass Ich-Anteile Objekt-Anteile affektiv besetzen und dadurch mit diesen verbunden sind und bleiben. Jede Art von Selbsterleben, jeder affektive Zustand ist mit der Vorstellung eines In-Beziehung-Zu verbunden, ebenso wie umgekehrt die Repräsentation Anderer als eine Repräsentation Anderer-in-Beziehung-zu-mir wirksam wird. Eine Dynamik der Objektbeziehungen und der »inneren« Objekte entsteht durch Prozesse der Internalisierung, Spaltung und Verdrängung des Objekts, die nötig werden, wenn beziehungsweise insofern das Objekt übermäßig erregend und/oder frustrierend, zurückweisend ist. Wird ein Teil des Objekts verdrängt, resultieren Spaltungszustände. Wird gespalten, bleibt der Umstand der vollzogenen Spaltung verdrängt. Durch die Verbundenheit von Ich und Objekt (in der Terminologie Fairbairns) unterliegen die Ich-Zustände ebenfalls Spaltung und Verdrängung. Die Spaltung des Objekts führt zu einer Spaltung des »zentralen Ichs« in verschiedene »Neben-Ichs«, die von Fairbairn als »libidinöses Ich« und »innerer Saboteur« (bzw. antilibidinöses Ich) genannt werden. Dabei erfolgt eine Besetzung von »Strukturen durch Strukturen«: Der »innerer Saboteur« etwa besetzt das »erregende Objekt« mit Aggression, damit aber auch das libidinöse Ich, mit dem dieses verbunden ist. Das hat zur Folge, dass die Wirkung der Spaltung dasjenige verstärkt, wodurch die Spaltung motiviert war, nämlich die Unerträglichkeit übermäßiger Erregung libidinöser Art oder die Erfahrung von (aggressiver) Zurückweisung.

Das »zentrale Ich« wird in Korrespondenz mit den Abwehrvorgängen, welche das Objekt betreffen, ebenso gespalten und verdrängt, als dynamische Struktur wirken die Neben-Ichs dann aufeinander, denn auch nach der Verdrängung besetzen Strukturen einander weiterhin; so versucht etwa der »innere Saboteur« die positive Verbindung zum Objekt zu zerstören.

Im vorliegenden Zusammenhang ist im Zusammenhang der Auffassung von dynamischen Strukturen besonders relevant, dass sich dadurch ein besonderes Zusammentreffen von Aspekten ergibt, die gewöhnlich unter »Ich«, und solchen, die gewöhnlich unter »Selbst« firmieren (wenn es um besetzende und besetzte Strukturen geht). Insofern erscheint es verkürzt, wenn etwa Scharff (2006, S. 22f.) die Ansicht vertritt, in der Rezeption von Fairbairns Werk, in dem durchgängig von Ich/Ego die Rede ist, sei aus heutiger Perspektive »Ich« durch »Selbst« zu ersetzen. Denn die Stärke des Ansatzes Fairbairns sowie dessen Komplexität liegen ja gerade darin, dass Funktion (Ich) und Repräsentation (Selbst) zusammengebracht und auf diese Weise wichtige Hinweise auf die nötige Dynamik in Konzeptionen von Struktur gegeben werden.

Weiterführungen finden sich in Kleins Auffassungen zur paranoid-schizoiden Position (in Teilen eine psychoanalysegeschichtliche Parallelentwicklung), in Kernbergs Konzeption von Selbst-Objekt-Affekt-Triaden beziehungsweise den zugrundeliegenden Spaltungszuständen und -prozessen oder in ganz allgemeiner Hinsicht im Primat der Beziehungsorientierung bei Mitchell und anderen.

5.1.3 J. Lacan: Strukturale Psychoanalyse

Auch wenn Lacan sich zumindest ambivalent gegenüber einer Zuordnung seiner »strukturalen« Psychoanalyse zur geistesgeschichtlichen Strömung des Strukturalismus gezeigt hat, sind doch für das Verständnis seiner Auffassungen einige weitere Bemerkungen zu diesem nützlich. Der Strukturalismus hat sein Zentrum vor allem im Frankreich der 1950er Jahre, im Folgejahrzehnt wurde er zu einer Art »Moderichtung« der intellektuellen Szene. Als Hintergründe sind zum einen die Linguistik zu nennen, hier insbesondere die Arbeiten de Saussures zur Arbitrarität der Zeichen (gemeint ist, dass sich den wenigsten Referenten einer sprachlichen Bezeichnung »ablesen« lässt, wie sie benannt werden; Ausnahmen sind etwa »Barbar« oder »Kuckuck«). Wichtig ist hier außerdem die Terminologie von Signifikant (Zeichen) und Signifikat (Bezeichnetem). Außerdem sind die Überlegungen Jakobsons (dessen Antrittsvorlesung den sprechenden Titel »Six leçons sur le son et le sens« trägt) zu Metapher und Metonymie relevant, als zwei Arten der Verbindung zwischen Zeichen. Neben der Linguistik beruht der Strukturalismus auf der Ethnologie (beziehungsweise findet er dort seine Wurzeln), was insbesondere in Lévi-Strauss' (1949) *Die elementaren*

Strukturen der Verwandtschaft deutlich wird. Darin erfolgt eine kulturwissenschaftliche Entbiologisierung des Inzestverbots (es ist vor allem *sozial* »sinnvoll«, Heiratsbeziehungen außerhalb der eigenen sozialen Gruppe im engeren Sinn einzugehen) und eine Beschreibung sozialer Ordnungen am Beispiel der Zeichen (s. o. zur Kennzeichnung einer Person als »Onkel« o. ä.). Strukturen sind hier Verhältnisse, die Beziehungen von Elementen zueinander.

Das wird in erster Linie verstehbar in Abgrenzung zu Vorstellungen von Substanz, Essenz oder Naturalismus, es geht um ein dynamisches und historisches Verständnis von Struktur, das sich nicht zuletzt über die Praxis bestimmt: Was ein (sprachliches) Zeichen bedeutet, bemisst sich an seinem Gebrauch, für soziale Ordnungen sind die Beziehungen der Mitglieder zueinander konstitutiv.

In Kapitel 3.3.1 ist der Ansatz Lacans bereits im Hinblick auf das Spiegelstadium und die entsprechende Konzeption des Ichs zum Thema geworden (▶ Kap. 3.3.1). Struktural-psychoanalytisch betrachtet ist die Perspektive auf das Subjekt als sub-iectum, als Unterworfenes, zentral. Unterworfen ist das Subjekt der Sprache, mit der es in der Welt unweigerlich konfrontiert ist. Es ist für Lacan ein parle-être, ein Sprach-Sein oder Sprech-Wesen. Vor diesem Hintergrund sind Bemerkungen Lacans zu verstehen wie »Ein Signifikant, das ist, was das Subjekt repräsentiert für einen anderen Signifikanten« (Lacan, 1966c, S. 357). Damit ist gemeint, dass sich das Subjekt aus dem Verhältnis der Signifikanten zueinander bestimmt, und dass für Bedeutung weniger die Zuordnung eines Zeichens zum Bezeichneten das Entscheidende ist, sondern die Zeichen-Beziehungen. Aus der Sicht von Evans (1996, S. 287) ist es ein »wichtiger Punkt in Lacans Werk«, »daß das, wodurch das Subjekt bestimmt ist, nicht ein vermutetes ›Wesen‹ ist, sondern allein seine Position zu anderen Subjekten und anderen Signifikanten«. Dies wird ferner deutlich in der Bedeutung, die Lacan der Erzählung »Der entwendete Brief« von Edgar Allan Poe gibt: Am Beispiel eines Briefs, der von den Figuren in der Erzählung an andere weitergegeben beziehungsweise versteckt und dann gefunden oder nicht gefunden wird, beschreibt er das »Zirkulieren einer Botschaft« – das wird zum Bild für das Subjekt in dessen Konstituierung durch Zeichen, deren Verhältnis wichtig ist und die über das Bezeichnete »gleiten«, also in Bewegung sind. Konkret taucht der Begriff der Struktur bei Lacan auch im Vortragstitel »Struktur als Einmischen einer Andersheit als Voraussetzung eines Subjekts« (1966b) auf, was unterstreicht, dass Struktur qua Sprach-Effekt immer auch »vom anderen her« kommt und zu denken ist.

Struktur hat im Werk Lacans noch eine weitere Einflussgröße, nämlich die Mathematik, darin besonders die Topologie und Knotentheorie (besonders in den 1970er Jahren; Storck, 2021b). Daraus erwächst die Konzeption des Verhältnisses der drei psychischen Register (Reales, Symbolisches, Imaginäres) als einer mathematisch beschreibbaren Knotenstruktur – präzise formuliert handelt es sich um drei auf borromäische Weise verknotete »triviale« Knoten (also Fadenringe). Das Borromäische daran verweist darauf, dass die Ringe auf eine Weise miteinander verbunden sind, dass die Struktur nicht mehr hält, wenn einer der Ringe zerschnitten wird.

Auf der Grundlage dessen konzipiert Lacan einen vierten Ring, das Symptom/Sinthome, der – in der Psychose – erst dafür sorgt, dass die psychische Struktur hält. Damit ist bereits der Terminus der klinischen »Strukturen« (▶ Tab. 5.1) im Sinne Lacans berührt: Psychose, Neurose und Perversion (vgl. z. B. Fink, 1997; Ruhs, 2010). Damit sind nicht zwangsläufig pathologische Manifestationen gemeint, sondern die Beschreibung der psychischen Struktur. Erst in ihrem »Produkt« entsteht Pathologie.

Tab. 5.1: Klinische Strukturen nach Lacan (zit.n. Ruhs, 2010, S. 48)

Struktur	Prozess	Produkt
Neurose	Verdrängung	Neurotisches Symptom
Psychose	Verwerfung	Halluzination
Perversion	Verleugnung	Fetisch
Sublimierung	Akzeptieren der (symbolischen) Kastration	»Schrift«, Inskription ins Unbewusste

5.1.4 O.F. Kernberg: Persönlichkeitsorganisation

Kernberg widmet sich in erster Linie der Theorie und Behandlungspraxis zum Verständnis schwerer Persönlichkeitsstörungen (vor allem antisoziale, narzisstische oder Borderline-Persönlichkeitsstörung), dabei steht konzeptuell die unintegrierte Aggression im Zentrum (zum Beispiel wie sie sich in der negativen Übertragung zeigt), dabei im Besonderen die Spaltung und Nicht-Integration von Teil-Repräsentanzen. So kann er ein Modell von Selbst-Objekt-Dyaden beziehungsweise Selbst-Objekt-Affekt-Triaden entwickeln. Hier ist entscheidend, dass bei ausbleibender Integration auf der Ebene der Selbst- und Objektrepräsentanzen beziehungsweise bei aufrechterhaltener Spaltung keine »ganzen« Repräsentanzen von Selbst und Objekt erlebt werden, sondern jeweils fragmentierte Teil-Repräsentanzen. Dabei sind, ähnlich wie bei Fairbairn, Teil-Selbst- mit Teil-Objekt-Repräsentanzen verbunden oder gar »verschmolzen«, also untrennbar. Das sind die (Teil-)Selbst-(Teil-)Objekt-Dyaden, zum Beispiel ein unterlegenes, schutzloses Selbst und ein mächtiges, sadistisches Objekt. Da sich in den Dyaden jeweils Fragmente zeigen, Konstellationen, die auch ängstigend sind, kann eine Dyade so ängstigend wirken, dass sie durch eine andere Dyade abgewehrt werden muss. Klinisch imponiert das als rasche Rollenwechsel und Wechsel in den Affektzuständen. Kernberg und andere entwickeln darauf aufbauend die Übertragungsfokussierte Psychotherapie (Yeomans, Clarkin & Kernberg, 2015).

An dieser Stelle soll allerdings die Konzeption der Persönlichkeitsorganisation im Zentrum stehen, weil diese sich im Hinblick auf »moderne« psychoanalytische Strukturkonzepte betrachten lässt. Kernberg (1970) unterscheidet eine niedrige, mittlere und hohe Ebene von Charakterpathologie, zu seinen Zielen auf konzeptueller Ebene gehört es, »die Beziehung zwischen einer charakterologischen Diagnose und einer metapsychologischen, insbesondere strukturellen, Analyse aufzuklären« (a. a. O., S. 800; Übers. TS). Dabei folgt auch er also dem Anliegen, Struktur als etwas dynamisches aufzufassen beziehungsweise eine kategoriale mit einer dimensionalen Betrachtungsweise zu verbinden. Etwas später (Kernberg, 1984) erfolgt eine Einteilung von Persönlichkeitsorganisation in neurotische, Borderline- und psychotische; dabei ist in der

Begriffsverwendung zu beachten, dass die Borderline-Persönlichkeits*organisation* gemäß Kernberg unterschiedliche Störungen umfasst, u. a. die Borderline-Persönlichkeits*störung*. Die Organisationsstufen lassen sich entlang der drei Bereiche (Intaktheit der) Realitätsprüfung, (Grad der) Identitätsintegration und (Reife der) Abwehrmechanismen unterscheiden (▶ Tab. 5.2).

Tab. 5.2: Stufen der Persönlichkeitsorganisation nach Kernberg (zit. n. Thobaben & Soldt, 2007, S. 332)

	Neurotische Organisation	Borderline-Organisation	Psychotische Organisation
Realitätsprüfung	Fähigkeit zur Realitätsprüfung ist erhalten		Fähigkeit zur Realitätsprüfung ist verloren gegangen
Identitätsintegration	Selbst- und Objektvorstellungen sind scharf voneinander abgegrenzt		Selbst- und Objektvorstellungen sind schwach voneinander abgegrenzt
	Integrierte Identität	Identitätsfusion	
Abwehrmechanismen	Abwehrmechanismen höherer Ebene	Hauptsächlich Abwehrmechanismen niederer Ebene	

5.1.5 Struktur in der OPD

Der Begriff von Struktur, wie er in der Operationalisierten Psychodynamischen Diagnostik (OPD) Verwendung findet, ruht auf einigen Vorarbeiten, insbesondere einer Arbeit von Rudolf et al. (1995). Darin wird psychische Struktur definiert als »eine für den Einzelnen typische Potentialität des Erlebens und Verhaltens« (a. a. O., S. 198; s. o. zur Auffassung von Küchenhoff oder Fuchs im Hinblick auf die Potenzialität). Zugänglich wird sie durch »Phänomene, die dadurch sinnvoll erscheinen, daß sie bezüglich ihres Aufbaus, bezüglich der Regeln ihres Funktionierens und ihrer Entstehungsgeschichte erklärt werden können.« (a. a. O., S. 199; s. o. zur nötigen Auffassung von Geschichtlichkeit und Entwicklung) Zwar ist Struktur daher regelhaft, repetitiv und zeitüberdauernd, Erfahrungen schlagen sich in einem persönlichen Stil nieder, aber in einer flexiblen Weise, dahingehend, dass sie das Individuum dazu befähigen, sich intra- und interpsychisch zu orientieren: Es gibt eine »flexible und kreative Verfügbarkeit über Funktionen«. Struktur ist »nicht starr und unveränderlich«, sondern ein »lebenslanger Entwicklungsprozesse«. Sie ist in Entwicklung und Bewegung, allerdings ist ihre »Veränderungsgeschwindigkeit« so langsam, »daß der Eindruck von Konstanz überwiegt« (a.a.O., S.200). In dieser Betrachtung ist Struktur besonders relevant für Modelle von Veränderung durch Psychotherapie (bezüglich der Entwicklung und der »Veränderungsgeschwindigkeit«), weil damit die Frage berührt ist, wie lange Veränderungsprozesse beim Vorliegen struktureller Störungen dauern.

Auch steht die Beziehungsorientierung struktureller Fähigkeiten im Mittelpunkt. Struktur wird verstanden als »die Struktur des Selbst in Beziehung zum Anderen«, als strukturelle Funktionen oder Fähigkeiten werden genannt: Selbstwahrnehmung, Selbststeuerung, Abwehr, Objektwahrnehmung, Kommunikation, Bindung (Rudolf et al., 1995, S.204); diese liegen auf unterschiedlichen Integrationsniveaus beziehungsweise ihnen kommen unterschiedliche Reifegrade zu. Struktur ist laut Rudolf (2002, S.6; Hervorh. aufgeh. TS) daher auch die »Verfügbarkeit über intrapsychische und interpersonelle regulierende Funktionen«.

Strukturelle Funktionen haben drei »Zielrichtungen«: Sie *differenzieren* (etwa im Hinblick auf die Selbst-Objekt-Differenzierung, die Affektdifferenzierung oder Bindung und Loslösung), sie *integrieren* (etwa bezüglich der Objektwahrnehmung, des Selbstbilds oder der objektbezogenen und verstehbaren, voneinander verschiedenen Affekte) und sie *regulieren* (zum Beispiel in Form der Impulssteuerung, der Affekttoleranz, der Selbstwertregulierung, der Kontaktaufnahme und der emotionalen Mitteilung an andere) (a.a.O., S.7). Ziel dieser Strukturkonzeption ist die Entwicklung einer handlungsnahen und erlebnisnahen Operationalisierung und empirischen Untersuchung.

Diese Operationalisierung erfolgt dann in der OPD (vgl. Arbeitskreis OPD, 2006), einem System zur multiaxialen psychodynamischen Diagnostik mit den fünf Achsen Krankheitserleben und Behandlungsvoraussetzungen, Beziehung, Konflikt, Struktur sowie Psychische und Psychosomatische Störungen. Sie wurde seit Beginn der 1990er Jahre entwickelt und umfasst ein manualisiertes Interview-Verfahren (sowie Fragebögen für die Erhebung von Konflikt und Struktur; Benecke et al., 2018; Ehrenthal et al., 2012). In der OPD findet sich eine ähnliche Definition von Struktur: »Struktur bezieht sich auf das Selbst und seine Beziehung zu den Objekten, genauer gesagt, auf die Verfügbarkeit über psychische Funktionen in der Regulierung des Selbst und seiner Beziehung zu den inneren und äußeren Objekten« (Arbeitskreis OPD, 2006, S. 255). Auch hier kommen Aspekte des Selbst und Aspekte des Ichs, gemäß »klassischer« psychoanalytischer Terminologie, zusammen, so dass von einem dynamischen und relationalen Strukturkonzept gesprochen werden kann. Psychische Funktionen spielen eine Rolle und die Vorstellung von Selbst und Anderen. Unter dieser Perspektive werden in der OPD konfliktbedingte und strukturbedingte Anteile der Genese und des Auftretens psychischer Störungen untersucht.

Auf der OPD-Struktur werden acht Bereiche struktureller Fähigkeiten unterschieden, entlang der vier Begriffspaare Selbst- und Objektwahrnehmung, Selbstregulierung und Regulierung des Objektsbezugs, Emotionale Kommunikation nach innen und nach außen, Bindung an innere und äußere Objekte. Alle vier Bereichspaare fächern sich in einzelne Fähigkeiten auf. Durch den Blick auf strukturelle Fähigkeiten wird abgebildet, welche Vermögen an Differenzierung, Integration und Regulation (nicht) zur Verfügung stehen können. Auf der Grundlage dessen, wie von Probanden berichtete Beziehungsepisoden und der Blick auf das Selbst und auf andere aufgebaut sind, kommt man zu einer Einschätzung, die am Ende in ein Struktur-Rating mündet. Dieses bezieht sich auf das strukturelle Integrationsniveau (gut, mäßig, gering oder desintegriert).

Die unterschiedlichen Integrations- beziehungsweise Reife-Niveaus werden beispielsweise anschaulich, wenn man die jeweils benannte zentrale Angst vergleichend betrachtet (vgl. Arbeitskreis OPD, 2006, S. 258). Während diese bei der gut integrierten Struktur darauf bezogen ist, die Liebe/Zuneigung des Objekts zu verlieren und bei der mäßig integrierten Struktur darauf, das geliebte Objekte zu verlieren, geht es bei den weiteren Stufen um noch grundlegendere Ängste, die das »Gefüge« der psychischen Erlebniswelt betreffen. Bei gering integrierter Struktur ist die Angst leitend, dass das Selbst durch Verlust oder durch einen Angriff der schlechten Objektteile zerstört wird, und bei desintegrierter Struktur richtet sich die Angst auf den Selbstverlust, wie er in Verschmelzungs- beziehungsweise Ungetrenntheitszuständen droht.

5.1.6 *personality functioning* im AMPD

Im Alternativen Modell zur Diagnostik von Persönlichkeitsstörungen (AMPD), wie es in den Anhang des DSM-5 aufgenommen worden ist (zur weiteren Forschung), findet sich ein ähnlicher Gedanke wie in den Konzepten von Persönlichkeitsorganisation oder Struktur, hier als »personality functioning« (Überblick bei Zimmermann, Brakemeier & Benecke, 2015). Zur Diagnostik von Persönlichkeitsstörungen wird nun eine Kombination aus dimensionaler und kategorialer Betrachtung vorgeschlagen (vgl. zu den psychodynamischen Grundlagen und Bezügen z. B. Yalch, 2019). Neben weiteren Kriterien (zeitliche und situationsübergreifende Stabilität, Ausschluss einer Erklärung durch Entwicklungsstand oder soziokulturelle Umwelt, Ausschluss des Einflusses von Substanzeinnahme oder medizinischen Krankheitsfaktoren) werden als Kriterium A »Signifikante Beeinträchtigungen in der Funktionsfähigkeit des Selbst und der interpersonalen Beziehungen (›levels‹)« genannt und als Kriterium B eines oder mehrere maladaptive Persönlichkeitsmerkmale (›facets‹). Die Fähigkeitsbereiche von Kriterium A dienen als Skala zur Erfassung des Funktionsniveaus der Persönlichkeit, während die in fünf Domänen organisierten 25 maladaptiven Persönlichkeitsfacetten das Erstellen eines individuellen Profils erlauben, das in Relation zum Profil bei spezifischen Persönlichkeitsstörungen gesetzt werden kann.

Kriterium A hilft zu klären, ob überhaupt eine Persönlichkeitsstörung vorliegt, und falls ja, in welchem Schweregrad, also in welchem Maß der Beeinträchtigung des Funktionsniveaus. Dabei wird davon ausgegangen, dass bei Persönlichkeitsstörung basale adaptive Fähigkeiten beeinträchtig sind, in den vier Bereichen Identität und Selbststeuerung (unter »Selbst« zusammengefasst) sowie Empathie und Nähe (zusammengefasst als »Interpersonale Beziehungen«). Hier ergeben sich einige Übereinstimmungen damit, über welche strukturellen Fähigkeiten Struktur im Rahmen der OPD bestimmt wird. Das Ausmaß der Beeinträchtigung wird auf einer fünfstufigen Skala (0–4) zwischen »keine/geringfügige Beeinträchtigung« und »extreme Beeinträchtigung« eingeschätzt. Grundlage dafür ist eine Liste mit Ankerpunkten, in der jede Fähigkeit auf jedem Funktionsniveau anhand von drei kurzen Textabsätzen beschrieben wird (vgl. a. für einen Fragebogen-Zugang Morey, 2017; vgl. a. Hopwood, Good & Morey, 2018).

Für Kriterium B werden die maladaptiven Persönlichkeitsmerkmale/Facetten hinzugezogen. Diese sind zunächst über die Polaritäten von »Negative Affektivität vs. Emotionale Stabilität«, »Verschlossenheit vs. Extraversion«, »Antagonismus vs. Verträglichkeit«, »Enthemmtheit vs. Gewissenhaftigkeit« und »Psychotizismus vs. Adäquatheit« bestimmt. Diesen Polaritäten werden dann einzelne Merkmale zugeordnet, so beispielsweise der Negativen Affektivität die Ängstlichkeit, aber auch die Feindseligkeit, die wiederum auch Ausdruck des Antagonismus ist (vgl. Zimmermann, Brakemeier & Benecke, 2015, S. 272). Ein individuelles Profil von maladaptiven Persönlichkeitsmerkmalen kann in Relation zu den Profilen für spezifische Persönlichkeitsstörungen gesetzt werden. Letztlich kann dann sowohl gesagt werden, in welchem Schweregrad Beeinträchtigungen des Funktionsniveaus vorliegen, als auch, »wie ähnlich« jemand in Relation zum Profil einer spezifischen Persönlichkeitsstörung ist.

5.2 Strukturdiagnostik

In einem nächsten Schritt kann nun genauer darauf geblickt werden, welche weiteren Möglichkeiten der Strukturdiagnostik es im psychoanalytischen/psychodynamischen Bereich gibt (Zusammenfassung bei Hörz-Sagstetter & Kampe, 2018). Meist geschieht dies in Form von Interviews, da Struktur als solche nicht »beobachtbar« und nur bedingt erfragbar ist, sondern aus Berichten über das Selbst in Beziehung zu den anderen erschlossen wird (Rudolf et al., 1995), beispielsweise im Erfragen von Beziehungsepisoden im Rahmen des OPD-Interviews. Dabei wird das Beziehungserleben auch in der Beziehung zum Interviewer einbezogen. Vereinzelt gibt es Selbstbeurteilungsinstrumente, z. B. IPO (Clarkin et al., 1998; Hörz-Sagstetter et al., 2020). Typische Fragen in Interviews können sein »Wie würden Sie sich als Person beschreiben, sodass ich ein abgerundetes und vollständiges Bild von Ihnen bekomme?« oder »Bitte beschreiben Sie mir, wie Sie in Konfliktsituationen mit anderen umgehen und wie sich Ihre Gefühle für den anderen dann entwickeln« (Hörz-Sagstetter & Kampe, 2018, S. 278).

Zu nennen sind das von Kernberg entwickelte »strukturelle Interview« und dessen Weiterführung zum Strukturierten Interview zur Persönlichkeitsorganisation (STIPO) (Clarkin et al., 2003; Doering, 2004). Darin resultiert eine Strukturdiagnostik grob in einer Einschätzung auf den Ebenen normal; neurotisch 1,2; Borderline 1,2,3; Prädisposition Psychose. Es erfolgt eine Einschätzung in den Bereichen Identität, Objektbeziehungen, (primitive) Abwehrmechanismen, Coping/Rigidität, Aggression, Wertvorstellungen sowie Realitätskontrolle/Wahrnehmungsverzerrungen, und in der Folge ein mehrstufiges Profil für die unterschiedlichen Bereiche. Zum STIPO gibt es mittlerweile eine revidierte Fassung STIPO-R (Clarkin et al., 2015), in kürzerer und praktikabler Form zum Einsatz in Klinik und Forschung, u. a. ergänzt um die Einführung einer Narzissmus-Skala; vgl. außerdem Kampe et al., 2018, zum Vergleich zwischen DSM-5 (Kriterium A des AMPD) und STIPO.

Die Strukturdiagnostik in der OPD erfolgt, wie erwähnt, in erster Linie über das entsprechende Interviewverfahren (vgl. zum Struktur-Fragebogen Ehrenthal et al., 2012), das auch noch der Diagnostik anderer Bereiche beziehungsweise auf anderen Achsen dient. Während die Symptomatik (Grundlage für Achse 5) oder das subjektive Krankheitserleben (Achse 1) direkter erfragt und exploriert werden können, gibt es bei den Einschätzungen hinsichtlich der anderen Achsen stärkere interpretative Anteile, wobei strukturelle Aspekte (zum Beispiel die Möglichkeit, intime Beziehungen eingehen und sich aus diesen wieder lösen zu können) anders als (unbewusste) Konflikte und deren Verarbeitung noch relativ direkt erkundet werden können.

Nun dient die OPD nicht nur der Struktur-Diagnostik und es lässt sich auch hinsichtlich der Beziehungsachse einiges finden, das an die im vorliegenden Rahmen vorgestellten psychoanalytischen Überlegungen anschließt, hier hinsichtlich des Erlebens des Selbst (in Beziehung zu anderen). Anknüpfend an die Konzeption der zyklisch-maladaptiven Muster von Strupp und Binder (1993) ist in der OPD diesbezüglich die Figur einer Art von Vier-Felder-Schema leitend, in dem eine Einschätzung dazu gegeben wird, a) wie der Patient sich selbst (gegenüber anderen) erlebt, b) wie er andere erlebt, c) wie andere ihn erleben und d) wie andere sich in Relation zu ihm erleben. Beispielsweise erlebt jemand sich selbst als allein und schutzlos, andere als übermächtig, was sich darin abbildet, dass andere den Patienten anklammernd erleben und ihm gegenüber »genervt« auf Abstand gehen. Das verstärkt das Selbsterleben des Patienten als schutzlos sowie sein Bedürfnis und seine Form, sich an andere zu wenden – so dass sich ein Kreislauf ergibt, in dem Erwartungen und Reaktionen einander jeweils bestätigen, intensivieren und verfestigen.

Schließlich sind in diesem Zusammenhang noch die Skalen Psychischer Kompetenzen (SPK) (Huber, Klug & Wallerstein, 2006) als ein Mittel der Diagnostik einiger struktureller Bereiche zu nennen oder in basaler Hinsicht die Mentalisierungsfähigkeit (operationalisiert als Reflexive Kompetenz; vgl. außerdem zur Mentalisierungsbasierte Therapie MBT zum Beispiel Taubner, Fonagy & Bateman, 2019), die das Vermögen beschreibt, sich Verhalten als etwas vorzustellen, das von inneren Zuständen getragen ist, also die Fähigkeit, »sich selbst von außen« und »die anderen als innerliche« betrachten können

5.3 Strukturelle Störungen am Beispiel des pathologischen Narzissmus

In allgemeiner Hinsicht lassen sich in der Psychoanalyse drei allgemeine Störungsmodelle unterscheiden, das konfliktbedingte, das strukturbedingte sowie das traumabedingte Modell. Wenn von »strukturellen Störungen« die Rede ist, ist damit eine Form der Ätiopathogenese und Erscheinungsform psychischer Störungen gemeint, die »Persönlichkeit« oder eben Struktur beziehungsweise strukturelle Fähigkeiten betrifft, in der Regel wird dann davon ausgegangen, dass die Störung schwerer ist als zum Beispiel eine »reife«, konfliktbedingt zu denkende Form der Zwangsstörung. Allerdings ist zu beachten, dass auch bei strukturellen Einschränkungen ein konfliktbezogener Blick nützlich sein kann, allerdings geht es dann um basalere Konflikte, etwa zwischen Nähewünschen und Näheängsten. Ebenso ist zu sagen, dass sich strukturelle Beeinträchtigungen nicht einzig als eine Art von Entwicklungsdefizit begreifen lassen, sondern dass es auch eine »funktionelle« Nicht-Verfügbarkeit struktureller Fähigkeiten geben kann, so ist beispielsweise vorstellbar, dass es bedrohlich ist, sich in jemand anders einzufühlen und es deshalb eine entsprechende Hemmung gibt (zum Beispiel wenn die Erfahrung gemacht wurde, »im« Anderen in erster Linie Feindseligkeit zu »finden«).

Bei strukturellen Störungen ist die Symptomatik weniger eng umgrenzt, sondern umfasst mehrere/alle Bereiche des Lebens und Erlebens von Beziehungen und Affekten, so dass von Störungen der »Persönlichkeit«, von Persönlichkeitsstörungen, gesprochen werden kann, in der Regel in einem dimensionalen Verständnis.

Beispielhaft wird im Weiteren die narzisstische Persönlichkeitsstörung beziehungsweise der pathologische Narzissmus betrachtet. Wie bereits erörtert, meint »Narzissmus« in der Psychoanalyse zunächst einmal die triebhaft-affektive Besetzung der Vorstellung vom Selbst. Es ist diskutiert worden, ob es sich dabei um desexualisierte Libido (»Ich-Libido«) handelt oder um eine prinzipiell andere, nicht-libidinöse Besetzung (beispielsweise in der Konzeption Kohuts, ▶ Kap. 4.2). Entwicklungspsychologisch hat der Narzissmus eine Bedeutung für das Erleben von Omnipotenz beziehungsweise Idealisierung (und die Entidealisierung der Eltern-Figuren) und für das sukzessive Anerkennen von Grenzen der eigenen Wirkmacht, zum Beispiel beschrieben als symbolische Kastration (vgl. z. B. Green, 1990). Damit ist dann die mögliche und emotional tolerable psychische Auseinandersetzung mit dem »Beschnittensein« in der eigenen »Potenz« gemeint. Das symbolische Kastriertsein anzuerkennen bedeutet, die Begrenzung dessen anzuerkennen, in dem sich eigene »(Wirk-) Macht« bewegt. Fehlt dies, dann gibt es eine Dynamik von hoher Kränkbarkeit und ein »Makel« an der eigenen Vollkommenheit wird als unerträglich erlebt. Narzissmus ist ein wichtiger Teil psychischer Entwicklung, von pathologischem Narzissmus ist dann zu sprechen, wenn die Beziehung zu den Objekten unter der »Selbstliebe« zu leiden hat, wenn wenig Möglichkeiten zur Selbstliebe, für Stolz oder Zufriedenheit mit sich gegeben sind, oder wenn der Selbstwert an starren Mustern von Vollkommenheit hängt.

In diesem Kontext spielt der Stellenwert von Schuldgefühlen oder Scham eine wichtige Rolle. In Auseinandersetzung mit dem Ansatz Kernbergs zur Persönlichkeitsorganisation kann gesagt werden, dass die Frage der Integrität des Ichs beziehungsweise der Identitätsdiffusion nicht zuletzt die Frage betrifft, als wie integriert oder reif das Über-Ich einzuschätzen ist, also die Frage danach, wie starr und streng innerliche Gebote und Verbote sind, wie die eigene Person innerlich bewertet wird oder auch, wie nachsichtig jemand mit sich selbst umgehen kann. Im Abschnitt zum Ich-Ideal (▶ Kap. 4.1) ist es zudem darum gegangen, als wie groß die »Entfernung« des Real-Selbst zu einem Ideal-Selbst erlebt wird, also wie nah jemand den Idealvorstellungen kommt, die er an sich selbst anlegt. Damit korrespondieren Schuld und Scham, insbesondere Scham und Beschämungsängste können als (abgewehrte) Leitaffekte bei pathologisch-narzisstischen Verläufen und Strukturen angesehen werden (vgl. zur Scham v. a. Wurmser 1998).

Für die narzisstische Persönlichkeitsstörung im engeren Sinn sind unter anderem das Empfinden von Großartigkeit/Privilegiertheit, die Erwartung besonderer Behandlung durch andere oder ein überzogenes Gefühl eigener Wichtigkeit symptomatisch leitend (vgl. für Überblick und Geschichte Levy & Clarkin, 2009). Hinsichtlich allgemeiner Definitionen psychischer Störungen ergibt sich die Besonderheit, dass ein subjektiver Leidensdruck nicht unbedingt (immer) vorherrscht, sondern sich vielleicht erst sekundär durch das soziale Umfeld ergibt, das unter den Symptomen mehr leidet als der Betroffene. Auch ist vorstellbar, dass jemand mit den Symptomen einer narzisstischen Persönlichkeitsstörung leichter eine »Nische« findet, in der die damit einhergehenden Persönlichkeitszüge weniger störend sind, sondern unter Umständen zumindest in frühen Stufen Anerkennung und Erfolg mit sich bringen (es ist also nicht unbedingt das Merkmal einer Versehrtheit im Zusammenhang der psychischen Störung gegeben). Zu den Merkmalen rechnet Kernberg (Akhtar, 2009, S. 236f.) zudem außergewöhnliche soziale (z. B. berufliche) Erfolge, Schwierigkeiten, eine länger dauernde Beziehung aufrechtzuerhalten und unspezifische Manifestationen einer Ich-Schwäche (bzw. Identitätsdiffusion).

> Die TV-Serie *Game of Thrones* thematisiert den Kampf um den Thron der mittelalterlich angelegten Welt von Westeros. Nach vielen Kämpfen und Allianzen und zahlreichen Auseinandersetzungen über die Legitimität von Herrschaft (begründet über das Geburtsrecht, die Beliebtheit unter der Bevölkerung, die militärische Stärke, politisch-taktisches Geschick u. a.) hat eine Armee um Daenerys Targaryen und ihren Neffen (und Liebhaber) Jon Snow den Sieg errungen, aber in einer unverhältnismäßig gewaltvollen Weise, so dass in einer finalen Schlacht die zuvor von einem verfeindeten Lager besetzte Hauptstadt fast vollkommen zerstört worden ist. Dabei sind die meisten Figuren von der Destruktivität und Rachsucht Daenerys' schockiert, Jon sucht sie in der ehemaligen Thronhalle auf (»The iron throne«, 2019), die nun zerstört ist und inmitten von Schnee und Rauch liegt. Jon sagt, er habe in den Straßen gesehen, wie Gefangene exekutiert würden, und gehört, dass das auf Daenerys' Befehl geschehe. Sie sagt, das sei nötig. Jon ruft verzweifelt aus, dass in den Straßen während des Angriffs kleine Kinder verbrannt seien, und Daenerys erwidert, die bisherige Königin Cersei habe deren Unschuld als Waffe beziehungsweise Schutzschild benutzt. Jon bittet sie, ihrem ehemaligen Berater zu verzeihen, ebenso wie ihren Feinden, sie könne ihnen vergeben und sie einsehen lassen, dass sie einen Fehler gemacht hatten. Sie erwidert: »Wir können uns nicht hinter kleinen Akten der Gnade verstecken. Die Welt, die wir brauchen, wird nicht von den Männern aufgebaut, die der bisherigen Welt gegenüber loyal waren.« Jon sagt: »Die Welt, die wir brauchen, ist eine der Gnade. Sie muss es sein.« Daenerys erwidert, dass es schwer sei, etwas zu sehen, was noch nie da gewesen sei, aber es werde eine gute Welt sein. Jon fragt nach, woher sie das wissen könne. Sie sagt: »Weil ich weiß, was gut ist.« Er fragt nach, was mit all den anderen

5.3 Strukturelle Störungen am Beispiel des pathologischen Narzissmus

> sei, die etwas für gut hielten, und sie antwortet: »Sie werden es sich nicht aussuchen können.«

Bei aller Vorsicht gegenüber einer Diagnostik von psychischen Störungen bei fiktionalen Figuren (und noch dazu ohne diagnostisches Instrument) kann doch gesagt werden, dass sich in dieser Sequenz einige Merkmale des pathologischen Narzissmus finden lassen. Daenerys schließt die Möglichkeit von Gnade oder Vergebung aus, in ihr herrscht ein Rachebedürfnis oder gar eine Vorstellung des Rechts auf Rache oder der Legitimation von Kriegsverbrechen als Beantwortung der Handlungen anderer. Es gibt Misstrauen allen gegenüber, als lebte sie in einer Welt, die weiterhin aus Feinden besteht. Sie zeigt Grandiosität und Einzigartigkeit sowie die Überzeugung, eine besondere Behandlung zu verdienen. In ihren Rachehandlungen zeigt sich unintegrierte Aggression. Andere Merkmale des pathologischen Narzissmus, etwa das Führen ausbeuterischer Beziehungen, sind weniger zu sehen.

5.3.1 Im Ansatz O.F. Kernbergs

Einen allgemeinen Überblick über konzeptuelle Entwicklungen zur narzisstischen Persönlichkeitsstörung legt beispielsweise H.P. Hartmann (2009) vor. Kernberg (2009a, S. 264ff.) stellt in seinem Ansatz hinsichtlich der Psychodynamik die pathologische Selbstliebe, die pathologische Objektliebe und das pathologische Über-Ich in den Mittelpunkt. Zur pathologischen Selbstliebe rechnet er das Gefühl von Grandiosität (und abgewehrter Minderwertigkeit) und die damit verbundene Abhängigkeit von der selbstverständlichen Bewunderung durch Andere. Das Gefühlsleben wird als oberflächlich charakterisiert. Unter der pathologischen Objektliebe versteht er das Vorherrschen exzessiven Neids und dessen Abwehr durch Entwertung, Verachtung oder ein fehlendes Interesse am Anderen. Ausbeuterische Beziehungen und Gier stehen im Zentrum, Idealisierung und Entwertung herrschen vor, es gibt, salopp formuliert, nur Idole oder Idioten (beziehungsweise Feinde.). Als Wirkung des pathologischen Über-Ichs kommt es zu einer Unfähigkeit, differenzierte, »depressive« Zustände (im Sinne Kleins) zu erleben, stattdessen gibt es schwere Stimmungsschwankungen (vor allem angesichts fehlgeschlagener grandioser Ziele, deren Nicht-Erreichen nicht betrauert werden kann). Das Selbstwerterleben orientiert sich entlang von Scham statt Schuld und jemand hängt »infantilen Werten« an, die Selbstwert und Stolz schützen sollen.

Es gibt aus Sicht Kernbergs zwar eine basale Trennung zwischen Selbst und Objekt, andernfalls könnte ein »grandioses Selbst« nicht wirksam sein, aber die Repräsentanzen sind fragmentiert (auf diese Weise unterscheidet Kernberg die narzisstische von der Borderline-Persönlichkeitsstörung). Leitend ist die Identitätsdiffusion, die durch die Grandiosität ausgefüllt und abgewehrt werden soll. Großartigkeit ist die einzige Möglichkeit, dem Selbst eine Kontur zu geben. Ein Gefühl der Leere und des Alleine-Seins herrscht ebenso vor wie ein Gefühl von Bedeutungslosigkeit und es gibt einen »Reizhunger« bei einer relativ guten Realitätsangepasstheit. Oft sind Betroffene relativ gut in berufliche oder soziale Strukturen eingepasst beziehungsweise haben diese passend zu ihrem Persönlichkeitsstil gewählt.

Hinsichtlich der Ätiopathogenese schreibt Kernberg (1975, S. 264ff.), dass oftmals die Eltern kalt und abwesend seien, aber dem Kind gegenüber Bewunderung zeigen. Es bilde sich ein pathologisches Größen-Selbst als eine Verschmelzung aus Idealselbst-, Realselbst- und Idealobjektrepräsentanzen heraus. Statt einer Integration von guten und schlechten Anteilen des Selbst und der Objekte werde alles Gute und alles Schlechte jeweils miteinander verbunden, es sind also Teile des Selbst und Teile des Objekts entlang der Linie »nur gut« oder »nur schlecht« miteinander verbunden. Entwertete Anteile von Selbst und Objekt(en) werden abgespalten, dissoziiert oder projiziert. Insgesamt kann man von »primitiven« Objektbeziehungen sprechen, diese sind nicht-integrierter Art und auf enge Muster eingeschränkt.

»Gute« Objektanteile gehen ins Größenselbst ein, zugleich bildet sich die Über-Ich-Pathologie angesichts der unintegrierten »schlechten« Objektanteile aus, das Über-Ich ist von abgespaltener Aggression geprägt und zeigt sich a) in archaischer, strafender Weise (als Resultat und Verstärkung der paranoiden Projektionen) und b) ohne Spannung beziehungsweise Distanz zwischen Realselbst und Idealselbst (beide fallen zusammen und rufen das Grandiositätsgefühl hervor). Fehlende Integration beziehungsweise die Identitätsdiffusion werden durch Spaltung aufrechterhalten, fragmentierte Teile werden zu Abwehrzwecken miteinander verschmolzen (Abwehr der Identitätsdiffusion durch Verschmelzung von Realselbst, Idealselbst und guten Objektanteilen mit der Folge der Grandiosität).

Während bei Kernberg hinsichtlich der narzisstischen Persönlichkeitsstörung also die Über-Ich-Pathologie im Zentrum steht und die Figur der Verschmelzung aus Teil-Selbst- und Teil-Objekt-Repräsentanzen (vor allem zum Umgang mit der Identitätsdiffusion), orientiert sich die Konzeption Kohuts an nicht-spiegelnden Selbstobjekterfahrungen, so dass sich eine fehlende Selbstkohärenz verfestigt und die Symptome als Versuch zu begreifen sind, diese auszugleichen. Infantiles Größen-Selbst und idealisierte Eltern-Imago können nicht im Sinne realitätsgerechterer Vorstellungen integriert beziehungsweise erweitert werden.

5.3.2 Zur Therapie struktureller Störungen

Betrachtet man die Therapie struktureller Störungen, so stehen einige modifizierte Formen der psychoanalytischen/psychodynamischen Therapie im Zentrum, so die strukturbezogene Psychotherapie (Rudolf, 2012), die Übertragungsfokussierte Therapie TFP (Clarin, Kernberg & Yeomans, 2015) oder die Mentalisierungsbasiere Therapie MBT (Taubner, Fonagy & Bateman, 2019). Allgemein kann man sagen, dass in diesen Ansätzen dem Gedanken gefolgt wird, ein strukturbildendes mit einem strukturdynamischen Vorgehen zu verbinden (Benecke, 2014).

Auf diese Weise sollen zunächst die Bedingungen für psychische Veränderungen geschaffen werden, zum Beispiel durch die Begrenzung des destruktiven Agierens (vor allem in der TFP ausformuliert) oder die Orientierung an einer »mittleren« Affektbeteiligung (besonders in der MBT). Es werden Prozesse der Symbolisierung oder Mentalisierung gefördert, mit dem Ziel, abgespaltene Vorstellungen und Affekte repräsentieren und integrieren zu können. In der Regel geht man dabei davon aus, dass zunächst interpersonell eine (strukturelle) Funktion »gefunden« wird (beispielsweise die Toleranz für problematische Affekte, deren Regulierung und Differenzierung oder auch die Anregung zum Mentalisieren), die dann im Verlauf einer Behandlung zunehmend internalisiert wird, so dass auch ohne die Unterstützung des Therapeuten darauf zurückgegriffen werden kann. Es erfolgt weniger eine Internalisierung von Objekten oder von Beziehungen, sondern von strukturellen Fähigkeiten des Selbst in Beziehung zu anderen.

In einer Arbeit mit dem Titel »Der nahezu unbehandelbare narzisstische Patient« benennt Kernberg (2009b) als besondere Herausforderungen

- den Umgang mit der negativen Übertragung;
- die Unfähigkeit des Patienten zur reifen Abhängigkeit;
- Misstrauen und Rivalität;
- den Einsatz omnipotenter Kontrolle über den Analytiker (als einer »Deutungsmaschine«);
- Idealisierung und Entwertung sowie den Wechsel zwischen beiden;
- Neid;
- das Auftreten negativer therapeutischer Reaktionen;
- die Projektion strafender Über-Ich-Aspekte auf den Analytiker;
- sowie Selbstdestruktivität oder Suizidalität.

Der von Kernberg mitentwickelte therapeutische Ansatz der Übertragungsfokussierten Psychotherapie TFP (Überblick auch bei Doering, 2016) orientiert sich in der Konsequenz an der Entfaltung der Selbst-Objekt-Dyaden in der (negativen) Übertragung, worunter die Folge des Zusammenspiels von Abspaltung beziehungsweise Aufrechterhalten von Spaltungszuständen und fehlender Integration mit der Verschmelzung von Selbst- und Objektanteilen verstanden wird. Als »strategische Prinzipien« der TFP werden das Definieren der dominanten Objektbeziehungen, das Beobachten und Deuten der Rollenwechsel seitens des Patienten, das Beobachten und Deuten der Zusammenhänge zwischen einander abwehrenden Objektbeziehungsdyaden sowie das Integrieren der abgespaltenen Teil-Objekte und Teil-Selbst-Aspekte benannt. Das »taktische Vorgehen« dabei ist die Auswahl eines Hauptthemas unter Berücksichtigung von Notfallsituationen und alltäglichen Situationen, der Schutz des therapeutischen Rahmens beziehungsweise das Setzen von Grenzen sowie die Aufrechterhaltung der technischen Neutralität und der Grenzen ihrer Anwendung. Erst vor diesem Hintergrund erfolgt die Arbeit mit Konfrontation, Klärung und Deutung, dabei erhalten die negative Übertragung und die unintegrierte Aggression (auch zur Entlastung des strafenden Über-Ichs) einen besonderen Stellenwert. Das taktische Vorgehen setzt sich daher stufenweise fort in Richtung

- Intervenieren auf der Grundlage einer gemeinsam geteilten Realität, ehe subjektive Verzerrungen der Realität gedeutet werden;
- Analyse sowohl der positiven als auch der negativen Aspekte der Übertragung;
- systematische Analyse primitiver Abwehrmechanismen in der Übertragung sowie
- kontinuierliche Beachtung der Gegenübertragung und Integration der hieraus gewonnenen Erkenntnisse in den Deutungsprozess.

5.4 Fallbeispiel Herr P., Teil 4

Die fiktive Behandlung von Herrn P. ist bereits unter einer vorrangig Freud'schen, einer ichpsychologischen sowie einer selbstpsychologischen Perspektive betrachtet worden. Unter strukturbezogenen Gesichtspunkten könnte ein OPD-Interview mit Herrn P. neben einem womöglich leitenden Selbstwert-Konflikt Einschränkungen in den strukturellen Bereichen Identität, Impulssteuerung, Selbstwertregulierung, Interessenausgleich, Antizipation, Introjekte nutzen oder Hilfe annehmen zeigen, also vor allem Einschränkungen in den Bereichen Selbstregulierung und Regulierung des Objektbezugs sowie Bindung an innere und äußere Objekte. Vermutlich kann man am ehesten sagen, dass Herr P. sich in einem mäßig integrierten Strukturniveau bewegt, wobei jedoch Delinquenz und Autodestruktivität in ihrem Ausdruck struktureller Belastung nicht zu unterschätzen sind.

In der aktuellen Phase der Behandlung nehmen seine Ängste zu und damit auch die Auseinandersetzung mit der Frage, was an ihnen paranoid, was substanzinduziert und was realitätsgerecht ist. Thema der Analyse bleibt Herr W. als ambivalente Vaterfigur, mit der unerfüllte Sehnsüchte verbunden sind, die Herrn P. dazu führen, sich nicht abgrenzen zu können. Sein Ärger auf seinen Vater, Herrn W. oder den Analytiker wird spürbarer, die negative Übertragung tritt ins Zentrum und kann bearbeitet werden, wechselt sich aber mit Selbstabwertungen ab. In dieser Phase berichtet Herr P. einen Traum (»Full measure«, 2010):

Irgendwie war es so, dass jemand Herrn W. bedroht. Oder umbringen will oder so. Und irgendwie sagt er denen dann, er liefert mich an sie aus, damit sie ihn in Ruhe lassen. Die waren auch hinter mir her und er wollte mein Versteck verraten. Aber dann ruft er mich an und sagt, ich soll jemanden umbringen, dann lassen sie ihn am Leben. Wenn ich einen anderen aus dem Weg räume, dann überlebt er. Keine Ahnung. Und es war dann auch klar, bei dem Anruf, was ich machen soll, zu welcher Adresse ich fahren muss. Ich war auf Crystal und hatte eine Waffe. Ich bin da angekommen und es war irgendwie so ein totaler Nerd, aber harmlos. Der hat mir freundlich die Tür aufgemacht, es lief Kindermusik und er hatte sich gerade einen Tee gekocht. Da habe ich ihm dann schon die entsicherte Pistole vor den Kopf gehalten. Es war wirklich schrecklich, er hat so richtig gefleht und ich wollte es auch nicht tun, aber ich musste irgendwie. Ich habe abgedrückt. Und dann bin ich aufgewacht.

P: (Herr P.) (schweigt etwas) Pfff, das war jedenfalls krass.
A: (Analytiker) (schweigt)
P: Am krassesten war das Gefühl, dass ich abdrücke. Dass ich den Typen da wirklich abknalle. Da spielte irgendwie Kindermusik und der war ganz … ich weiß nicht, irgendwie lieb und schwach. Oder verletzlich. Der hätte mir nie was getan, aber ich habe trotzdem abgedrückt. – Die schlimmen Typen waren eigentlich die anderen: die Männer bei Herrn W. – Und Herr W. selbst. Eigentlich war ich vielleicht auf die wütend. Aber ich hatte auch Angst. Vor dem Typen, den ich erschossen habe, halt nicht.
A: Wen haben Sie denn erschossen?

P: Hm. (Pause) Das Gefühl war, ich muss den loswerden. Sonst bin ich dran. Ich musste gar nicht nachdenken – Herr W. ruft mich an und ich laufe direkt los. Und so: Wenn ich den nicht abknalle, dann kommen sie und holen mich.

A: Sie fühlen sich unter Druck. Dann erschießen Sie den schwachen Teil in sich, damit die schlimmen Teile in ihnen gnädig sind?

P: (schweigt) Weiß ich jetzt nicht. Ich denke gerade, dass ich ja lieber Herrn W. loswerden will. Nicht den ungefährlichen Typen, der sich einen Tee kocht und keinem was tut. Herr W. – der soll weg sein, aus dem Weg. Aber vor dem habe ich halt auch mehr Angst. Der schießt zurück.

A: Es scheint einen permanenten Wechsel zu geben, wer am Abzug sitzt. Auch im Traum. Erst ist das Leben von Herrn W. bedroht, dann ihres, dann das des Mannes mit dem Tee. So als würde die Waffe von Hand zu Hand gehen. Und Sie wechseln die Seiten.

P: Jeder kämpft ums Überleben. Ich würde gern sagen können, ich will damit nichts zu tun haben. Mich da irgendwie rausretten, ohne dass ich wen abknalle.

A: Sie möchten sich abgrenzen, aber dafür darf es nicht knallen.

P: Ach, Sie wieder! (Pause)

A: Ich wieder?

P: Ja! (Pause)

A: Was ist denn mit mir? Auf welcher Seite der Waffe stehe ich?

P: Ach, Mann. Sie sind eher so der Waffenhändler. Keine Ahnung. Sie, die Analyse, geben mir eine Waffe in die Hand. Das sagen Sie doch immer – ich darf mich nicht davor drücken, mich abzugrenzen, auch wenn ich dafür jemanden zeigen muss, dass ich wütend bin.

A: Sie scheinen jetzt grad auch wütend auf mich zu sein. Vielleicht geht es auch darum, wann Sie mich abknallen möchten, obwohl ich Kindermusik spiele oder einen Tee mit ihnen trinke.

P: Ja? Und dann? Sie meinen, wenn ich Sie los bin, dann ist es mit Herrn W. nicht so gefährlich für mich?

A: Vielleicht gibt es ja auch verschiedene Ebenen, wie Sie mich und unsere Arbeit erleben. Mal setze ich Ihnen die Waffe auf die Brust... mal wollen Sie mich abknallen, damit Sie nicht dort hinsehen müssen, wo es gefährlich ist.... mal bin ich vielleicht auch wie Herr W., von dem Sie denken, dass er seine eigene Haut retten will und Sie dafür den Preis zahlen... Und mal wollen Sie mich schützen, vor Ihrer Destruktivität.

P: Das ist jetzt aber ganz schon viel.
A: Ja.

Wird zur Therapie von strukturellen Störungen (wobei abzuwägen wäre, ob man im Fall von Herrn P. von einer solchen ausgehen könnte) die Übertragungsfokussierte Psychotherapie eingesetzt, steht das Durcharbeiten der negativen Übertragung im Zentrum, die Traumsequenzen und die Gewalt darin würden (auch) im Hinblick auf die Aggression, wie sie in die Übertragung tritt, betrachtet und integriert. Die wechselnde Bedrohtheit des Lebens, die Waffe in den Händen unterschiedlicher Figuren könnten helfen, wechselnde Selbst-Objekt-Dyaden zu verstehen: Auf welcher Seite des Abzugs ist das Selbst?

6 Ich und Selbst interdisziplinär

Im vorliegenden Abschnitt zu den interdisziplinären und schulenübergreifenden Überlegungen zum Ich und zum Selbst wird es zunächst um einige ausschnittsartige Überlegungen dazu gehen, wie Ich und Selbst in der Neurobiologie zum Thema werden, bevor als ein thematischer Bereich der Philosophie des Selbst die Selbsttäuschungen herausgegriffen werden sowie eine knappe Darstellung der Berührungspunkte zur Persönlichkeitspsychologie erfolgt. Der Erörterung der Verwendungen von Ich und Selbst in anderen psychotherapeutischen Verfahren werden drei Überlegungen vorangestellt: zunächst ein Nachtrag in Form von Winnicotts Konzept eines falschen Selbst, dann Gedanken zu selbstschädigendem Verhalten sowie zur dissoziativen Identitätsstörung. Alle drei Bereiche berühren die Störungen beziehungsweise die »Pathologie« des Selbst. Im Anschluss daran erfolgen skizzenhafte Erörterungen zu Ich und Selbst in der (kognitiven) Verhaltenstherapie, der systemischen Therapie sowie der Gesprächspsychotherapie.

6.1 Ich und Selbst in anderen wissenschaftlichen Denkrichtungen

Einmal mehr kann die TV-Serie *Westworld* einen Einblick ermöglichen. Die bereits oben erwähnte Maeve, ein »host« in Westworld, die zunehmend ein Gewahrsein des eigenen »Programmiert-Seins« entwickelt, führt den Dialog mit dem Techniker Felix und einem seiner Kollegen weiter (»The Adversary«) und sieht dabei auf dem mit ihr verbundenen Steuerungstablet eine Darstellung (ein Circumplex-Modell) ihrer Persönlichkeitseigenschaften, sie fragt: »Also, das bin ich?« Die anderen erläutern ihr: »Das ist eine Matrix deiner Attribute auf einer 20-stufigen Skala.« Als Beispiel wird »Koordination« genannt, irgendwo zwischen tollpatschig (5) und athletisch (15). Außerdem gebe es u. a. Empathie, Offenheit oder Charme (da habe Maeve eine 18) sowie Mut und Loyalität. Maeve fragt nach zu »bulk apperception« und erhält die Antwort, dass das so etwas sei wie die allgemeine Intelligenz. Da habe Maeve eine 14, denn sie übe ja (im Bordell) eine Leitungsfunktion aus; allerdings sei 14 die Obergrenze, die ein »host« erhalte. Maeve sagt dann: »Ich möchte ein paar Änderungen vornehmen.« und bringt die Techniker dazu, ihr dabei zu helfen...

Hier werden gängige Modelle aufgriffen, wie Persönlichkeit über eine Zusammenstellung von Eigenschaften in unterschiedlicher Ausprägung gedacht und dann in ein Modell Künstlicher Intelligenz überführt werden kann. Was Maeve machen möchte, nämlich ihre Persönlichkeitseigenschaften über das Verschieben eines Reglers (sofern man das richtige Log-in kennt) zu verändern, ist real natürlich (und glücklicherweise) nicht so einfach. Die Eigenschaften sind das Produkt von Beziehungserfahrungen, Veränderung ist möglich, aber, wie im Abschnitt zum Struktur-Begriff gezeigt, in geringer »Veränderungsgeschwindigkeit«, also auch hier über Beziehungserfahrungen, sei es in einer Therapie oder durch andere wichtige Beziehungen. Mit der Frage danach, wie lange Veränderungen brauchen und was davon planbar und intentional sein kann, sind Bereiche der Psychotherapie berührt, aber der Ausschnitt thematisiert indirekt auch die Frage der »Materialität« von Persönlichkeit oder des Ichs und der jeweiligen Eigenschaften oder Funktionen. Was ist das biologisch-materielle Korrelat von Erlebniszuständen oder Persönlichkeitseigenschaften?

Es kann an dieser Stelle weder die Philosophie noch die allgemeine Geistesgeschichte des Ichs (zum Beispiel in der Literatur; vgl. z. B. Hofstadter & Dennett, 1981) oder des Selbst nachgezeichnet werden. Das

Feld ist enorm weit und es wäre im Grunde eine Erörterung der Geschichte der Philosophie oder doch zumindest der Auseinandersetzung mit dem Selbst-Bewusstsein erforderlich. In der Philosophie finden sich zudem Konzeptionen personaler Identität, klassisch etwa in einer Konzeption des Selbst als Vermögen zur Apperzeption (also der »inneren« Wahrnehmung beziehungsweise Reflexion), zum Beispiel bei Leibniz (vgl. Gethmann, 1995, S. 752). Kürzlich hat Gabriel (2020) außerdem von der »Selbstbildfähigkeit« des Menschen gesprochen. Es gibt eine Möglichkeit, dass wir »uns selbst« zum Gegenstand von Denken und Reflexion nehmen (einschließlich der Täuschungen, die dabei auftauchen oder dafür gar konstitutiv sein können). Bis heute rekurriert die Philosophie des Selbst/Ichs in unterschiedlicher Weise auf Descartes' Hinweis »Ich denke, also bin ich«, das im Wesentlichen ja den Zweifel ins Zentrum der (Selbst-)Erkenntnistheorie rückt. Dass ich an der Wahrhaftigkeit der Gegenstände und Prozesse meines Denkens zweifeln kann, liefert mir die Gewissheit über deren »Realität« (aber auch damit ist die Frage der Materialität und deren Stellung zu den »res cogitans« umso mehr aufgeworfen).

Als weitere Schlaglichter in der Philosophiegeschichte des Selbst wären Kierkegaard zu nennen, der in *Die Krankheit zum Tode* das Selbst als »ein Verhältnis« begreift, »das sich zu sich selbst verhält« (zit.n. Gethmann, 1995, S. 753), also ebenfalls als eine Art der Referenzialität, das Selbst ist Selbstbezug, sowie das Verhältnis des Ichs zum Naturhaften in der Romantik (vgl. z. B. Frank, 2002, zu Novalis) oder im Deutschen Idealismus. Bei Hegel findet sich eine Konzeption des Selbstbewusstseins als Produkt der Auseinandersetzung mit dem Anderen (und der wechselseitigen Anerkennung) und bei Schopenhauer eine Thematisierung des Selbst zum – auch naturhaft gedachten – Willen (vgl. z. B. Gödde, 2009).

Gerade in der französischen Psychoanalyse werden die Verbindungen zur Philosophie (des 20. Jahrhunderts) besonders deutlich gezogen (und dies nicht nur von Lacan) und auch aus der Richtung der Philosophie erfolgt eine wiederkehrende Auseinandersetzung mit der Psychoanalyse. Wichtige Referenzpunkte sind die Philosophie Ricœurs, der unter anderem das Verhältnis der Selbstpsychologie Kohuts zur Anerkennungstheorie Hegels erörtert (1986, S. 127ff.), oder die philosophische Phänomenologie, insbesondere bei Merleau-Ponty; hier geht es beispielsweise um die für das Selbst konstitutiven Grenzen der Selbsterkenntnis. Schließlich sind auch Foucaults (z. B. 2001) Überlegungen zu Selbsttechniken beziehungsweise -praktiken in einer »Sorge um sich« zu nennen, als eine weitere wichtige Form der Durchdringung des Selbst aus philosophischer Perspektive.

Die französischen Bezüge verdeutlichen so etwas wie eine Krise des Selbst/Ichs im 20. Jahrhundert und die Thematisierung dessen in der Philosophie. Das bringt bereits Freuds Diktum, das Ich sei nicht Herr im eigenen Hause, auf den Punkt, in anderen Denkfiguren ist »Ich« ein Anderer (Rimbaud noch im 19. Jahrhundert) oder das Selbst soll »als ein anderer« gedacht werden (Ricœur). Insbesondere wird dabei die Selbst-verständlichkeit, die Einsichtigkeit des Selbst durch das denkende Subjekt, in Frage gestellt oder als Illusion ausgewiesen – die drei Kränkungen des Menschen, wie Freud (1917a) sie benennt (und deren dritte er der Menschheit zugefügt zu haben meint), nämlich dass er vom Affen abstammt, dass die Erde nicht der Mittelpunkt des Universums ist und dass er in seinem Erleben von Kräften angetrieben wird, die ihm nicht zugänglich sind, finden gleichsam ihren Höhepunkt darin, dass der Mensch sich selbst unfassbar bleibt.

Zwei Aspekte können dabei herausgegriffen werden: die Frage danach, wie das Ich oder was an ihm sich neurobiologisch beschreiben lässt (vgl. den Überblick z. B. bei Pauen, 2009, auch zur Differenz zwischen Ich und Selbst in diesem Kontext) sowie die Frage nach den menschlichen Selbsttäuschungen.

6.1.1 Ich und Selbst in der Neurobiologie

Auch die Beschäftigung mit dem Ich und dem Selbst aus neurobiologischer oder neuropsychologischer Sicht muss im vorliegenden Zusammenhang kursorisch und angesichts der persönlichen Fachfremdheit auch ein »Außenblick« bleiben. Grundlegend soll keiner dualistischen Sicht gefolgt werden, in dem sich eine biologische und eine psychologische Sicht, womöglich um Vorherrschaft oder Deutungsmacht streitend, gegenüberstehen, ebensowenig wie eine Sicht, in der die eine Seite eines einheitlichen Betrachtungsgegenstands in der anderen aufgeht. Gelegentlich wirken Debatten um Neurobiologie und Psychologie (oder Geisteswissenschaften) so, als würden sich zwei Personen darüber streiten, was Fußball sei, und eine sagt »Fußball ist ein Sport, der im Wesentlichen mit den Füßen gespielt wird.« und die andere erwidert: »Nein!! Fußball ist ein Sport, bei dem das Spielgerät rund ist!!« Auch hier geht es um Betrachtungsebenen und um Erkenntnisinteressen (vgl. paradigmatisch zum Beispiel die Herangehensweisen von Bieri, 2001, oder Gabriel, 2020, auf der einen, und Pauen, 2016, oder Roth, 2021, auf der anderen Seite).

In der Neurobiologie des Ichs ist die Figur des Homunculus von Bedeutung, also in klassischer und auf eine Weise natürlich naive Weise das Bild, das im Kopf beziehungsweise Gehirn ein kleiner Mensch sitzt, der den großen Menschen und dessen Prozesse des Wahrnehmens, Denkens, Fühlens oder Erinnerns steuert. Aber auch in komplexeren Formen der Neurophilosophie wird dadurch die Frage zum Thema, ob und wie das Ich als Betrachter der Erzeugnisse des Gehirns angesichts von Perzeptionen betrachten werden kann. Anders gesagt: Es wird »jemand« gedacht, der auf das blickt, was das Gehirn an Daten generiert, und diese erlebt. Das ist mit einigen erkenntnistheoretischen Schwierigkeiten verbunden (die in Extremfällen naturalististisch dadurch zu lösen versucht werden, das Ich auszustreichen, und mentalistisch dadurch, das Ich als eine kategorial unterschiedliche und empirisch unverbundene Entität zu verstehen). Ist das Ich bloß passiver Zuschauer der »eigentlichen« neurobiologisch gesteuerten Vorgänge? Wenn das Ich ein Betrachter der Ergebnisse von Hirnvorgängen sein soll, wer oder was erzeugt dann das Ich? Aus welchen Prozessen ist das Ich selbst als Produkt entstanden? Und weitergedacht: Wenn das Ich sich dann auch selbst zum Gegenstand seiner Betrachtung machen können soll, wer ist dann der Betrachter?

Das Homunculus-Bild liefert noch eine andere Art der Anschaulichkeit, nämlich als Abbild dessen, welche Hirn-Areale in welchem Umfang beispielsweise mit der Motorik in Verbindung stehen: Der Homunculus wird dabei als eine Figur gedacht mit überdimensional großen Händen (Taktiles), Augen und Mundpartie (Geschmack, Sprache), um so abzubilden, dass es sich dabei um Bereiche des menschlichen Handelns und Erlebens handelt, die besonders viel »Hirn-Kapazität« nutzen.

Nichtsdestoweniger stößt diese Hilfskonstruktion an ihre Grenzen und bringt die Gefahr einer Vereinfachung oder Vereinseitigung mit sich. Es zeigt sich nämlich auf neuropsychologischer Ebene das Leib-Seele-Problem, vor allem im Hinblick auf eine monistische oder dualistische Sicht auf Gehirn und Erleben. Denkt man beides in Gestalt von Korrelaten? Oder einem Gedanken der Kausalität folgend, etwa dahingehend, psychisches Erleben als eine Art Epiphänomen neurobiologischer und -chemischer Prozesse zu denken? Es ist ja kein Zufall, dass bestimmte Hirnprozesse mit bestimmten Erlebniszuständen in Verbindung stehen, aber lassen sich diese auf jene als ihre Ursachen zurückführen? Von der anderen Seite her betrachtet: Wenn Denken und Erleben ohne Gehirn offenkundig nicht möglich sind, wie können jene sich überhaupt von Hirnprozessen unterscheiden?

Ein besonderes Feld der Betrachtung ist hier die Auseinandersetzung mit dem »freien Willen«, also der Frage, wie Entscheidungsprozesse ablaufen und Entscheidungsbildung erfolgt. 1979 wurde von Benjamin Libet der heute unter dem Namen »Libet-Experiment« bekannte Versuch unternommen, in dem gezeigt werden konnte, dass das »Bereitschaftspotenzial« (für Motorik) 0,35s früher einsetzt als ein Bewusstsein über getroffene Entscheidung. Das ist dahingehend interpretiert worden, dass Entscheidungen insofern »getroffen« werden, bevor wir darüber reflektieren können, als zunächst ein efferenter Impuls gesendet wird und erst dann ein Gedanke dazu gefasst werden kann. In der Folge konnte anders betrachtet werden, ob wir das »wollen«, was wir tun, oder nur denken, dass wir wollen, was wir tun. Wer gibt den »Startschuss« für Entscheidungen oder Bewertungen? Was am »Willen« ist frei beziehungsweise ist der Wille neurobiologisch zu denken oder als ein mental gefasster Entschluss? In der langen Diskussion über die Interpretation und Folge-Annahmen des Libet-Experiments ist auch zum Thema geworden, welche Möglichkeiten es gibt, neuronale »Handlungsvorbereitungen« (= Entscheidungen«) noch »willentlich« zu unterbrechen oder zu hemmen. Schultze-Kraft et al. (2015) haben zeigen können, dass erst bei 200 Millisekunden vor der Ausführung der Bewegung ein »point of no return« der Handlungsvorbereitung gegeben ist; davor kann eine

6.1 Ich und Selbst in anderen wissenschaftlichen Denkrichtungen

Handlung noch unterbrochen werden. In der Konsequenz wird gemahnt, das Libet-Experiment, insbesondere im Hinblick auf zum Teil recht weitreichende Folgerungen hinsichtlich der »Freiheit« des Willens, nicht überzubewerten.

Eine spannende Frage ist in diesem Zusammenhang, dass wir zwar unserem Willen gemäß entscheiden und handeln können (und auch Möglichkeiten der »Nachsteuerung« haben), aber dass die Frage der Willens*bildung* und deren Freiheit noch eine davon gesonderte ist (vgl. z. B. Roth, 2015).

Die Frage nach der Willensfreiheit führt also zurück zur Frage, wie das Ich in Relation zum Gehirn gedacht werden sollte (bis dahin, das Ich als Simulation unserer neuronalen Prozesse zu konzipieren). Roth (2015, S. 96; Hervorh. aufgeh. TS) konzipiert eine Auffassung des Ichs über verschiedene Zustände und vertritt die Auffassung: »Wir sind nicht ein Ich, sondern mehrere Ich-Zustände, die sich aufeinander beziehen. Und wir sind uns selber undurchdringlich.« Die verschiedenen Ich-Zustände bilden, so Roth weiter, »funktionale Einheiten oder Module«, so dass von einer »Modularität der Ich-Zustände« (a. a. O., S. 97) gesprochen werden könne. Diese Ich-Vielheit, wie man sagen könnte, sei »dadurch verursacht, dass unterschiedliche Gehirn-Systeme den unterschiedlichen Ich- und Bewusstseinszuständen zugrunde liegen« (a. a. O.) – die Annahme führt also letztlich zu einer differenzierteren Vorstellung dessen, dass das, was wir »Ich« nennen, eine Art Sammelbezeichnung für neuronal hervorgerufene Zustände ist (a. a. O., S. 99, nennt etwa das »Autorschaft-Ich«, das »Körper-Ich«, das »Sensorische Erlebnisich« das »Autobiographische Ich«, das »Ethisch-Moralische ich«, das »Sprachliche Ich« sowie das »Handlungsplanungs-Ich«).

Es werden die kategorialen Probleme zwischen Neurobiologie und (einer geisteswissenschaftlich ausgerichteten) Psychologie beziehungsweise Philosophie deutlich. Kann das Ich (oder seine Erlebniszustände) darauf reduziert werden, kausal durch neuronale Prozesse entstanden zu sein? Ist Psychisches ein Epiphänomen des Neuronalen (vgl. zur Kritik bezogen auf das Selbst z. B. Warsitz, 2009)? Für die Psychologie im Besonderen stellt sich hier außerdem die Frage des Gegenstandsverständnisses und des methodischen Zugangs: Betrachtet man die naturwissenschaftlich zugängliche Seite des Menschen? Beschränkt man dann den Geltungsbereich der so gefundenen Ergebnisse auf das zugrunde gelegte Gegenstandsverständnis oder weitet man ihn aus? Muss die Akzentuierung einer geisteswissenschaftlichen Betrachtungsebene dazu führen, diese von der neuronalen abzukoppeln?

Gabriel (2015, S. 57) schließt an Hegels Formulierung »Der Geist ist nur, wozu er sich macht« an und thematisiert die »Selbstbildfähigkeit« des Menschen als die Möglichkeit, sich ein Bild von sich selbst zu machen. Er diskutiert in seiner Untersuchung des Verhältnisses von Ich zum Gehirn die Probleme eines »Neurozentrismus«, so etwa das Qualia-Problem: Es bildet sich neuronal eben nicht ab beziehungsweise ist dort als Information nicht enthalten, wie es ist, die Farbe gelb zu sehen, oder sich vor etwas zu ekeln. Er meint, dass Qualia keine Ursachen sein sollten (a. a. O., S. 149) und warnt vor einem Epiphänomenalismus (in dem Erlebniszustände nicht viel anders sind als Untertitel bei einem fremdsprachigen Film, also diesen bloß in individuell semantisch Verständliches übersetzen): Qualia kommen als Erlebnisqualität zu feuernden Nervenzellen hinzu, sie sind in diesen noch nicht enthalten oder realisieren sich ursächlich bedingt als deren Epiphänomen.

Gabriel kritisiert Vorstellungen des Ichs als einer »Schaltzentrale« oder als Simulation, die das Gehirn im Sinne einer Art »Egomaschine« hervorruft (a. a. O., S. 201f.), also als das Vermögen, Selbstmodelle zu erzeugen. Er unterscheidet in seiner Kritik zum einen die Substanztheorie des Ichs (das Ich als etwas, das eine neuronale Struktur ist) und zum anderen die Bündeltheorie des Ichs (Roth, 2003, S. 378ff.; Pauen, 2009, S. 144f.), also einer solchen, in der »Ich« die Sammelbezeichnung für verschiedene Zustände ist. Gabriel weist auf eine Bemerkung von Searle hin: »Das Tolle am Bewußtsein ist: Wenn man die Illusion hat, ein Bewußtsein zu haben, dann hat man auch eins.« (zit. n. Gabriel, 2015, S. 206) Nachdem in einem Neurozentrismus das Ich erst (als Substanz) naturalisiert worden sei, werde es nun (als Bündel) letztlich zurückgewiesen, es ist kaum mehr als eine façon de parler. Er selbst plädiert hingegen für eine »radikale Ungegenständlichkeit des Ichs« (a. a. O., S. 217) (vgl. zur Auseinandersetzung mit der geisteswissenschaftlichen Kritik an der Neurobiologie wiederum Roth, z. B. 2015, S. 399ff.).

6.1.2 Selbsttäuschung in der Philosophie

Neben den vorrangig neurophilosophischen Überlegungen soll nun ein zweiter Bereich in den Blick genommen werden, die Philosophie der Selbsttäuschung. Zu den Leitbildern menschlicher Geistesgeschichte gehört die Schrift am Eingang des Apollo-Tempels in Delphi (wo das Orakel zu finden war): Erkenne dich selbst! Teile der Philosophie des 20. Jahrhunderts widmen sich nun den V-erkennungen des Selbst. Dabei ist in der Perspektive auf den Menschen und seine Selbsttäuschungen eine Differenzierung besonders wichtig, nämlich entlang der von Holzhey-Kunz (2017, S. 82) herausgestellten »Doppeldeutigkeit des menschlichen Selbstverhältnisses«, in Rahmen dessen sich eine ontische Selbsttäuschung »auf sich selbst als dieses Individuum« und eine ontologische Selbsttäuschung »auf das eigene (Mensch-)Sein« beziehen kann. Anders gesagt: Ist die Selbsttäuschung Teil des (eigenen) Seins (etwa: Ich bin rechtschaffen) oder Teil der Betrachtung des Seins (etwa: Der Mensch ist die Krone der Schöpfung)? Für den zweiten Fall wird dann die Form der Selbsttäuschung denkbar, die damit zu tun hat, dass der Mensch sich zu sich und seinen Seins-Bedingungen »immer irgendwie verhält«. Wenn Freud also in der Arbeit mit neurotischen Patientinnen bewusst machen will, wann jemand bestimmte unbewusste Fantasien hat, die seine Sicht auf das Selbst verzerren, ist die ontische Selbsttäuschung angesprochen; wenn er für den Menschen herausstellt, dass sein Ich nicht Herr im eigenen Hause sei, aber annehme es zu sein, ist eine ontologische Selbsttäuschung berührt. Mit einer ontologischen Selbsttäuschung ist auch gemeint, dass die Täuschung als zum Menschen dazugehörig angesehen wird, z. B. als die »alltägliche Selbstvergessenheit« (Holzhey-Kunz, 2017, S. 87; im Anschluss an Heidegger), die Auseinandersetzung mit grundlegender Angst und Endlichkeit. In der Konsequenz könnte man sagen, dass eine pathologische Selbsttäuschung dort gegeben ist, wo die ontologische Selbsttäuschung versagt – dort also, wo Angst so unaushaltbar ist, dass sie den Zugang zum Selbsterleben als einer konstruierten Identität, welche die Abgründe der konstitutiven Selbst*verlorenheit* überbrückt, verstellt.

Angehrn (2017, S. 36) benennt als das Grundproblem der Selbsttäuschung, dass: »Wer sich selbst belügt, muss wissen, was er bestreitet oder was er verbirgt.« Es kommen also in besonderer Weise ein Wissen und Nicht-Wissen um die Selbsttäuschung zusammen (anders als wenn jemand einen anderen über etwas täuscht). Wie kann das Selbst sich über sich selbst täuschen, ohne um den Vorgang des Täuschens oder das Erkennen von deren Ergebnisse als einer Täuschung zu wissen? In der Perspektive der Psychoanalyse darauf bleibt, so Küchenhoff (2017, S. 141), eine »Täuschung des Bewusstseins« zwar »spürbar, freilich nicht als positives Wissen von der Tatsache und den Inhalten der Selbsttäuschung, aber doch als Negativität, als Auslassung in dem, was ich auszudrücken in der Lage bin, als Symptom [...] als Affekt der Verzweiflung, der Angst, der Trauer, den zu beherrschen ich nicht in der Lage bin«. Die (im oben genannten Sinn: ontische) Selbsttäuschung zeigt sich also darin, dass Leidens- oder Leerezustände spürbar werden; nicht jedes Symptom ist positiv oder produktiv bestimmt, sondern eine zugrundeliegende Problematik zeigt sich nicht zuletzt negativ, in einem nicht anders ausdrückbaren Nein, in einer Täuschung, die unterschiedliche Formen annehmen kann, eine Täuschung über eigene Motive etwa. Symptome können insofern Selbsttäuschungen sein, als darin nur angezeigt wird, dass etwas schmerzhaft ist, die Täuschung aber darin besteht, die Bedingungen des eigenen Leidens nicht zu kennen beziehungsweise zu verkennen.

Damit ist nun keiner geisteswissenschaftlichen Essenz-Annahme über das Selbst das Wort geredet, in der behauptet würde, das »eigentliche« Selbst wäre ungetäuscht erfassbar, solange keine Störungen vorliegen. Darunter liegt vielmehr der Gedanke einer Fähigkeit zur »Selbstbeschreibung«, der Möglichkeit, sich über sich selbst, seine Geschichte und Beziehungen, eine narrative Form geben zu können: »Menschliches Leben vollzieht sich so, dass der Mensch Selbstbeschreibungen vornimmt und vermittels ihrer ist, wer er ist.« (Angehrn, 2017, S. 40, im Anschluss an Hegel und Heidegger; vgl. a. Straub, 2019) Das Selbst konstituiert sich nicht nur relational, sondern in den psychischen und sozialen Selbstbeschreibungen, die wir vornehmen oder performativ aufführen (ohne dass dabei die materielle Grundlage der Leiblichkeit oder die Geschichtlichkeit des Selbst-Seins vernachlässigt werden sollten) – und durch die wir uns selbst verstehen. »Selbstsein«, so Angehrn (a. a. O., S. 40; vgl. Angehrn, 2009), »vollzieht sich als Hermeneutik des Selbst«, Selbstsein ist also Selbstverständigung.

Allerdings ist diese Konstituierung des Selbst über seine Bilder, Beschreibungen und deren Verständnis kein reibungsloser, auch nur idealtypisch gelingender Vorgang, sondern durchsetzt von einem »Widerstand gegen die Erkenntnis« von einer »Selbstverhinderung des Verstehens« (Angehrn, 2017, S. 43), in der verschiedene Formen des Nicht-Sinns unterschieden und von einer Spannung zwischen Verstehen und Nicht-Verstehen (Angehrn, 2010; Warsitz, 2010; Storck, 2016) gesprochen werden kann, beziehungsweise von Selbstbezug und Selbstentzug, Eigenheit und Fremdheit (Waldenfels, z. B. 2002).

Ein besonderer Bereich der Auseinandersetzung mit dem Selbst ist in jüngster Zeit das sogenannte »self tracking« geworden, also das Sammeln und Vergleichen von »Daten«, die mit der eigenen Person zu tun haben, etwa zurückgelegte Wegstrecke, verbrauchte Kalorien und vieles mehr. Damit ist die Idee verbunden, über sich – und nicht zuletzt den eigenen Gesundheitszustand – etwas zu erfahren. Aus der Perspektive einer Philosophie der Alterität oder auch einer phänomenologischen Betrachtung einer konstitutiven Dialektik aus Selbstbezug und Selbstentzug muss das paradox wirken. Nicht nur kann man sich das Selbst, ähnlich wie in der Definition von Struktur, die den »Eindruck von Konstanz« durch die geringe »Veränderungsgeschwindigkeit« (Rudolf et al., 1995, S. 200) erweckt, als etwas dynamisches vorstellen (ein Zusammenwirken von Permanenz und Entwicklung), sondern es ist auch durch eine Bezogenheit auf den Anderen seiner Selbst bestimmt und folglich dadurch, den Weg zu »sich selbst« nur über die spannungsreiche Differenz zu finden, die nicht nur das Verhältnis zu anderen Personen, sondern auch die Reflexion auf sich selbst betrifft.

Ricœur (1990) widmet sich unter dem Titel *Das Selbst als ein Anderer* solchen Fragen. Er bezeichnet Marx, Nietzsche und Freud als »Meister des Verdachts«, also als Denker, die Gewissheiten in Zweifel stellen, unter anderem die Gewissheit, die man über sich selbst zu haben meint. Ricœur unterscheidet zwischen Selbstheit (ipse) und Selbigkeit (idem). Damit ist gemeint, dass das Selbst nicht »dasselbe« sein kann, Selbstheit bestimmt sich nicht über etwas, das immer genau so wiederkehrt oder bestimmbar ist. Ricœur kritisiert das »Cogito ergo « bei Descartes, da es die abstrakte Setzung eines »Ich bin« enthalte; auch darüber hinaus kritisiert er Vorstellungen des Selbst als Essenz oder als Illusion. Das Selbst zeigt sich vielmehr in »konkreter Reflexion«, in einem Erkennen und Verstehen des Selbst im Spiegel des Anderen und im Spiegel der Sprache/Zeichen (vgl. z. B. Mattern, 1996). Lebenspraktische Vollzüge *sind* das Selbst (statt dass ein essenziell gedachtes Selbst sich hier nur zeigen oder zur Geltung bringen würde; es ist nicht das Selbst, das Handlungen oder soziale Praxis steuert und sich in diese einbringt, sondern umgekehrt): »Das Selbst ist als reflektiertes in Operationen impliziert, deren Analyse der Rückkehr zu sich selbst vorausgeht.« (Ricœur, 1990, S. 29) Das bedeutet auch, das (Selbst-)Reflexion nicht bloß als »Innenschau« gedacht werden kann. Wer erkennen will, wer er selbst ist, muss auf die Anderen schauen. Es gibt also immer etwas Vorgängiges, das das Selbst konstituiert, die soziale Welt, die Sprache, mit der Menschen in ihrer körperlichen Existenz konfrontiert sind, das aber über die Körperlichkeit hinausreicht und damit eine soziale, zeichenbestimmte Selbstwerdung oder Selbstartikulation hervorruft. Waldenfels (2002) hebt daher das Pathos als das Getroffensein hervor (statt einem »Aussenden« von Bewusstsein in die Welt). Daraus ergibt sich nun für Ricœur die Folgerung einer »narrativen Identität« zwischen Selbstheit und Selbigkeit: »Wie die Identität des ›idem‹ auf der Permanenz eines Invarianten beruht, so beruht die Identität des ›ipse‹ […] auf einer Form von Permanenz, die der Zeitlichkeit der menschlichen Existenz korrespondiert.« (Mattern, 1996, S. 202)

Eine solche Konzeption hat Folgen dafür, wie man psychotherapeutische Veränderungsprozesse versteht und einleitet. Das Ziel einer Arbeit mit/am Selbst in der Psychotherapie ist dann nicht eine Art Weg zu einem immer schon existierenden Eigentlichen, der nur verstellt oder nicht vorbereitet worden ist, es ist auch nicht verbunden mit einem Bild von absoluter Permanenz oder Unabhängigkeit als zu erreichendem Zustand. Vielmehr geht es um das Verstehen des Selbst-in-Beziehung zu Anderen in konkreten Lebensvollzügen – dies konstituiert ein »gesundes« Selbst.

Das Selbst ist nicht dasselbe, es ist sich selbst gegenüber nicht identisch und was das Selbst »ist«, wird nicht durch die Untersuchung des Immergleichen erkannt, es kann nicht essenziell oder substanzhaft gedacht werden und auch nicht als ein festes Bild, das immer auf dieselbe Weise und mit demselben Resultat gebildet wird. Anders als im *self-tra-*

cking ist das Selbst nicht die Addition einzelner Aspekte in Form von Daten, sondern es bleibt in einer »Selbstfremdheit«. Das Selbst ist nicht die Summe dessen, was ich sammeln kann, sondern das, was entsteht, wenn ich es vergeblich zu fassen versuche.

6.1.3 Ich und Selbst in der Psychologie

Im »Dorsch«, einem gängigen psychologischen Wörterbuch, findet sich folgende Definition: »[D]as S[elbst] besteht aus einem semantischen System, das alle selbstbezogenen Wissens- und Gedächtnisrepräsentationen in hochstrukturierter Form [...] sowie deren Bewertungen durch die Person [...] beinhaltet. Es unterscheidet sich von allg[emeinen] Wissensstrukturen ausschließlich durch seine Reichhaltigkeit und seine S[elbst]bezogenheit, es stellt keine abgrenzbare, homunkoloide Struktur dar. [...] Mit diesen selbstbezogenen Inhalten operieren alle grundlegenden psych[ischen] Prozesse [...], bes[ondere] Aufmerksamkeit erhalten häufig diejenigen, die explizit auf eine Veränderung des S[elbst] abzielen (selbstregulative Prozesse [...]). [...] Das S[elbst] ist ein flexibles, dynamisches System, es entwickelt sich sowohl in Abhängigkeit des situativen Kontextes (aktualgenetisch) als auch über die gesamte Lebensspanne (ontogenetisch).« (Mößle & Loepthin, 2014) Der Gedanke eines dynamischen Selbst taucht hier auf (damit auch der indirekte Hinweis auf die Starrheit als Kennzeichnen eines »pathologischen« Selbst), implizit auch seine sozialen Wurzeln und Äußerungsformen. Ein wichtiger Unterschied zu den Konzeptionen bei Ricœur oder Waldenfels aus philosophischer oder Küchenhoff, Lacan oder Laplanche aus psychoanalytischer Perspektive liegt darin, dass in der psychologischen Definition ganz auf die »Selbstbezogenheit« abgehoben wird und der Figur der Selbst*entzogenheit*, der Differenz zwischen Objekt und Subjekt der Selbstbetrachtung, kaum Rechnung getragen wird.

In der *Encyclopedia of Theory in Psychology* wird das Selbst definiert als »eine stabile und doch fluide Entität, die für das Selbst relevante Bedeutungen (sowohl emotionale als auch kognitive) enthält und multiple, mit sozialen Rollen verbundene Identitäten zusammenfasst« (Firat & Hitlin, 2016, S. 823; Übers. TS). Das Selbst sei »sowohl durch Mechanismen der Selbst-Verbesserung (ein gutes Gefühl zu sich zu haben) als auch durch solche der Selbst-Vergewisserung (von anderen gemäß der eigenen Selbst-Überzeugungen gekannt und verstanden zu werden) motiviert« und motiviere seinerseits »Verhalten durch die Vermittlung von Identitäten« (a. a. O.). Hier taucht das Selbst als eine Art Schaltstelle, die in sich dynamisch ist und gleichsam durch ihr vorgelagerte Prinzipien arbeitet.

Die Beschäftigung mit dem Selbst durchzieht auch die Geschichte der Psychologie, angefangen mit der Unterscheidung zwischen »I« und »me« bei William James. Selbstkonzepte spielen eine Rolle in der Persönlichkeitspsychologie, nicht zuletzt in der Frage danach, was als »state« und was als »trait« verstanden werden kann, oder in der Entwicklungspsychologie, auch hier geht es um das Verhältnis zwischen einem »realen« Selbst und einem »möglichen« Selbst oder um das Vermögen zur »Selbstregulation« (wichtig unter den strukturellen Fähigkeit gemäß der OPD). Eine weitere Verbindung zur Psychoanalyse findet sich im sogenannten Rouge-Test, mit dem deutlich gemacht werden kann, ab wann kleine Kinder sich selbst im Spiegel erkennen (statt darin ein anderes Kind zu vermuten), indem sie einen Rouge-Fleck, den sie im Spiegel sehen, dann an der eigenen Stirn betasten – bei Lacan ist diese Figur ungleich komplexer (und eher struktural als entwicklungspsychologisch im eigentlich Sinn) bestimmt (▶ Kap. 3.3.1), aber auch dort geht es darum, was Kinder im Spiegel finden und wie das zum Körper-Erleben im Verhältnis steht.

6.2 Ich und Selbst in anderen psychotherapeutischen Verfahren

Der skizzenhaften Auseinandersetzung damit, wie Ich und Selbst in anderen psychotherapeutischen Verfahren aufgefasst werden, stelle ich drei Bereiche voran, die mit dem Selbst in symptomatischen Zusammenhängen zu tun haben: das Konzept eines falschen Selbst bei Winnicott als ein ergänzender psychoanalytischer Aspekt, sowie ein kurzes Eingehen auf selbstschädigendes Verhalten und die dissoziative Identitätsstörung.

6.2.1 Das falsche Selbst

Einige Male ist im vorliegenden Kontext schon in unterschiedlicher Weise die Denkfigur aufgetaucht, dass das Ich nicht Herr im eigenen Hause sei (Freud) oder sich selbst grundlegend verkenne beziehungsweise selbst die Instanz einer Täuschung oder Illusion ist (Lacan), eine »imaginäre Verkennung« (vgl. Warsitz, 2007) des Ichs, welches jene ebenso produziert wie es ihr unterliegt. In Winnicotts Unterscheidung zwischen einem »wahren« und einem »falschen« Selbst (vgl. a. Löchel, 2017) liegt der Akzent auf gelingenden Austauschprozessen in der frühen Entwicklung und deren Einfluss auf die Entwicklung des Selbst (nicht zuletzt dahingehend, was davon anderen gezeigt wird).

Die Entwicklung des Selbst (vgl. genauer Abram, 1996, S. 295ff.) gehört zu den Kerngedanken der Entwicklungstheorie Winnicotts (vgl. a. Storck, 2019b, S. 97ff.). Ihn beschäftigt das Entstehen einer Selbst-Objekt-Differenzierung im subjektiven Erleben (pointiert formuliert über die frühe Entwicklungsfigur, es gebe »den Säugling« nicht, sondern nur erlebte Verbundenheit mit der primären Bezugsperson). Für die Entwicklung ist die haltende Funktion einer »hinreichend guten Mutter« (also: Pflegeperson) entscheidend. Das bedeutet, dass keine perfekte und zeitlich wie personal abstandslose Betreuung entwicklungsförderlich ist, sondern eine gute, liebevolle, die auch einen Wechsel aus An- und Abwesenheit zu denken erlaubt. Übergangsobjekte helfen dabei, die innere Welt und die äußere Welt zu trennen und in Verbindung zu bringen – so dass Bezogenheit und Abgrenzung entstehen können. Winnicott konzipiert zudem eine Unterscheidung zwischen der Objektmutter und der Umweltmutter, also die beginnende Differenzierung zwischen dem, was ich »innerlich« mit den Repräsentanzen »anstellen« kann (Fantasien von stürmischen Angriffen mit den eigenen Affekten) und dem, was im sozialen Raum geschieht (dieselbe Person als Gegenüber in einer Interaktion). Hier ist es entscheidend, dass die frühen Bezugspersonen sich empfänglich und regulierend für Affekte zeigen können, so dass beispielsweise Aggression integriert werden kann.

Winnicott (1960) unterscheidet ein wahres von einem falschen Selbst. Ausgangspunkt dieser Konzeptualisierung ist die »spontane Geste« des Säuglings, die Winnicott als »Quelle« (a. a. O., S. 189) des wahren Selbst versteht: »Die spontane Geste ist das wahre Selbst in Aktion« (a. a. O., S. 193). Es ist dann die Aufgabe der »Mutter« (ebenso aller anderen wichtigen Bezugspersonen), die spontane Geste aufzunehmen und, in Winnicotts Worten, Omnipotenz zuzulassen: »Durch die Stärke, die das schwache Ich des Säuglings dadurch bekommt, daß die Mutter die Omnipotenzäußerungen des Säuglings praktisch zur Wirkung bringt, beginnt ein wahres Selbst zum Leben zu erwachen.« (a. a. O., S. 189) Das lässt sich als Spiegelungsfunktion verstehen: Die Mutter zeigt, dass sie die Geste des Kindes aufnimmt und gesteht ihm zu, sich nicht nur als Zentrum des Universums, sondern *als das Universum* zu erleben. Dann wird »das wahre Selbst [...] eine lebende Realität« (a. a. O.). Das stellt die Grundlage für Symbolbildungsprozesse dar und im weiteren Verlauf wird die Omnipotenz sukzessive aufgelöst (und zwar auch dadurch, dass die Bezugspersonen sich als Gegenüber zeigen, zu dem ein Kontakt entsteht), es entsteht Freude an der Illusion, innerlich etwas zu erschaffen.

Nun sind für Winnicott Einschränkungen der »Mutter« im Hinblick auf eine förderliche interpersonale Umwelt denkbar, etwa wenn sie anstatt der spontanen Geste des Säuglings eine eigene Geste einsetzt (a. a. O., S. 189), sich also nicht resonant zeigt (beziehungsweise es nicht bleibt), sondern etwas Eigenes »drüberstülpt«. Gluckst der Säugling beispielsweise gerade vergnügt und die Mutter beantwortet dies mit dem Kommentar »Ich habe mich auch gerade verschluckt«, dann folgt im Erleben des Säuglings ja nicht der Gedanke »Ach, schade, Mama hat mich falsch verstanden«, sondern es resultiert Verwirrung über sich und den anderen. Dann resultiert ein Gefühl psychischer Leere auf Seiten des Säuglings: Er »lebt [...], nur lebt er falsch« (a. a. O., S. 191), da er die adäquate Spiegelung braucht, um sich in der Anderen zu erkennen und daraus ein Selbstkonzept aufzubauen. »Findet« er allerdings »in« der Mutter nicht das, was er spontan geäußert hat, sondern etwas ihm Äußerliches, resultiert zum einen eine »Gefügigkeit« des Säuglings gegenüber der Umwelt. Diese »ist das früheste Stadium des falschen Selbst und gehört zur Unfähigkeit der Mutter, die Bedürfnisse ihres Säuglings zu spüren.« (a. a. O., S. 189) Zum anderen wird in der Folge die spontane Geste (und damit das wahre Selbst) verborgen: »Bei den Extrembeispielen der Entwicklung eines falschen Selbst ist das wahre Selbst so gut versteckt, daß Spontaneität in den Lebenserfahrungen des Säuglings nicht vorkommt.« (a. a. O., S. 191)

Auf diese Weise wird, da nicht einfach »nichts« oder absolute Ungetrenntheit bleiben, ein falsches Selbst zum Schutz des wahren Selbst errichtet. Das wahre Selbst ist zum einen schwer zu greifen, wenn die spontanen Gesten nicht interpersonell aufgenommen worden sind, zum anderen wird es fraglich, ob man damit beim anderen »landet« oder ob es einem entrissen wird. Winnicott meint, dass der Säugling durch das »falsche Selbst [...] ein falsches System von Beziehungen auf[baut]« (a. a. O., S. 191), auch im Hinblick auf die Nicht-Kommunikation eigener innerer Zustände (Winnicott, 1963).

Winnicott (1960, S. 185f.) nennt mehrere Aspekte eines falschen Selbst:

1. Es »stellt sich als real dar«, aber ihm »fehlt [...] etwas Wesentliches« in Beziehungen zu anderen, nämlich die authentische Kontaktaufnahme.
2. Es »verteidigt das wahre Selbst« als eine Abwehr gegen »Ausbeutung« (a. a. O., S. 191), da die Erfahrung gemacht wurde, dass das Eigene gleichsam vom anderen vereinnahmt oder zum Verschwinden gebracht wird.
3. Es sucht »Bedingungen, die es dem wahren Selbst ermöglichen, zu seinem Recht zu kommen« (a. a. O., S. 185), was bedeutet, dass es neben der Nicht-Kommunikation immer auch Versuche gibt, das wahre Selbst in eine Beziehung einzubringen und dort Resonanz zu finden.
4. Es ist »ist auf Identifikationen aufgebaut«, es ist immer auch die Verinnerlichung dessen, was das Gegenüber an Eigenem in Antwort auf die spontane Geste zeigt, nur resultieren dann Identifizierungen, die das Selbst eher einengen als dessen Raum erweitern.
5. Es »wird repräsentiert durch die ganze Organisation der höflichen und gesitteten gesellschaftlichen Haltung«, was auch bedeutet, dass

die Anpassung an das Soziale übermäßig stark ist. Das falsche Selbst ist immer auch eines, das sich anhand dessen formt, wie andere einen gern sehen möchten.

Fonagy und Target (2002, S. 857) fassen die von Winnicott beschriebene Figur als eine markierte, aber inkongruente Affektspiegelung auf. Abwehrbedingt interpretiert die Mutter etwa die libidinöse Erregung des Kindes als Aggression, es folgt eine markierte, d. h. vom Zustand der Mutter entkoppelte Spiegelung sowie die Ausbildung einer sekundären Repräsentation einer primären emotionalen Verfassung auf Seiten des Kindes. Diese ist aber von einer Inkongruenz gegenüber dem eigenen Zustand geprägt, es wird das internalisiert, was die Mutter am Zustand des Kindes fehlinterpretiert hat, so dass das Kind seine eigenen Affekte verkennt und mehr bei dem ist, wie andere es betrachten als dass es auch einer affektiven »Innensicht« heraus auf die Welt zugänge. Dem Kind wird ein anderer Affekt gespiegelt als es zu einem Erleben passen würde. Es wird etwas aufgenommen, was dem eigenen Zustand fremd ist.

Es lassen sich einige kritische Punkt an der Konzeption des falschen Selbst ausmachen. So formuliert Winnicott (1963, S. 245) beispielsweise, er glaube, »daß es beim Gesunden einen Kern der Persönlichkeit gibt, der dem wahren Selbst [...] entspricht; ich glaube, daß dieser Kern niemals mit der Welt wahrgenommener Objekte kommuniziert.« Wie ist das zu denken und wie ist es vereinbar mit der spontanen Geste? Bedeutet das, dass es immer eine Diskrepanz zwischen dem gibt, was in jegliche Art der Kommunikation eingebracht werden kann, und dem, was den Kern des Selbst ausmacht? Ein weiterer Punkt betrifft die Frage nach einer so strikt möglichen Trennung zwischen »Wahrem« und »Falschem«: Zum einen wird es doch immer Anteile geben, die man offenlegt, und andere, die man zurückhält, zum anderen bildet auch das »falsche« Selbst eine »Wahrheit« ab, so etwa die Wahrheit einer Unsicherheit über die interpersonelle Wahrnehmung und Anerkennung der eigenen Person. Deshalb gebraucht Küchenhoff (2017, S. 142) die Formulierung eines »Wahrheitsanspruch[s] in der Selbsttäuschung«. Soziale Überangepasstheit beispielsweise ist dann ein Aspekt des Selbst, auch wenn dieser vor dem Hintergrund wenig optimaler früher Beziehungsangebote verstehbar wird. Hinzukommt, dass eine »Wahrheit des Selbst« leicht dazu führt, sie als einen Idealzustand im Selbsterleben aufzufassen, womöglich in einer klaren, gleichwohl irrigen Kenntnis eines transparenten Selbst (vgl. Warsitz, 2009, zur Konstruktion und Dekonstruktion des Selbst). Schließlich birgt die Konzeption auch die Gefahr einer bestimmten Perspektive auf den analytischen Prozess, in welcher dieser als Ziel hätte, das »Wahre« hinter einem »Falschen« offen zu legen und damit dann gerade einem doch recht statischen Modell des Selbst zu folgen.

Löchel (2017, S. 118f.) formuliert zudem, dass die »Falschheit« weniger das subjektive Erleben, sondern eine Qualität beschreibt, die sich dem anderen in der Interaktion zeigt. Das falsche Selbst fällt »vorzugsweise dem Anderen als ›unecht‹ auf[...], während das Subjekt sich ›unlebendig‹, ›unwirklich‹ fühlt«, im subjektiven Erleben spielt bewusst keine Unterscheidung zwischen »wahr« und »falsch« eine Rolle, es ist für das Individuum nicht einsichtig, dass etwas am Selbsterleben falsch oder uneigentlich wäre. Es denkt ja gerade nicht »Ich bin oder zeige mich anders als ich mich fühle oder sehe«, sondern es bleibt ein diffuses Erleben, das kaum formulierbar ist und damit auch durch bloße Einstellungsänderung wenig korrigierbar wäre.

6.2.2 Selbstschädigendes Verhalten

Selbstverletzendes, oder weiter formuliert: selbstschädigendes Verhalten (Überblick dazu auch in einem Themenheft der Zeitschrift »Persönlichkeitsstörungen« in 2020) kann psychodynamisch in den meisten Fällen von Suizidalität unterschieden werden, denn es zeigt sich in der Regel darin ein regulativer oder appellativer Aspekt (vgl. zu verschiedenen psychodynamischen Bedeutungen auch z. B. Küchenhoff, 2008) oder eine Form der »Selbstfürsorge (Küchenhoff, 1999; Resch, 2017). Unter den funktionalen Aspekten sind zu nennen: die Regulierung überflutender Affekte, eine allgemeine Abfuhr beziehungsweise Entlastung von Spannungszuständen, eine »Attacke« gegenüber einer Objektrepräsentanz (die mit der Repräsentanz des eigenen Körpers verschmolzen oder verbunden ist), ein demonstrativer oder appellativer Aspekt, die konkrete Selbst-Verletzung (das Richten negativer Affekte gegen das Selbst) oder eine Selbst-Versicherung (sich spüren zu können, auch als ein Abgrenzungs- oder Umgrenzungsphänomen). Dabei spielt der physische Körper eine besondere Rolle, weil er so zum Schauplatz einer Inszenierung eines problematischen Selbstverhältnisses und der Suche nach einem Weg aus diesem heraus wird.

Selbstverletzendes Verhalten, insofern es konkret eine physische Verletzung des eigenen Körpers betrifft, kann als Grenzsetzung verstanden werden und damit als eine Art von Rettungsversuch bezüglich des Selbst. Was in der Verletzung spürbar wird, gehört »mir und nur mir«, die verletze Oberfläche konstituiert eine Grenze zum anderen, die anders, weniger radikal, nicht gezogen werden kann.

Auch für eher indirekt physisch schädigende Verhaltensweisen, kann eine differenzierende Sicht hilfreich sein, so für das *Binge Watching*, das über unterschiedlich bestimmtes Zusammenwirken von Selbstschädigung, Selbstfürsorge und Selbsterkundung betrachtet werden kann (Storck, 2020c).

6.2.3 Dissoziative Identitätsstörung

Das Phänomen mehrerer, miteinander als unverbunden erlebter Persönlichkeitsanteile findet immer wieder seinen Weg in mediale Darstellungen, so etwa in den Filmen *Zwielicht* oder *Fight Club*. Aus klinischer Perspektive sind damit zunächst einige terminologische Probleme verbunden. »Multiple Persönlichkeit(sstörung)« etwa ist keine umgrenzte nosologische Einheit in den klassifikatorischen Manualen ICD-11 oder DSM-5 (abgesehen davon, dass es auch terminologisch ungenau ist, überhaupt, wie in Vorgänger-Versionen der genannten Manuale der Fall, zum Beispiel von einer abhängigen oder narzisstischen Persönlichkeits*störung* zu sprechen, es ist ja nicht die Persönlichkeitsstörung, die abhängig oder narzisstisch ist!; vgl. Küchenhoff, 2003, S. 415). Während der 1980er und 1990er Jahre taucht der Begriff in Vorgängerfassungen der beiden Manuale auf, in der ICD-10 noch mit dem Hinweis auf Kontroversen über die Diagnose im Hinblick auf Kulturspezifität oder eine mögliche iatrogene Entstehung im therapeutischen Prozess. Die mögliche Abgrenzung zur Schizophrenie, zur Borderline-Persönlichkeitsstörung, der dissoziativen Störung oder zu Traumafolgestörungen wurde ebenfalls kritisch diskutiert. Die Bezeichnung »multiple Persönlichkeitsstörung« wurde als »Modeerscheinung« betrachtet oder als Resultat problematischer therapeutischer Prozesse. Letztlich ist heute die Diagnose »dissoziative Identitätsstörung« vorzuziehen.

Es lohnt nichtsdestoweniger ein, wenn hier auch knapper, genauerer Blick im Hinblick auf Persönlichkeit oder Ich. Etwas ist »gespalten« oder dissoziiert, anders als bei der Schizophrenie, die dem Namen und dem Störungsbild nach ja keine Spaltung der Persönlichkeit, sondern eine Spaltung der Funktionen (desintegrierte Struktur) beschreibt, vor allem von Denken, Wahrnehmen und Fühlen. Bei der dissoziativen Identitätsstörung liegt eine Spaltung vor, dabei jedoch weniger eine solche in verschiedene Persönlichkeiten, sondern eher in verschiedene Selbstzustände Persönlichkeit oder Selbst sind als solche von Fragmentierung gekennzeichnet, die bis dahin reichen kann, bestimmte Zustände aus Gedanken, Gefühlen und Handlungen für sich genommen verbunden, aber mit anderen Zuständen unverbunden und noch nicht einmal zusammengehörig zu erleben.

Die ICD-11 formuliert dazu:

»Dissociative identity disorder is characterized by disruption of identity in which there are two or more distinct personality states (dissociative identities) associated with marked discontinuities in the sense of self and agency. Each personality state includes its own pattern of experiencing, perceiving, conceiving, and relating to self, the body, and the environment. At least two distinct personality states recurrently take executive control of the individual's consciousness and functioning in interacting with others or with the environment, such as in the performance of specific aspects of daily life such as parenting, or work, or in response to specific situations (e.g., those that are perceived as threatening). Changes in personality state are accompanied by related alterations in sensation, perception, affect, cognition, memory, motor control, and behaviour. There are typically episodes of amnesia, which may be severe [...]«[2].

Die Psychoanalyse hat hier einige Überlegungen zur Psychodynamik (und damit der Funktionalität) der Spaltung in unterschiedliche Selbst-

---

2 Um angesichts der bevorstehenden »offiziellen« deutschen Übersetzung keine Doppelstruktur zu schaffen, verzichte ich an dieser Stelle auf eine eigene Übersetzung aus dem Englischen.

zustände beizusteuern, etwa wenn es um die Spaltung als Abwehrvorgang geht (der helfen soll, Ängste zu bewältigen, die entstünden, wenn unterschiedliche Aspekte zusammengebracht würden). In Kapitel 5.1.4 sind im Ansatz Kernbergs Überlegungen zu Spaltung und Verschmelzung fragmentierter Anteile von Selbst- und Objektvorstellungen deutlich geworden, die hier nützlich sein können (▶ Kap. 5.1.4). Psychodynamisch könnte man sagen, dass in den abgespaltenen Selbstzuständen etwas voneinander getrennt gehalten werden muss, und dass sekundär bestimmte Aspekte miteinander verschmolzen werden, so dass vermeintlich kohärente Strukturen entstehen, deren Kohärenz aber instabil ist und um einen hohen Preis erreicht wird. Im Spaltungskonzept kann ferner enthalten sein, dass bestimmte psychische Funktionen beziehungsweise strukturelle Fähigkeiten nicht zugänglich sind (vor allem im Bereich der Selbst- und Objektwahrnehmung oder der Integration). Steiners (1993) Konzept der »Orte des seelischen Rückzugs« beschreibt ebenfalls den psychodynamischen Zusammenhang zwischen Fragmentierung und Verschmelzung zu Abwehrzwecken, mit dem Resultat starrer Abwehrformationen und Persönlichkeitsstrukturen.

Solch eine Funktionalität eines fragmentierten (und sekundär verschmolzenen) (Teil-)Selbst lässt sich vor dem Hintergrund schwerer Entwicklungsbelastungen sowie aktueller Auslösesituationen verstehen und sie zeigt beeinträchtigte Verarbeitungsprozesse, so etwa mit Bion gesprochen eine gestörte oder »umgekehrte« Alpha-Funktion, die derart arbeitet, dass instabile, untereinander unverbundene, inkohärente oder »bizarre« Vorstellungen vom Selbst und von anderen entstehen. »Sinnesdaten« werden nicht in psychisches Erleben transformiert, was einen Zugang zur Welt ermöglicht, der flexibel, interpersonell teilbar oder vom Ineinanderwirken von Permanenz und Entwicklung gekennzeichnet ist, wie es für psychische Struktur und reifes Selbst-Erleben kennzeichnend ist, sondern es entstehen »unfertige« Repräsentationen.

Ganz allgemein betrachtet unterstreicht dies die Kennzeichnung eines »gesunden« Selbst, das sowohl zeitstabil als auch wandlungsfähig ist (und somit dynamisch, auch im Zugang zur sozialen Welt) und das seine Identität nicht im Bild einer Essenz oder Substanz findet, sondern in lebenspraktischen Vollzügen mit anderen. Psychotherapeutisch betrachtet steht dann nicht die Aufdeckung eines Eigentlichen im Mittelpunkt, sondern die (Wieder-)Herstellung der Fähigkeit zur (Selbst-)Narration. Nicht die Priorisierung der Vergangenheit ist das Mittel psychotherapeutischer Veränderung, sondern das Vermögen, den Erlebnissen einen Platz in der eigenen Geschichte zu geben (vgl. zu Erinnerung und Gedächtnis Billhardt & Storck, 2021). Im Weiteren geht es nun darum, wie Ich und Selbst in unterschiedlichen psychotherapeutischen Richtungen gesehen werden.

6.2.4 Ich und Selbst in der (Kognitiven) Verhaltenstherapie

> Der Faden aus *Westworld*, entlang dem einige Aspekte von Persönlichkeit und ihrer Veränderbarkeit bereits deutlich geworden sind, kann hier wiederaufgenommen werden (»The Adversary«, 2016). Der »host« Maeve, die sich von den Technikern hat erklären lassen, wie ihre Persönlichkeit programmiert worden ist, möchte nun Veränderungen vornehmen. So meint sie, dass ihre (hoch eingestufte) Loyalität missbraucht worden sei und deshalb runtergestuft werden sollte. Die Techniker stellen dabei fest, dass in Maeves Programmierung »Paranoia« und »Selbsterhaltungstrieb« bereits von einer unbekannten Person mit immensen »Administratorenrechten« verändert worden seien. Maeve setzt die Techniker mit ihrem Wissen über deren Regelbrüche unter Druck und lässt sie schließlich ihre »bulk apperception«, die allgemeine Intelligenz, auf den maximalen Wert setzen. Wir sehen, wie die neu gewonnene Auffassungsgabe Maeve gleichsam körperlich durchströmt…

Das ist nur bedingt ein Bild für Psychotherapie – diese läuft schließlich nicht derart ab, dass eine Patientin, ob nun erpresserisch oder nicht, der Therapeutin sagt, welche Persönlichkeitsattribute hochgesetzt werden müssen. Gleichwohl berühren sowohl die Sequenz aus *Westworld* als auch psychotherapeutische Prozesse die Frage, wie Persönlichkeit verändert wird, wo jemand sich mehr Spielraum oder neu etablierte psychische Fähigkeiten oder Fertigkeiten erhofft; allein, der Weg dahin verlässt die Steuerbarkeit durch das Verschieben weniger Regler auf einem Tablet...

Die kognitiv-behaviorale Perspektive auf Ich und Selbst folgt den Forschungsergebnissen aus den psychologischen Grundlagenfächern. Das Selbst spielt eine zentrale Rolle in vielen Interventionen, im Lehrbuch von Margraf und Schneider (2009) werden ganze 39 Einträge zu »Selbst-...« im Schlagwortverzeichnis gelistet (darunter zugegebenermaßen allerdings auch »Selbstzahler«). Das Selbst ist Bestandteil bestimmter Funktionen oder *Fähigkeiten*, so Selbstregulation, Selbstmanagement, Selbstkontrolle, Selbstwirksamkeitserleben. In einem weiteren Bereich taucht es im Zusammenhang mit *Tätigkeiten* auf, zum Beispiel im groben Feld der Selbstfürsorge. Ferner gibt es eine *prozessuale Komponente*, wenn es etwa um Selbstbeobachtung oder Selbstbewertung geht, die symptomatisch oder nützlich sein kann. Schließlich findet sich das Selbst noch auf der Ebene von therapeutischen *Techniken oder Übungen*, so Selbstinstruktionen, Selbstsicherheitstraining, Selbstverstärkung.

Lerntheoretisch, etwa bei Skinner, wird unter »Selbst« »zunächst ein System von funktional zusammenhängenden und interagierenden Reaktionsweisen im Repertoire eines Individuums verstanden« (Reinecker, 2009, S. 630), also gleichsam ein mehr oder minder verhaltensbezogenes Selbst, ein Selbst-in-Handlungen. Mit stärkerer Berücksichtigung der Organismusvariable im SORKC-Schema erweitert sich der Blick auf das Selbst als Ort kognitiver Verarbeitung, so dass man sagen kann, dass zumindest implizit das Selbst und die Konzeptionen dessen ein entscheidendes Element der kognitiven Wende der Verhaltenstherapie ist. Beispielsweise in der von Beck beschriebenen »kognitiven Triade« aus Selbst, Welt und Zukunft taucht es als ein Element auf, das sich an bestimmten Kognitionen ausrichtet, aber selbst auch auf eine bestimmte Weise erlebt wird (etwa in der Depression: Ich bin schlecht, die Welt ist schlecht und es wird nicht besser werden).

Heute kann man mit Grob (2009, S. 142) zusammenfassend von einer »Wirkung des Selbstkonzepts auf unsere Wahrnehmung und unser Verhalten« sprechen, zum Beispiel als ein »Scheinwerfereffekt«. Darin geht es um die (verzerrte) Annahme, dass andere uns mehr Aufmerksamkeit widmen als es tatsächlich der Fall ist. Wir richten uns in hohem Maß danach aus, wie wir von anderen gesehen werden und wie wir uns selbst sehen. Auch spielt in Untersuchungen zum Erinnerungsvermögen der »self-reference-effect« eine Rolle.

Grob (a. a. O.) stellt dar, wie das Selbst in Wechselwirkung mit verschiedenen Einflussgrößen steht, so molekular-biologischen, gesellschaftlich-kulturellen Bedingungen und anderen, mikrosozialen Situationen, Persönlichkeitseigenschaften (einschließlich Präferenzen, Ressourcen und Belastungen) sowie unvorhersagbaren Ereignissen. Das Selbst und seine tatsächliche und erinnerte Biografie taucht hier also als etwas auf, das sich in Relation zu anderen, genauer beschreibbaren Aspekten des menschlichen Lebens im Verhältnis befindet, auch hier handelt es sich nicht um einen Begriff des Selbst als Substanz oder Essenz.

Auch die besonders mit Kanfer in Verbindung gebrachten Aspekte Selbstregulation und Selbstkontrolle haben hier eine Bedeutung: »Selbstregulation meint [...] das komplexe und dynamische Zusammenwirken einzelner Variabler zur Steuerung des eigenen Verhaltens.« (a. a. O., S. 630) In Kanfers Modell stehen Selbstbeobachtung (des Ist-Zustands), Selbstbewertung (als Vergleich mit einem Soll-Zustand) und Selbstverstärkung (anhand des Ist-Soll-Vergleichs) in ständigen Rückkopplungsschleifen bezüglich der Selbst(wert)regulation.

Unter therapeutischen Gesichtspunkten kann der Bereich des Selbstmanagements herausgegriffen werden (vgl. Reinecker, 2009). Dies kann einerseits »als Ziel der Steuerung menschlichen Verhaltens«, als »Optimierung von Autonomie und persönlicher Freiheit« begriffen werden, andererseits auch »als Methode, eigenes Verhalten durch den Einsatz konkreter Strategien zu steuern beziehungsweise zu verändern«, besonders im Hinblick auf β-Variablen (also »selbsterzeugte« innere Prozesse und Kognitionen) und deren Regulation (a. a. O., S. 630). Daher taucht das Selbstmanagement auch in Verbindung mit therapeutischen Methoden auf (a. a. O., S. 634ff.), etwa der Selbstbeobachtung, dem Führen eines Verhaltenstagebuchs oder von Strichlisten, dem Einsatz von Stoppuhren oder grafischen Schemata oder dem weiten Bereich von Selbstverstärkung, Selbstbestrafung und Stimuluskontrolle. Selbstmanagement betrifft dabei auch die Möglichkeit der verbalen Steuerung und kognitiven Umstrukturierung – es kann sich also auf Verhalten und kognitive Prozesse beziehen beziehungsweise Setzt es am einen oder anderen Pol an, um Verhalten und Kognitionen zu verändern.

Ein Sonderbereich, in dem ebenfalls eine verhaltens- und eine kognitionsbezogene Sicht zusammenkommen, ist der Bereich der Fertigkeiten, der einige Gemeinsamkeiten mit der Konzeption struktureller Fähigkeiten aufweist. Rief und Stenzel (2017, S. 121) definieren psychische Fertigkeiten als »erlernte und erworbene Anteile des Verhaltens, die durch Übung oder Erfahrung verbessert und verändert werden können. Im Kontext psychischer Funktionen werden insbesondere Strategien zur Bewältigung intrapsychischer und interpsychischer Herausforderungen zusammengefasst.« Fertigkeiten werden eher als kognitive Fähigkeiten denn als Persönlichkeitsaspekte verstanden (und somit handlungsnäher), in einer Operationalisierten Fertigkeitsdiagnostik finden sich die Bereiche Problemlösekompetenz, soziale Kompetenz, Stressbewältigungskompetenz, Emotionsregulationskompetenz und Kompetenz zur Entspannung. Als übergeordnete Dimensionen werden Selbstwirksamkeit und Selbstwert erfasst.

6.2.5 Ich und Selbst in der Systemischen Therapie

In einer systemischen Betrachtungsweise verschiebt sich in der Konzeptualisierung der Fokus etwas vom intrapsychischen Geschehen auf das systemische, interpersonelle. Dabei steht das System im Zentrum beziehungsweise das Individuum in Relation zu anderen und im Hinblick auf Rollenbeziehungen. Allerdings kann auch das Selbsterleben in Relation zu einem System (»Wie sehe ich mich in der Familie?«) und umgekehrt die Bedeutung des Systems für das individuelle Erleben (»Welche Rolle kriege ich zugewiesen?«) betrachtet werden. Auch die Auffassung einer »inneren Familie« spielt eine Rolle und betrachtet das Erleben interpersonelle Beziehungen als Teil des Selbst-Systems, zum Beispiel in Richtung von »Erwartungs-Erwartungen« (Luhmann), also die Erwartung des Individuums, was andere von ihm erwarten. Auch systemisch betrachtet findet sich eine Zurückweisung einer »essenzialistischen« Auffassung des Selbst: »[I]m systemischen Denken [wird] nicht von einem ›wahren Selbst‹, sondern eher von vielen Selbsten ausgegangen [...], die in verschiedenen Kontexten unterschiedlich stark aktiviert werden und die deshalb immer ›so‹, aber auch ›anders‹ sein könnten.« (von Schlippe &

Schweitzer, 2016, S. 124f.) Damit ist letztlich umschrieben, dass »Selbst« sich auf zwei Ebenen betrachten lässt: einmal als »Vielselbstigkeit« in den jeweiligen Kontexten, aber auch in einem abstrakten Sinn, in dem Selbst sich letztlich über dasjenige bestimmt, was jemand an sich im Zusammenhang verschiedener eigener Rollen in verschiedenen Systemen als das Invariante erlebt. Auch hier wäre außerdem vermutlich zu ergänzen, dass ein alteritäts- oder differenzlogischer Gedanke nützlich sein kann: Dass die Selbste »so oder auch anders« sein können, gewinnt an konzeptuellem Gewicht und klingt weniger beliebig, wenn herangezogen wird, dass zwischen den Rollen und Kontexten Spannungszustände herrschen, die im günstigen Fall Motor für Entwicklung und Veränderung sind – etwa wenn eine Jugendliche einmal »sie selbst« in Peer-Beziehungen ist und einmal »sie selbst« im Familiensystem.

6.2.6 Ich und Selbst in der Gesprächspsychotherapie

Die humanistischen Psychotherapieverfahren und unter ihnen insbesondere die Gesprächspsychotherapie Rogers'scher Prägung sind ohne eine Konzeptualisierung des Selbst nicht denkbar. Dabei gibt es einige Berührungspunkte zwischen der Selbstpsychologie Kohuts und der Gesprächspsychotherapie, etwa auf der Ebene der Entwicklungstheorie oder der klinischen Ebene, auf der es um Empathie und Introspektion als Methode geht. Die Gesprächspsychotherapie beruht auf der Grundannahme eines natürlichen Bedürfnisses nach Wachstum, einer Selbstaktualisierungstendenz. Auch diesen Annahmen unterliegt die Konzeption eines Selbst als etwas dynamisches, in Entwicklung und Wachstum begriffenes. Rogers (1987, S. 21f.) beschreibt eine »Tendenz des Organismus zur Differenzierung seiner Selbst und seiner Funktionen«, der Begriff beinhalte »Erweiterung im Sinne von Wachstum, der Steigerung der Effektivität durch den Gebrauch von Werkzeugen und die Ausweitung und Verbesserung durch Reproduktion. Dies meint die Entwicklung hin zu Autonomie und weg von Heteronomie oder der Kontrolle durch äußere Zwänge«.

Dementsprechend werden psychische Leidenszustände als Hemmung der Selbstaktualisierungstendenz beschrieben beziehungsweise als eine

Inkongruenz zwischen Überzeugungen und Handlungen – anders gesagt: Jemand ist nicht »er selbst«, handelt anders als es seinem (idealen) Selbstbild entspricht. Das geschieht bei einer Kollision zwischen »Selbstaktualisierungstendenz« und »Selbstbehauptungstendenz« (auch: Selbsterhaltungs-/Selbstverteidigungstendenz). Dabei werden »Erfahrungen, die eine Bedrohung für das Selbstkonzept darstellen, [...] abgewehrt« (Biermann-Ratjen, Eckert & Schwartz, 2016, S. 99ff.), was bedeutet, dass eine Hemmung von Wachstum und Entwicklung dann erfolgt, wenn das Selbstkonzept bedroht ist und geschützt werden muss. Dann handelt jemand anders als es seinen Überzeugungen entspricht und ist (selbst-)inkongruent.

Entwicklungspsychologisch betrachtet geht es in der Gesprächspsychotherapie darum, dass die sogenannte »fully functioning person« wiederhergestellt wird. Eine solche ist jemand (geworden), sofern er in der »Interaktionen mit anderen wichtigen Menschen«, »wenn es um die Integration neuer Erfahrungen, die mit dem Bedürfnis nach Anerkennung verbunden waren, als Selbsterfahrungen in das Selbstkonzept ging, niemals etwas anderes erlebt als Anerkennung in [seinen] Erfahrungen« (a. a. O., S. 105). Dann gibt es grundsätzlich Kongruenz zwischen Selbstkonzept und Handlungen, Erfahrungen sind symbolisierbar.

6.2.7 Zusammenfassender Vergleich

Das Selbst ist nicht als Essenz oder Substanz fixiert, es ist flexibel, dynamisch und in sozial bedingten Wandlungsprozessen begriffen. Zugleich haben die Körperlichkeit und die Sozialität des Menschen sowie seine damit verbundene selbstbezügliche Spannungshaftigkeit und Entzogenheit damit zu tun, dass sich das Selbst nicht bloß in einer additiven Weise zu einem Bild aus mehreren Puzzleteilen vervollständigt. Psychische Veränderung beispielsweise im Zuge einer Psychotherapie ist konsequenterweise nicht das Aufdecken eines Eigentlichen oder Selbstoptimierung, sondern es geht darum, geeignete psychische und interpersonelle Formen dafür zu finden, sich selbst in Beziehung einbringen und erleben zu können und so einen »Spielraum des Selbst« trotz Spannung und Differenz ausbilden zu können.

Die Psychoanalyse betrachtet das Selbst unter der Perspektive unbewusster Motive und bezüglich des Selbst in Beziehung zu anderen und wie dies psychisch repräsentiert ist. Die kognitive Verhaltenstherapie begreift das Selbst im Hinblick auf Ressourcen oder Fertigkeiten unter einer eher kognitiven Perspektive des Selbst und nutzt das Wissen um Selbstregulierung oder Selbstmanagement dafür, den Umgang von Menschen mit sich selbst zu verändern. Die systemische Therapie untersucht das Selbst im Hinblick auf Rollen in interpersonellen Zusammenhängen und Systemen und die humanistische Perspektive, wie sie sich in der Gesprächspsychotherapie findet, versteht das Selbst unter der Perspektive der Kongruenz oder einer gehemmten Aktualisierungstendenz, fragt also, ob Überzeugungen und damit das Selbstbild mit bestimmten Handlungen des Individuums übereinstimmen. Spezifisch für den psychoanalytischen Zugang bleiben das dynamisch Unbewusste und die Perspektive, dass das Selbst auch in einer förderlichen, gesunden Entwicklung mit Konflikten zu tun hat.

6.3 Fallbeispiel Herr P., Teil 5

In der (fiktiven) Behandlung von Herrn P., wie sie in den vorangegangenen Teilen dargestellt worden ist, haben sich seine Ängste und Sehnsüchte gezeigt, nicht zuletzt in der Übertragungsbeziehung. Die Psychoanalyse hat einen guten, wenn auch hochintensiven Verlauf genommen, es ist Herrn P. nun leichter möglich, intime Beziehungen einzugehen, und seine Wünsche und Affekte im Kontakt mit männlichen Autoritätsfiguren oder Vorbildern konnten bearbeitet werden, auch unter Rückgriff auf sein Erleben des Analytikers. Herr P. hat seinen Drogenkonsum weitgehend aufgegeben und das Betrauern von Verlusten in seinem Leben ist möglich geworden.

Aktuell geht es um die Beendigung der Behandlung, dabei werden Abschied und »Neustart« zum Thema. Herr P. beschäftigt sich damit, was er aus der Behandlung mitnimmt, was ihm bleibt. In der letzten

Stunde berichtet er erneut von einem Traum (US 2019, Gilligan). Darin habe er sich von einem älteren Mann verabschiedet, der ihm sehr geholfen hat (»Irgendwie hat der mir sogar das Leben gerettet oder so«) und dann habe es ein Gespräch mit seiner Ex-Freundin gegeben. Er schildert:

Ich war mit dem Typen, der mir so geholfen hat, an einer Straße, alles war voller Schnee, aber der Himmel war blau und es war alles ganz ruhig. Er hat sowas gesagt wie: »Nicht jeder bekommt die Chance, neu anzufangen.« Ich glaube, er hat mich sogar mit einem neuen Namen angesprochen. Dann hat er mir alles Gute gewünscht und ich bin zu meinem Auto gegangen und losgefahren. Es war eine ganz ruhige Stimmung, auch ein bisschen traurig. Auf einmal saß Jane, meine Ex-Freundin, auf dem Beifahrersitz. Ich habe zu ihr gesagt: »Ich habe darüber nachgedacht, was du gesagt hat. Darüber, dass man da hingeht, wo das Universum einen hinschickt. Coole Philosophie.« Aber sie meinte dann: »Ich finde, dass es eine schreckliche Philosophie ist. Ich habe mich immer vom Universum leiten lassen. Dabei ist es besser, das für sich selbst zu entscheiden.« Dann war ich wieder alleine im Auto und bin weitergefahren.

Danach folgt in der Stunde ein längeres Schweigen.

P: (Herr P.) Ja... Krass, dass die da auftaucht, meine Ex. Das war immer irgendwie Thema zwischen uns, dass ich mich treiben lasse und so, und dass es eine Zeit lang cool ist, aber dann auch nicht. Dann fehlt was und ich komme nirgendwo an. Wie lang das her ist! Wenn ich nicht hergekommen wäre, zu Ihnen, dann, weiß nicht. Vielleicht würde ich nicht mehr treiben, aber ich könnte auch jetzt nicht das machen, im letzten Sommer, die Bewerbung und alles. Oder dass ich aus der alten Wohnung raus bin.

A: (Analytiker) Wir haben einiges zusammen erlebt.

P: Ich weiß noch, wie ich mich am Anfang immer gefragt habe, wie Sie das machen. Ich dachte echt, entweder lässt Sie das alles kalt, was ich sage und wie es mir geht, oder Sie brauchen nach der Stunde selbst erstmal jemanden zum Reden. (Pause) Es kam

	mir so komisch vor, dass das hier Ihr Beruf ist und dass es trotzdem etwas mit Ihnen macht. Emotional. Ich dachte nicht, dass Sie mich wirklich verstehen können.
A:	Vielleicht haben Sie sich ja auch gefragt, ob ich das alles hier haben will, Ihre Gefühle – und zwar die wütenden *und* die sehnsuchtsvollen.
P:	Ich meine, Sie sind ja echt wie der Mann im Traum. Der alte Mann. Nichts für ungut... Der hatte was in seinem Blick. Es war klar, wir sehen uns nie wieder. Ich besuche den später nicht nochmal. Der hatte auch was Professionelles irgendwie, bei irgendwas hatte der mir sehr geholfen. Aber in seinem Blick war etwas – so, als wären wir wirklich verbunden und er würde mir nachblicken und es ist ihm nicht egal.
A:	Das ist eine schöne Vorstellung. Dass ich Ihnen nachblicke, mir ansehe, wie Sie sich jetzt auf den Weg machen. Und auch wenn Sie sich nicht dem Universum überlassen, sondern selbst entscheiden, dann bleibt ja trotzdem etwas Ungewisses. Aber ich habe ein gutes Gefühl dabei zu sehen, wie Sie da hinein starten. Mit dem, was Sie während der Zeit hier geschafft haben.

Die Beendigung von Psychotherapie, insbesondere von psychoanalytischen Langzeitbehandlungen ist ein wichtiges Feld. Natürlich verändert sich die Behandlungstechnik zum Ende, es geht stärker um einen realitätsgerechten gemeinsamen Rückblick und Abschied, um eine Prüfung dessen, was erreicht worden ist, aber auch, an welche Grenzen man gestoßen ist. Dabei ist entscheidend, dass die Übertragung nur »relativ«, aber nicht vollkommen zurücktritt oder gelöst werden kann. Es ist dabei die Aufgabe des Analytikers, den Analysanden progredierend zu »entlassen«, was auch bedeutet, sich selbst von ihm trennen zu können. Ebenso wenig wie die Übertragungsbeziehung (und deren Durcharbeiten) ein »Bund fürs Leben« ist, so sollte die Behandlung auch nicht abrupt, das heißt ohne ein prozessuales Ablösen erfolgen.

7   Zusammenfassung und Ausblick

Zusammenfassend können einige Grundpfeiler der psychoanalytischen Konzeption(en) von Ich und Selbst festgehalten werden:

1. In Freuds Werk taucht das Ich als eine psychische Instanz auf, die in unterschiedlichen Phasen der Konzeptualisierung in Verbindung gebracht wird mit der Hemmung primärprozesshafter Abläufe, der Vermittlung verschiedener Ansprüche beziehungsweise Motive (Trieb, Gewissen, soziale Realität), dem Einsetzen von unbewusst wirkenden Abwehrmechanismen (im Zusammenhang unbewusster Konflikte) sowie mit weiteren Ich-Funktionen.
2. Das Selbst taucht bei Freud im Kontext der Narzissmustheorie auf. Darin wird dieser als die (libidinöse) Besetzung des Selbst als »narzisstisch« bezeichnet und zwischen einem primären Narzissmus (in dem noch eine Ungeschiedenheit zwischen Selbst und Nicht-Selbst vorherrscht) und einem sekundären Narzissmus (als Folge eines Abzugs oder Rückzugs der Libido von den Objekten) unterschieden. Freuds Bemerkungen zum »Ich« als einem körperlichen lassen sich lesen als eine Konzeption der Entwicklung der Vorstellung eines abgegrenzten Selbst aus körperlichen Interaktionserfahrungen.
3. Die psychoanalytische Ichpsychologie (Hartmann'scher Prägung) ist gekennzeichnet durch eine Formulierung der Psychoanalyse als (naturwissenschaftliche) allgemeine Psychologie, durch das Anliegen der Interdisziplinarität (z. B. Pädagogik), durch eine Konzeption des (autoplastischen und alloplastischen) Zugangs des Individuums zur Realität sowie die Konzeption einer (primären und sekundären) Autonomie des (in Teilen konfliktfreien) Ichs (auch im Sinne eines »Funktionswechsel«, so dass vormals triebbestimmte Motive und

Handlungen sich von diesen lösen und sich originär mit anderen Motiven verbinden können).
4. Die psychoanalytische Selbst-Psychologie ist gekennzeichnet durch die Formulierung einer eigenständigen Entwicklungslinie des Narzissmus (darin sind vor allem das infantile Größen-Selbst und die idealisierte Eltern-Imago leitend), die Konzeption von Selbstobjekten und Selbstobjekterfahrungen, die Formulierung spezifischer Übertragungsformen sowie die Beschreibung von Empathie und Introspektion als klinische Methodik.
5. Unter »Struktur« kann man »die Verfügbarkeit über psychische Funktionen in der Regulierung des Selbst und seiner Beziehung zu den inneren und äußeren Objekten« (Arbeitskreis OPD, 2006, S. 255) verstehen. Strukturelle Fähigkeiten sind dabei zu unterschiedlichem Grad »integriert«, das heißt, es kann auf sie mehr oder weniger gut (in Krisenzuständen) zurückgegriffen werden. Strukturelle Fähigkeiten drehen sich dabei um das Vermögen zur Regulation, Integration und Differenzierung.
6. Struktur ist als eine »Potenzialität« des Erlebens und Verhaltens zu verstehen und changiert zwischen einer fortgesetzten Entwicklung und »konstanten« psychischen Vermögen. Das zieht Konsequenzen für die Auffassung (Art, Reichweite) der Veränderung von Persönlichkeit/Struktur im Rahmen psychoanalytischer Behandlungen nach sich.
7. Der Hinweis Fairbairns auf »dynamische Strukturen« weist auf die Verbindungen zwischen Repräsentanzen, Affekten und psychischen Funktionen hin.
8. »Strukturelle Störungen« (z. B. die narzisstische Persönlichkeitsstörung) lassen sich unter der Perspektive des Niveaus der »Persönlichkeitsorganisation« oder des Grads an struktureller Integration begreifen. Daraus ergeben sich Modifikationen der psychoanalytischen Behandlungstechnik.

Im Rahmen der vorliegenden Buchreihe ist immer wieder die Frage aufgekommen, wie durch psychoanalytische Behandlungen Veränderung möglich wird – und genauer: Was behandlungstechnisch getan werden kann, um eine solche Veränderung nicht nur beiläufig oder zu-

7 Zusammenfassung und Ausblick

fällig sein zu lassen, sondern als einen, womöglich abstrakt vorhersagbaren Effekt einer gelingenden Behandlung in Wirkung zu setzen. Was sagen Analytiker im »Austausch von Worten« (Freud, 1916/17, S. 9), in dem die Behandlung einzig besteht, um jemandem Veränderung zu ermöglichen? Schließlich werden nicht, wie in *Westworld*, bloß Regler auf einem Tablet verschoben. Damit ist unter anderem das Konzept der Deutung berührt, die sich von Ratschlägen, Erklärungen oder besonders klugen Hinweisen auf bislang Übersehenes unterscheidet, sondern vielmehr prozessual und relational zu betrachten ist. Sie findet im Rahmen einer emotional wichtigen Beziehung statt und soll einen Erlebnisraum öffnen statt ihn zu verschließen. Um die damit verbundenen Fragen wird es im Folgeband gehen (Storck, in Vorb.).

Literatur

Abram J (1996) The language of Winnicott. A dictionary of Winnicott's use of words. London: Karnac.
Aichhorn T (2016) Anna Freud (1895–1982) – Die Pionierin der Kinderanalyse. In Conci M & Mertens W (Hg) Psychoanalyse im 20. Jahrhundert. Freuds Nachfolger und ihr Beitrag zur modernen Psychoanalyse. Stuttgart: Kohlhammer, S. 20–49.
Akhtar S (2009) Deskriptive Merkmale und Differenzialdiagnose der Narzisstischen Persönlichkeitsstörung. In Kernberg OF & Hartmann HP (Hg) Narzissmus. Grundlagen – Störungsbilder – Therapie. Stuttgart: Schattauer, S. 231–262.
Alt PA (2016) Sigmund Freud. Der Arzt der Moderne. München: Beck.
Althoff ML (2019) Ich und Selbst: Konstruktionen und Behandlungskonzepte. Berlin, Heidelberg: Springer.
Angehrn E (2010) Sinn und Nicht-Sinn. Das Verstehen des Menschen. Tübingen: Mohr Siebeck.
Angehrn E (2017) Selbstverständigung und Selbsttäuschung. Zwischen Selbstsein und Selbstverfehlung. In Angehrn E & Küchenhoff J (Hg) Selbsttäuschung. Eine Herausforderung für Philosophie und Psychoanalyse. Weilerswist: Velbrück, S. 36–50.
Arbeitskreis OPD (2006) Operationalisierte Psychodynamische Diagnostik OPD-2. Das Manual für Diagnostik und Therapieplanung. Bern: Huber.
Argelander H (1967) Das Erstinterview in der Psychotherapie. Psyche – Z Psychoanal, 21, 341–368; 429–467; 473–512.
Balint M (1968) Therapeutische Aspekte der Regression. Die Theorie der Grundstörung. 2. Auflage. Stuttgart 1997: Klett-Cotta.
Balzer W (2009) Der arglose Doppelgänger. Mentale Gleichschaltung und falsche Sinnhaftigkeit bei der Behandlung narzisstischer Störungen. In Kernberg OF & Hartmann HP (Hg) Narzissmus. Grundlagen – Störungsbilder – Therapie. Stuttgart: Schattauer, S. 728–744.
Benecke C (2014) Psychoanalytische Modelle und Behandlungskonzepte der Persönlichkeitsstörungen. Deutung oder Stabilisierung? PiD – Psychotherapie im Dialog 2014; 15(3), 36–39.

Benecke C, Henkel M, Doering S, et al. (2018) Der OPD-Konfliktfragebogen. Z Psychosom Med Psychother. 2018;64(4):380–393.
Bergmann M (2000) (Hg) The Hartmann era. New York: Other Press.
Bieri P (2001) Das Handwerk der Freiheit. Über die Entdeckung des eigenen Willens. Frankfurt aM 2003: Fischer.
Biermann-Ratjen EM, Eckert J & Schwartz HJ (2016) Gesprächspsychotherapie. Verändern durch Verstehen. 10. Auflage. Stuttgart: Kohlhammer.
Billhardt F & Storck T (2021) Wahrnehmung und Gedächtnis. Psychoanalyse und Allgemeine Psychologie. Stuttgart: Kohlhammer.
Blanck G & Blanck R (1974) Angewandte Ich-Psychologie. Stuttgart 1978: Klett-Cotta.
Blanck G & Blanck R (1979) Ich-Psychologie II. Psychoanalytische Entwicklungspsychologie. Stuttgart 1980: Klett-Cotta.
Blanck R & Blanck G (1986) Jenseits der Ich-Psychologie. Stuttgart 1989: Klett-Cotta.
Blass RB (2013) Die Konzeptualisierung der Spaltung. Über die verschiedenen Bedeutungen der Spaltung und ihre Konsequenzen für das Verstehen des Einzelnen und des analytischen Prozesses. Psyche – Z Psychoanal, 97–119.
Bollas C (1987) Der Schatten des Objekts. Das ungedachte Bekannte. Zur Psychoanalyse der frühen Entwicklung. 4. Auflage. Stuttgart 2014: Klett-Cotta.
Brenner C (1955) Grundzüge der Psychoanalyse. Frankfurt aM 1967: Fischer.
Brenner C (1976) Praxis der Psychoanalyse. Psychischer Konflikt und Behandlungstechnik. Frankfurt aM 1979: Fischer.
Busch F (1993) »In the neighborhood«: Aspects of a good interpretation and a »developmental lag« in ego psychology. J Amer Psychoanal Assn, 41, 151–177.
Busch F (2013) Transforming the under-represented: The unacknowledged influence of Ego Psychology. Canadian J Psychoanal, 21(2), 292–312.
Butzer RJ (1997) Heinz Kohut zur Einführung. Gießen 2016: Psychosozial.
Clarkin JF, Caligor E, Stern B & Kernberg OF (2003) Structured Interview of Personality Organization (STIPO). Unveröffentlichtes Manuskript.
Clarkin JF, Caligor E, Stern B & Kernberg OF (2017) Manual for the Structured Interview of Personality Organization – Revised (STIPO-R). Unveröffentlichtes Manuskript.
Clarkin JF, Martius P, Dammann G, Smole S & Buchheim P (1998) IPO – »Inventory of Personality Organization«: Ein Selbstbeurteilungs-Instrument zur Erfassung der Persönlichkeitsorganisation. Persönlichkeitsstörungen, 2(4), 169–172.
Chasseguet-Smirgel J (1975) Das Ichideal. Psychoanalytischer Essay über die »Krankheit der Idealität«. Frankfurt aM 1987: Suhrkamp.
Cremerius J (1982) Kohuts Behandlungstechnik. Eine kritische Analyse. Psyche – Z Psychoanal, 36(1), 17–46.
Deserno H (2014) Selbstanalyse. In Mertens W (Hg) Handbuch psychoanalytischer Grundbegriffe. 4. Auflage. Stuttgart: Kohlhammer, S. 859–868.
Doering S (2016) Übertragungsfokussierte Psychotherapie (TFP). Göttingen: Vandenhoek & Ruprecht.

Doering S & Hörz S (2012) Die Entwicklung des Strukturbegriffs und der Strukturdiagnostik. In Döring S & Hörz S (Hg) Handbuch der Strukturdiagnostik. Stuttgart: Schattauer, S. 1–11.
Dosse F (1991) Geschichte des Strukturalismus. Band 1: Das Feld des Zeichens. 1945–1966. Frankfurt aM 1999: Fischer.
Ehrenthal JC, Dinger U, Horsch L, Komo-Lang M, Klinkerfuß M, Grande T & Schauenburg H (2012) Der OPD-Strukturfragebogen (OPD-SF): Erste Ergebnisse zu Reliabilität und Validität. Psychother Psych Med, 62, 25–32.
Ermann M (2016) Psychotherapie und Psychosomatik. Ein Lehrbuch auf psychoanalytischer Grundlage. 6. Auflage. Stuttgart: Kohlhammer.
Ermann M (2020) Narzissmus. Vom Mythos zur Psychoanalyse des Selbst. Stuttgart: Kohlhammer.
Evans D (1996) Wörterbuch der Lacanschen Psychoanalyse. Wien 2002: Turia + Kant.
Fairbairn WRD (1944) Darstellung der endopsychischen Struktur auf der Grundlage der Objektbeziehungspsychologie. In ders (2007) Das Selbst und die inneren Objektbeziehungen. Eine psychoanalytische Objektbeziehungstheorie. Gießen: Psychosozial, S. 115–170.
Fenichel O (1941) Probleme der psychoanalytischen Technik. In ders (2001) Probleme der psychoanalytischen Technik. Gießen: Psychosozial, S. 27–106.
Ferenczi S & Rank O (1924) Entwicklungsziele der Psychoanalyse. Zur Wechselbeziehung von Theorie und Praxis. Wien 2009: Turia + Kant.
Fink B (1997) Eine klinische Einführung in die Lacan'sche Psychoanalyse. Theorie und Technik. Wien 2005: Turia + Kant.
Firat RB & Hitlin S (2016) Self. In Miller HL (Hg) The SAGE encyclopedia of theory in psychology. Los Angeles u. a.: Sage, S. 823–826.
Fonagy P & Target M (2003) Psychoanalyse und die Psychopathologie der Entwicklung. Stuttgart 2006: Klett-Cotta.
Foucault M (2001) Hermeneutik des Subjekts. Vorlesungen am Collège de France (1981/82). Frankfurt aM 2004: Suhrkamp.
Frank M (2002) Selbstgefühl. Frankfurt aM: Suhrkamp.
Freud A (1936) Das Ich und die Abwehrmechanismen. München 1982: Kindler.
Freud A (1965) Wege und Irrwege in der Kinderentwicklung. Stuttgart 1968: Klett-Cotta.
Freud S (1895d) Studien über Hysterie. GW I, S. 75–312.
Freud S (1900a) Die Traumdeutung. GW II/III, S. 1–642.
Freud S (1905d) Drei Abhandlungen zur Sexualtheorie. GW V, S. 27–145.
Freud S (1910k) Über »wilde« Psychoanalyse. GW VIII, S. 117–125.
Freud S (1911c) Psychoanalytische Bemerkungen über einen autobiographisch beschriebenen Fall von Paranoia. GW VIII, S. 239–320.
Freud S (1914c) Zur Einführung des Narzißmus. GW X, S. 137–170.
Freud S (1915c) Triebe und Triebschicksale. GW X, S. 209–232.
Freud S (1915e) Das Unbewußte. GW X, S. 263–303.
Freud S (1916/17) Vorlesungen zur Einführung in die Psychoanalyse. GW XI.

Freud S (1917a) Eine Schwierigkeit der Psychoanalyse. GW XII, S. 1–12.
Freud S (1917e) Trauer und Melancholie. GW X, S. 427–446.
Freud S (1919a) Wege der psychoanalytischen Therapie. GW XII, S. 181–194.
Freud S (1920g) Jenseits des Lustprinzips. GW XIII, S. 1–69.
Freud S (1921c) Massenpsychologie und Ich-Analyse. GW XIII, 71–161.
Freud S (1923b) Das Ich und das Es. GW XIII, S. 235–289.
Freud S (1926d) Hemmung, Symptom und Angst. GW XIV, S. 111–205.
Freud S (1926e) Die Frage der Laienanalyse. GW XIV, S. 207–286.
Freud S (1926f) Psycho-Analysis. GW XIV, S. 297–307.
Freud S (1930a) Das Unbehagen in der Kultur, GW XIV S. 419–506.
Freud S (1933a) Neue Folge der Vorlesungen zur Einführung in die Psychoanalyse. GW XV.
Freud S (1939a) Der Mann Moses und die monotheistische Religion. GW XVI, S. 101–246.
Freud S (1940a) Abriss der Psychoanalyse. GW XVII, S. 63–138.
Freud S (1940e) Die Ich-Spaltung im Abwehrvorgang. GW XVII, S. 57–62.
Freud S (1950a) Entwurf einer Psychologie. GW Nachtragsband, S. 373–486.
Freud S (1985) Briefe an Wilhelm Fließ, 1887–1904. Frankfurt aM 1999: Fischer.
Fuchs T (2006) Gibt es eine leibliche Persönlichkeitsstruktur? Ein phänomenologisch-psychodynamischer Ansatz. PDP, 5, 109–117.
Fuchs T (2020) Verteidigung des Menschen. Grundfragen einer verkörperten Anthropologie. Frankfurt a. M.: Suhrkamp.
Fürstenau P (1965) Ich-Psychologie und Anpassungsproblem. Eine Auseinandersetzung mit Heinz Hartmann. Jb Psychoanal, 3, 20–55.
Gabriel M (2015) Ich ist nicht Gehirn. Philosophie des Geistes für das 21. Jahrhundert. Frankfurt aM: Ullstein.
Gabriel M (2020) Fiktionen. Frankfurt aM: Suhrkamp.
Gethmann CF (1995) Selbst, das. In Mittelstraß J (Hg) Enzyklopädie Philosophie und Wissenschaftstheorie. Band 3. Stuttgart, Weimar: Metzler, S. 752–755.
Gödde G (2009) Traditionslinien des »Unbewußten«. Schopenhauer – Nietzsche – Freud. Gießen: Psychosozial.
Grant M (2000) The shrink from hell. In Grant M (Hg) The Raymond Tallis Reader. London: Palgrave Macmillan.
Gray P (1982) Developmental lag in the evolution of technique for psychoanalysis of neurotic conflict. J Amer Psychoanal Assn, 30, 621–656.
Green A (1990) Der Kastrationskomplex. Gießen 2007: Psychosozial.
Greenberg JR & Mitchell SA (1983) Objekt relations in psychoanalytic theory. Cambridge, London: Harvard University Press.
Greenson RR (1967) Technik und Praxis der Psychoanalyse. Stuttgart 1986: Klett-Cotta.
Grob A (2009) Persönlichkeitspsychologische Grundlagen der Verhaltenstherapie. In Margraf J & Schneider S (2009) (Hg) Lehrbuch der Verhaltenstherapie. Band 1. 3. Auflage. Heidelberg: Springer, S. 135–145.

Guntrip H (1971) Psychoanalytic theory, therapy, and the self. A basic guide to the human personality in Freud, Erikson, Klein, Sullivan, Fairbairn, Hartmann, Jacobson & Winnicott. New York: Basic Books.

Hamburger A (2018) Filmpsychoanalyse. Das Unbewusste im Kino – das Kino im Unbewussten. Gießen: Psychosozial.

Hamburger A & Hahm B (2017) Zuhause bei Walt. Die TV-Serie als postmodernes Familiensofa. In Storck T & Taubner S (2017) (Hg) Von Game of Thrones bis The Walking Dead. Interpretation von Kultur in Serie. Heidelberg u. a.: Springer, S. 249–266.

Hartmann H (1927) Die Grundlagen der Psychoanalyse. Stuttgart 1972: Klett.

Hartmann H (1939) Ich-Psychologie und Anpassungsproblem. Psyche – Z Psychoanal, 14 (1960), 81–164.

Hartmann H (1950) Bemerkungen zur psychoanalytischen Theorie des Ichs. In ders (1964) Ich-Psychologie. Studien zur psychoanalytischen Theorie. Stuttgart 1972: Klett, S. 119–144.

Hartmann H (1952) Die gegenseitige Beeinflussung von Ich und Es in ihrer Entwicklung. In ders (1964) Ich-Psychologie. Studien zur psychoanalytischen Theorie. Stuttgart 1972: Klett, S. 157–180.

Hartmann H (1956) Die Entwicklung des Ich-Begriffs bei Freud. In ders (1964) Ich-Psychologie. Studien zur psychoanalytischen Theorie. Stuttgart 1972: Klett, S. 261–287.

Hartmann H (1964) Einleitung. In ders (1964) Ich-Psychologie. Studien zur psychoanalytischen Theorie. Stuttgart 1972: Klett, S. 9–15.

Hartmann HP (2006) Grundbegriffe der Selbstpsychologie. Teil 1. In Kutter P, Paal J, Schöttler C, Hartmann HP & Milch WE (Hg) Der therapeutische Prozess. Psychoanalytische Theorie und Methode in der Sicht der Selbstpsychologie. Gießen: Psychosozial, S. 29–58.

Hartmann HP (2009) Narzisstische Persönlichkeitsstörungen – ein Überblick. In Kernberg OF & Hartmann HP (Hg) Narzissmus. Grundlagen – Störungsbilder – Therapie. Stuttgart: Schattauer, S. 3–36.

Hörz-Sagstetter S & Kampe L (2018) Strukturdiagnostik. In Gumz A & Hörz-Sagstetter (Hg) Psychodynamische Psychotherapie in der Praxis. Weinheim: Beltz, S. 276–286.

Hörz-Sagstetter S, Volkert J, Rentrop M, Benecke C, Gremaud-Heitz DJ, Unterrainer HF, Schauenburg H, Seidler D, Buchheim A, Doering S, Feil MG, Clarkin JF, Dammann G & Zimmermann J (2020) A Bifactor Model of Personality Organization. Journal of Personality Assessment, Online First.

Hofstadter DR & Dennett DC (1981) Einsicht ins Ich. Fantasien und Reflexionen über Selbst und Seele. Stuttgart 1986: Klett-Cotta.

Holzhey-Kunz A (2017) Zum Unterschied von ›normaler‹ und ›pathologischer‹ Selbsttäuschung. In Angehrn E & Küchenhoff J (Hg) Selbsttäuschung. Eine Herausforderung für Philosophie und Psychoanalyse. Weilerswist: Velbrück, S. 81–98.

Hopwood CJ, Good EW & Morey LC (2018) Validity of the DSM-5 Levels of Personality Functioning Scale–Self Report. Journal of Personality Assessment 100(6), 1–10.

Huber D, Klug G & Wallerstein RS (2006) Skalen Psychischer Kompetenzen (SPK). Ein Messinstrument für die therapeutische Veränderung in der psychischen Struktur. Stuttgart: Kohlhammer.

Isaacs S (1948) Wesen und Funktion der Phantasie. Psyche – Z Psychoanal, 70, 2016, 530–582.

Joseph B (2013) Hier und Jetzt: Meine Sicht. In Mauss-Hanke A (2014) (Hg) Internationale Psychoanalyse, Band 9: Moderne Pathologien. Gießen: Psychosozial, S. 223–228.

Kaluzeviciute G & Willemsen J (2020) Scientific thinking styles: The different ways of thinking in psychoanalytic case studies. Int J Psychoanal, 101(5), 900–922.

Kampe L, Zimmermann J, Bender D, Caligor E, Borowski AL, Ehrenthal JC, Benecke C & Hörz-Sagstetter S (2018) Comparison of the Structured DSM-5 Clinical Interview for the Level of Personality Functioning Scale with the Structured Interview of Personality Organization. Journal of Personality Assessment, 100(6), 642–649.

Kernberg OF (1970) A psychoanalytic classification of character pathology. J Amer Psychoanal Assn, 18, 800–822.

Kernberg OF (1975) Borderline-Störungen und pathologischer Narzißmus. Frankfurt aM 1978: Suhrkamp.

Kernberg OF (1984) Schwere Persönlichkeitsstörungen. Theorie, Diagnose, Behandlungsstrategien. Stuttgart 1992: Klett-Cotta, Stuttgart.

Kernberg OF (2009a) Die narzisstische Persönlichkeit und ihre Beziehung zu antisozialem Verhalten und Perversionen – pathologischer Narzissmus und narzisstische Persönlichkeit. In Kernberg OF & Hartmann HP (Hg) Narzissmus. Grundlagen – Störungsbilder – Therapie. Stuttgart: Schattauer, S. 263–307.

Kernberg OF (2009b) Der nahezu unbehandelbare narzisstische Patient. In Kernberg OF & Hartmann HP (Hg) Narzissmus. Grundlagen – Störungsbilder – Therapie. Stuttgart: Schattauer, S. 705–727.

Kilian H (1982) Die Störungen der Subjektbildung und der Kulturverzug der Psychoanalyse. Psychoanalyse, 3 (2+3), 122–180.

King P und Steiner R (1991) Die Freud-Klein-Kontroverse 1941–45. 2 Bände. Stuttgart: Klett-Cotta.

Kohut H (1959) Introspektion, Empathie und Psychoanalyse: Zur Beziehung zwischen Beobachtungsmethode und Theorie. Psyche – Z Psychoanal, 25(11) (1971), 831–855.

Kohut H (1966) Formen und Umformungen des Narzißmus. In Kohut H (1975) Die Zukunft der Psychoanalyse. Frankfurt aM: Suhrkamp, S. 140–172.

Kohut H (1971) Narzißmus. Eine Theorie der psychoanalytischen Behandlung narzißtischer Persönlichkeitsstörungen. Frankfurt aM 1973: Suhrkamp.

Kohut H (1977) Die Heilung des Selbst. Frankfurt aM 1979: Suhrkamp.

Kohut H (1984) Wie heilt die Psychoanalyse? Frankfurt aM 1987: Suhrkamp.
Kris E (1936) The psychology of caricature. Int J Psychoanal, 17, 285–303.
Küchenhoff J (1999) (Hg) Selbstzerstörung und Selbstfürsorge. Gießen: Psychosozial.
Küchenhoff J (2002) In Strukturen denken. Strukturkonzepte in der Philosophie, Psychiatrie und Psychoanalyse und ihre praktischen Anwendungen. In Rudolf G, Grande t & Henningsen P (Hg) Die Struktur der Persönlichkeit. Theoretische Grundlagen zur psychodynamischen Therapie struktureller Störungen. Stuttgart: Schattauer, S. 68–79.
Küchenhoff J (2003) Psychotherapie und die Anerkennung des Fremden. Psychotherapeut 48, 410–419.
Küchenhoff J (2008) Den Körper verstehen – psychoanalytische Annäherungen. In Küchenhoff J & Wiegerling K (2008) Leib und Körper. Göttingen: Vandenhoek & Ruprecht, S. 72–131.
Küchenhoff J (2017) Zu den Bedingungen und Grenzen einer (unter anderem therapeutischen) Aufhebung von Selbsttäuschung. In Angehrn E & Küchenhoff J (Hg) Selbsttäuschung. Eine Herausforderung für Philosophie und Psychoanalyse. Weilerswist: Velbrück, S. 138–156.
Kutter P (1999) Einführung. In ders (Hg) Selbstpsychologie. Weiterentwicklungen nach Heinz Kohut. Stuttgart: Klett-Cotta, S. IX–XIV.
Lacan J (1949) Das Spiegelstadium als Bildner der Ichfunktion, wie sie uns in der psychoanalytischen Erfahrung erscheint. In ders (1966) Schriften I. Weinheim 1986: Beltz, S. 61–70.
Lacan J (1953) Some reflections on the Ego. Int J Psychoanal, 34, 11–17.
Lacan J (1954/55) Das Seminar. Buch II. Das Ich in der Theorie Freuds und in der Technik der Psychoanalyse. Wien 2015: Turia + Kant.
Lacan J (1955) Das Freud'sche Ding, oder Der Sinn einer Rückkehr zu Freud in der Psychoanalyse. Wien 2005: Turia + Kant.
Lacan J (1966a) Anmerkung zum Bericht von Daniel Lagache: »Psychoanalyse und Struktur der Persönlichkeit«. In Lacan J (1966) Schriften II. Wien 2015: Turia + Kant. S. 146–191.
Lacan J (1966b) Über Struktur als ein Einmischen einer Andersheit als Voraussetzung eines Subjekts. In Lacan (2015) Struktur. Andersheit. Subjektkonstitution. Berlin: August, S. 11–30.
Lacan J (1966c) Subversion des Subjekts und Dialektik des Begehrens im Freud'schen Unbewussten. In Lacan J (1966) Schriften II. Wien 2015: Turia + Kant, S. 325–368.
Lacan J (1975/76) Das Seminar. Buch XXIII. Das Sinthom. Wien 2017: Turia + Kant.
Lagache D (1961) La psychanalyse et la structure de la personnalité. La Psychanalyse, 6.
Lampl-de Groot J (1964) Heinz Hartmanns Beiträge zur Psychoanalyse. In Hartmann H (1964) Zur psychoanalytischen Theorie des Ichs. Stuttgart: Klett, S. 3–11.

Langlitz N (2005) Die Zeit der Psychoanalyse. Lacan und das Problem der Sitzungsdauer. Frankfurt aM: Suhrkamp.
Laplanche J (1970) Leben und Tod in der Psychoanalyse. Gießen 2014: Psychosozial.
Laplanche J (1988) Die allgemeine Verführungstheorie und andere Aufsätze. Tübingen: edition diskord.
Laplanche J (1995) Die Psychoanalyse als Anti-Hermeneutik. Psyche – Z Psychoanal, 52, 1998, 605–617.
Laplanche J & Pontalis JB (1967) Das Vokabular der Psychoanalyse. Frankfurt a. M. 1970: Suhrkamp.
Lévi-Strauss C (1949) Die elementaren Strukturen der Verwandtschaft. Frankfurt aM 1981: Suhrkamp.
Levy KN & Clarkin JF (2006) Behandlung und Verlauf der Narzisstischen Persönlichkeitsstörung. In Kernberg OF & Clarkin JF (Hg) Narzissmus. Grundlagen – Störungsbilder – Therapie. Stuttgart: Schattauer, S. 375–385.
Lichtenberg JD (1989) Psychoanalysis and motivation. New Jersey: The Analytic Press.
Lichtenberg JD, Lachmann FM & Fosshage JL (1992) Das Selbst und die motivationalen Systeme. Zu einer Theorie der psychoanalytischen Technik. Frankfurt 2000: Brandes & Apsel.
Loch W (1999) Die Krankheitslehre der Psychoanalyse. Hg. von H. Hinz. 6. Aufl. Stuttgart: Hirzel.
Löchel E (2017) Lässt sich dem klinischen Konzept des ›falschen Selbst‹ etwas abgewinnen für eine interdisziplinäre Konzeption der ›Selbsttäuschung‹. In Angehrn E & Küchenhoff J (Hg) Selbsttäuschung. Eine Herausforderung für Philosophie und Psychoanalyse. Weilerswist: Velbrück, S. 99–119.
Lorenzer A (1970) Sprachzerstörung und Rekonstruktion. Frankfurt a. M.: Suhrkamp.
Loewenstein RM (1972) Ego autonomy and psychoanalytic technique. Psychoanal Q, 41, 1–22.
Luborsky L (1984) Einführung in die analytische Psychotherapie. Ein Lehrbuch. Göttingen 1995: Vandenhoek & Ruprecht.
Mahler MS, Pine F & Bergman A (1975) Die psychische Geburt des Menschen. Symbiose und Individuation. Frankurt aM 1978: Fischer.
Malberg NT & Raphael-Leff J (2012) (Hg) The Anna Freud Tradition. Lines of development. Evolution of theory and practice over the decades. London: Karnac.
Margraf J & Schneider S (2009) (Hg) Lehrbuch der Verhaltenstherapie. Band 1. 3. Auflage. Heidelberg: Springer.
Mattern J (1996) Ricœur zur Einführung. Hamburg: Junius.
McQuillan D (2019) Publish and be fair? »I am myself strongly in favour of doing it«: James Strachey as the candid wartime editor of The International Journal of Psycho-Analysis, 1939–1945. Int J Psychoanal, 100, 540–566.
Mehlman J (1972) »French Freud …«. Yale French Studies, 48, 5–9.

Merleau-Ponty M (1964) Das Sichtbare und das Unsichtbare. München 1986: Fink.
Mertens W (2010) Psychoanalytische Schulen im Gespräch. Band I. Bern: Huber.
Mertens W (2011) Psychoanalytische Schulen im Gespräch. Band II. Bern: Huber.
Mertens W (2014) Ich-Ideal. In Mertens W (Hg) Handbuch psychoanalytischer Grundbegriffe. 4. Auflage. Stuttgart: Kohlhammer, S. 388-398.
Milch WE (2001) Lehrbuch der Selbstpsychologie. Stuttgart: Kohlhammer.
Milch WE (2016) Heinz Kohut (1913–1981) – Der empathische Psychologe des Selbst. In Conci M & Mertens W (Hg) Psychoanalyse im 20. Jahrhundert. Freuds Nachfolger und ihr Beitrag zur modernen Psychoanalyse. Stuttgart: Kohlhammer, S. 191–206.
Milch WE (2019) Selbstpsychologie. Göttingen: Vandenhoek & Ruprecht.
Mößle R & Loepthien T (2014) Selbst. In Wirtz MA (Hg), Dorsch – Lexikon der Psychologie. 18. Aufl. Bern: Hogrefe, S. 1389.
Morey LC (2017) Application of the DSM-5 Level of Personality Functioning Scale by lay raters. Journal of Personality Disorders 32(5), 1–12.
Orange DM (2000) Psychische Struktur. In Stumm G & Pritz A (Hg) Wörterbuch der Psychotherapie. Wien, New York: Springer, S. 543.
Ornstein A & Ornstein PH (1984) Empathie und therapeutischer Dialog. In Ornstein A & Ornstein PH (2001) Empathie und therapeutischer Dialog. Beiträge zur klinischen Praxis der psychoanalytischen Selbstpsychologie. Gießen: Psychosozial, S. 13–30.
Ornstein PH (1998) Heinz Kohuts Bild vom Wesen des Menschen. In Ornstein A & Ornstein PH (2001) Empathie und therapeutischer Dialog. Beiträge zur klinischen Praxis der psychoanalytischen Selbstpsychologie. Gießen: Psychosozial, S. 271–298.
Ornstein PH (2009) Zur psychoanalytischen Psychotherapie Narzisstischer Persönlichkeitsstörungen aus selbstpsychologischer Sicht. In Kernberg OF & Hartmann HP (Hg) Narzissmus. Grundlagen – Störungsbilder – Therapie. Stuttgart: Schattauer, S. 669–692.
Pauen M (2009) Das Problem des Selbst in den Neurowissenschaften und der Philosophie des Geistes. In Angehrn E & Küchenhoff J (Hg) Die Vermessung der Seele. Konzepte des Selbst in Philosophie und Psychoanalyse. Weilerswist: Velbrück, S. 140–159.
Pauen M (2016) Die Natur des Geistes. Frankfurt aM: Fischer.
Pine F (1990) Drive, Ego, object and self: A synthesis for clinical work. New York: Basic Books.
Rangell L (1954) Similarities and differences between psychoanalysis and dynamic psychotherapy. J Amer Psychoanal Assn, 2, 734–744.
Rapaport D (1959) Die Struktur der psychoanalytischen Theorie. Stuttgart: Klett.
Reinecker H (2009) Selbstmanagement. In Margraf J & Schneider S (2009) (Hg) Lehrbuch der Verhaltenstherapie. Band 1. 3. Auflage. Heidelberg: Springer, S. 629–644.

Resch F (2017) Selbstverletzung als Selbstfürsorge. Zur Psychodynamik selbstschädigenden Verhaltens bei Jugendlichen. Göttingen: Vandenhoek & Ruprecht.

Resch F & Möhler E (2009) Entwicklungspsychologie des Narzissmus. In Kernberg OF & Hartmann HP (Hg) Narzissmus. Grundlagen – Störungsbilder – Therapie. Stuttgart: Schattauer, S. 37–70.

Ricœur P (1986) Das Selbst in der Psychoanalyse und in der Phänomenologie. In Ricœur P (2008) Über Psychoanalyse. Schriften und Vorträge. Gießen 2016: Psychosozial, S. 115–137.

Ricœur P (1990) Das Selbst als ein Anderer. München 1996: Fink.

Rief W & Stenzel N (2017) Fertigkeiten. Thema für die moderne Psychotherapie? Psychotherapeut, 62, 121–127.

Rogers CR (1987) Eine Theorie der Psychotherapie, der Persönlichkeit und der zwischenmenschlichen Beziehungen. Köln: GwG.

Ross N (1974) Vorwort. In Blanck G & Blanck R (1974) Angewandte Ich-Psychoanalyse. Stuttgart: Klett-Cotta, S. 7–8.

Roth G (2003) Fühlen, Denken, Handeln. Wie das Gehirn unser Verhalten steuert. 9. Auflage. Frankfurt aM: Suhrkamp.

Roth G (2015) Persönlichkeit, Entscheidung und Verhalten. Warum es so schwierig ist, sich und andere zu ändern. 9. Auflage. Stuttgart: Klett-Cotta.

Roth G (2021) Über den Menschen. Frankfurt a. M.: Suhrkamp.

Roudinesco E & Plon M (1997) Wörterbuch der Psychoanalyse. Namen, Länder, Werke, Begriffe. Wien, New York 2004: Wien.

Rudolf G (2002) Struktur als psychodynamisches Konzept der Persönlichkeit. In Rudolf G, Grande T & Henningsen P (Hg) Die Struktur der Persönlichkeit. Theoretische Grundlagen zur psychodynamischen Therapie struktureller Störungen. Stuttgart: Schattauer, S. 2–48.

Rudolf G (2010) Psychodynamische Psychotherapie. Die Arbeit an Konflikt, Struktur und Trauma. Stuttgart: Schattauer.

Rudolf G (2012) Strukturbezogene Psychotherapie: Leitfaden zur psychodynamischen Therapie struktureller Störungen. Stuttgart: Schattauer.

Rudolf G, Buchheim P, Ehlers W, Küchenhoff J, Muhs A, Pouget-Schors D, Rüger U, Seidler GH, Schwarz F (1995) Struktur und strukturelle Störung. Zeitschrift für Psychosomatische Medizin und Psychoanalyse, 41, 197–212

Rüger U (2014) Strukturelle Störung. In Mertens W (,) Handbuch psychoanalytischer Grundbegriffe. 4. Auflage. Stuttgart: Kohlhammer, S. 896–902.

Ruhs A (2010) Eine Einführung in die strukturale Psychoanalyse. Wien: Löcker.

Safran JD & Muran JC (2000) Negotiating the therapeutic alliance. New York, London: Guilford.

Sandler J, Holder A, Dare C und Dreher AU (1997) Freuds Modelle der Seele. Eine Einführung. Gießen 2003: Psychosozial.

Scharff DE (2006) Die Entwicklung von Fairbairns Theorie. In Hensel BF, Scharff DE & Vorspohl E (Hg) W.R.D. Fairbairns Bedeutung für die moderne Objektbeziehungstheorie. Gießen: Psychosozial, S. 17–36

Schmidt-Hellerau C (2002) Das Ich, der Analytiker und die analytische Beziehung. Überlegungen zur gegenwärtigen amerikanischen Psychoanalyse. Psyche – Z Psychoanal, 56(7), 657–686.

Schreber DP (1903) Denkwürdigkeiten eines Nervenkranken. Berlin 2003: Kadmos.

Schultze-Kraft M, Birman D, Rusconi M, Allefeld C, Görgen K, Dähne S, Blankertz B & Haynes JD (2016): Point of no return in vetoing movements. Proceedings of the National Academy of Sciences of the United States of America, 113 (4), 1080–1085.

Searl MN (1936) Some queries on principles of technique. Int J Psychoanal, 17, 471–493.

Sokal A & Bricmont J (1999) Eleganter Unsinn. Wie die Denker der Postmoderne die Wissenschaften mißbrauchen. München: Beck.

Sterba R (1934) Das Schicksal des Ichs im therapeutischen Verfahren. Internationale Zeitschrift für Psychoanalyse, 20, 66–73.

Stern DN (1985) Die Lebenserfahrung des Säuglings. 2. Auflage. Stuttgart 1992: Klett-Cotta.

Storck T (2016) Formen des Andersverstehens. Psychoanalytische Teamarbeit in der teilstationären Behandlung bei psychosomatischen Erkrankungen. Gießen: Psychosozial.

Storck T (2017) Das umworbene Geschlecht. Mad Men. In Storck T & Taubner S (Hg) Von Game of Thrones bis The Walking Dead. Interpretation von Kultur in Serie. Heidelberg, Berlin: Springer, S. 121–140.

Storck T (2018a) Grundelemente psychodynamischen Denkens. Band I: Trieb. Stuttgart: Kohlhammer.

Storck T (2018b) Grundelemente psychodynamischen Denkens. Band II: Sexualität und Konflikt. Stuttgart: Kohlhammer.

Storck T (2018c) Psychoanalyse nach Sigmund Freud. Stuttgart: Kohlhammer.

Storck T (2019a) Grundelemente psychodynamischen Denkens. Band III: Das dynamisch Unbewusste. Stuttgart: Kohlhammer.

Storck T (2019b) Grundelemente psychodynamischen Denkens. Band IV: Objekte. Stuttgart: Kohlhammer.

Storck T (2019c) Freud heute. Zur Relevanz der Psychoanalyse. Berlin, Heidelberg: Springer.

Storck T (2020a) Grundelemente psychodynamischen Denkens. Band V: Übertragung. Stuttgart: Kohlhammer.

Storck, T. (2020b) Eine frühe Grundlegung von Struktur und Objektbeziehung in der Psychoanalyse. Die Bedeutung W.R.D. Fairbairns für zeitgenössisches psychodynamisches Arbeiten. Forum Psychoanal, (36(3), 297–310.

Storck T (2020c) Binge Watching als Selbstschädigung, Selbstfürsorge und Selbsterkundung. Persönlichkeitsstörungen, 24(2), 128–138.

Storck T (2020d) Verschmelzung oder Isolation – Zum psychodynamischen Dilemma der Objektbeziehung bei psychosomatischen Erkrankungen. Jahrbuch für Kinder- und Jugendlichen-Psychoanalyse, Band 9: Psychosomatik – Sadomasochismus – Trauma. Frankfurt a. M.: Brandes & Apsel, S. 184–202.

Storck T (2021a) Grundelemente psychodynamischen Denkens. Band VI: Abwehr und Widerstand. Stuttgart: Kohlhammer.

Storck T (2021b) That's knot psychoanalysis! Warum und wie verwendet Lacan die Mathematik? In: Kadi, U. & Unterthurner, G. (Hg.). Macht – Knoten – Fleisch. Topographien des Körpers bei Foucault, Lacan und Merleau-Ponty. Stuttgart: Metzler, S. 111–129.

Storck T (2021c) S.O.S – Spike Jonzes Her als ein Film über Beziehungsvorstellungen und Trauerprozesse. In Pramataroff-Hamburger V & Hamburger A (Hg) Von La Strada bis The Hours. Leidende und souveräne Frauen im Spielfilm. Berlin, Heidelberg: Springer.

Storck T (2021d) Die Schatten auf der Couch. Psychoanalytische Bemerkungen zu En Thérapie. Psychoanalyse im Widerspruch.

Storck T (in Vorb) Grundelemente psychodynamischen Denkens. Band VIII: Deutung. Stuttgart: Kohlhammer.

Storck T & Billhardt F (2021) Denken und Lernen. Psychoanalyse und Allgemeine Psychologie. Stuttgart: Kohlhammer.

Storck T & Stegemann D (2021) Psychoanalytische Konzepte in der Psychosenbehandlung. Entwicklungspsychologie, Störungsbild und Beziehungsdynamik. Stuttgart: Kohlhammer.

Straub J (2019) Das erzählte Selbst. Drei Bände. Gießen: Psychosozial.

Strupp HH & Binder JL (1993) Kurzpsychotherapie. Stuttgart: Klett-Cotta.

Taubner S, Fonagy P & Bateman A (2019) Mentalisierungsbasierte Therapie. Göttingen: Hogrefe.

Thobaben A & Soldt P (2007) Charakterpathologie – Persönlichkeitsorganisationen – Strukturniveaus. Psychodynamische Modelle der Strukturpathologie im Vergleich. Forum Psychoanal, 23, 330–342.

von Schlippe A & Schweitzer J (2016) Lehrbuch der systemischen Therapie und Beratung I. Das Grundlagenwissen. 3. Auflage. Göttingen: Vandenhoek & Ruprecht.

Waelder R (1930) Das Prinzip der mehrfachen Funktion: Bemerkungen zur Überdeterminierung. Internationale Zeitschrift für Psychoanalyse, 16(3–4), 285–300.

Waelder R (1963) Die Grundlagen der Psychoanalyse. Frankfurt aM: Fischer.

Waldenfels B (2002) Bruchlinien der Erfahrung. Phänomenologie, Psychoanalyse, Phänomenotechnik. Frankfurt a. M.: Suhrkamp.

Warsitz RP (2009) Konstruktion und Dekonstruktion des Selbst. In Angehrn E & Küchenhoff J (Hg) Die Vermessung der Seele. Konzepte des Selbst in Philosophie und Psychoanalyse. Weilerswist: Velbrück, S. 232–254.

Warsitz RP (2010) Verfehlte Begegnungen. Versuch einer Verständigung über Unverständliches. Schweizer Archiv für Neurologie und Psychiatrie, 161(6), 209–215.

Warsitz RP (2017) Imaginäre Verkennung als Bedingung der Wahrheit des Subjekts in der Psychoanalyse. In Angehrn E & Küchenhoff J (Hg) Selbsttäuschung. Eine Herausforderung für Philosophie und Psychoanalyse. Weilerswist: Velbrück, S. 123–137.

Winnicott DW (1960) Ich-Verzerrung in Form des wahren und des falschen Selbst. In Winnicott DW (1965) Reifungsprozesse und fördernde Umwelt. München 1974: Kindler, S. 182–199.

Winnicott DW (1963) Die Frage des Mitteilens und des Nicht-Mitteilens führt zu einer Untersuchung gewisser Gegensätze. In Winnicott DW (1965) Reifungsprozesse und fördernde Umwelt. München 1974: Kindler, S. 234–253.

Wolf ES (1988) Theorie und Praxis der psychoanalytischen Selbstpsychologie. Frankfurt aM 1996: Suhrkamp.

Wolf ES (1999) Das Selbst in der Psychoanalyse: Grundsätzliche Aspekte. In Kutter P (Hg) Selbstpsychologie. Weiterentwicklungen nach Heinz Kohut. Stuttgart: Klett-Cotta, S. 1–25.

Wurmser L (1988) Die Maske der Scham. Die Psychoanalyse von Schamaffekten und Schamkonflikten. 3. Auflage. Berlin u. a. 1997: Springer.

Yeomans FE, Clarkin JF & Kernberg OF (2015) Übertragungsfokussierte Psychotherapie für Borderline-Patienten: Das TFP-Praxismanual. Stuttgart 2017: Schattauer.

Zeitlin M (1997) The Ego psychologists in Lacan's theory. Am Imago, 54(2), 209–232.

Zepf S (2006a) Allgemeine psychoanalytische Neurosenlehre, Psychosomatik und Sozialpsychologie. Ein kritisches Lehrbuch. Band 1. 2. Auflage. Gießen: Psychosozial.

Zepf S (2006b) Allgemeine psychoanalytische Neurosenlehre, Psychosomatik und Sozialpsychologie. Ein kritisches Lehrbuch. Band 2. 2. Auflage. Gießen: Psychosozial.

Zimmermann J, Brakemeier EL und Benecke C (2015) Alternatives DSM-5-Modell zur Klassifikation von Persönlichkeitsstörungen. Bezüge zu psychodynamischer und verhaltenstherapeutischer Diagnostik. Psychotherapeut, 60 (4), 269–279.

Verzeichnis der zitierten Medien

»Cancer Man«, *Breaking Bad*, Staffel 1, Episode 5. AMC. USA, 2008 [Fernsehserienepisode].
»Confessions«, *Breaking Bad*, Staffel 5, Episode 11. AMC. USA, 2013 [Fernsehserienepisode].
»Full Measure«, *Breaking Bad*, Staffel 3, Episode 13. AMC. USA, 2010 [Fernsehserienepisode].
»Mister Softee«, *Curb Your Enthusiasm*, Staffel 8, Episode 9. HBO. USA, 2011 [Fernsehserienepisode].
»Shotgun«, *Breaking Bad*, Staffel 4, Episode 5. AMC. USA, 2011 [Fernsehserienepisode].
»The Adversary«, *Westworld*, Staffel 1, Episode 6. HBO. USA, 2016 [Fernsehserienepisode].
»The Iron Throne«, *Game of Thrones*, Staffel 8, Episode 6. HBO. USA, 2019 [Fernsehserienepisode].
»The Wheel«, *Mad Men*, Staffel 1, Episode 13. AMC. USA, 2007 [Fernsehserienepisode].

Brooks JL (Regisseur) & Johnson B (Produzent) (1997) *As good as it gets* [Spielfilm]. Sonic Pictures.
Gilligan V (Regisseur) & Johnson M, Bernstein M, Newirth C, Gilligan V, Paul A & Mercer D (Produzenten) (2019) *El Camino – A Breaking Bad Movie* [Spielfilm]. Netflix.
Jonze S (Regisseur) & Ellison M, Jonze S & Landay V (Produzenten) (2013) *Her* [Spielfilm]. Warner Bros.

Stichwortverzeichnis

A

Abstinenz 44, 52 f., 57, 72 f., 90, 97
Abwehr 15, 17, 20, 22, 26, 36–40, 42, 44, 50, 53, 55–58, 63, 67, 72 f., 84 f., 90 f., 116, 132, 134, 139 f., 149, 151, 153, 178, 188
Aggression 12, 64, 86, 119, 134, 138, 144, 149 f., 153, 156, 172, 174
Ambivalenz 13, 34, 46, 50
Anpassung 42, 52, 59 f., 66 f., 74, 83, 91, 127
antilibidinöses Ich 134

B

Besetzung 19, 22, 24, 29–35, 38 f., 41, 43 f., 51, 61 f., 64, 91, 105, 107, 133, 135, 146, 188
Bündeltheorie des Ichs 163 f.

C

Cartesianismus 20, 159, 167

D

Deutung 17 f., 44, 53–55, 65, 72, 77, 80, 85 f., 112 f., 115, 119, 122, 125, 152 f., 190
Dissoziative Identitätsstörung 176

E

Empathie 97 f., 110–112, 114 f., 119, 121 f., 125, 183, 189

F

falsches Selbst 157, 171–175
Fertigkeiten 182, 185
Fremdes 13, 37, 137, 160, 167, 184
fully functioning person 184
Funktionswechsel 63 f., 66, 84, 188

G

Gegenübertragung 17 f., 29, 44, 46, 153

H

Hilfs-Ich 84
Homunculus 37, 161

I

Ich-Autonomie 52, 55, 62–64, 66 f., 78 f., 83 f., 91, 127, 188
Ich-Ideal 37, 41, 92–96, 101–104, 121, 147
Ich-Stärke 20, 52, 54, 64, 84, 172
Ichtrieb 31
Ideal-Ich 95 f.

idealisierte Eltern-Imago 93, 95, 98, 102 f., 105, 107, 109, 121, 127, 151, 189
Idealisierung 92 f., 95 f., 98 f., 102–105, 109 f., 118, 120, 122, 146
Identifizierung 29, 31 f., 34 f., 38, 41, 43, 50, 81, 84, 91 f., 94 f., 101, 132, 173
Identitätsdiffusion 147 f., 150 f.
Imaginäres 76 f., 81 f., 95, 136 f., 171
infantiles Größen-Selbst 95 f., 98, 105, 107, 109, 121, 127, 151, 189
Instanzen 15, 19 f., 36–44, 51, 53, 55–57, 60, 74, 83, 91, 96, 126, 128, 130, 132, 188
Introspektion 98, 110–112, 122, 183, 189

K

Kern-Selbst 117
Konflikt 12–16, 20, 22, 27, 30, 32, 35 f., 38–40, 42, 44, 50, 52, 55, 58, 71, 79, 83, 101, 119, 131 f., 146, 185, 188
Konfliktfreiheit 52, 60, 63, 118, 188

L

Leib/Körper 12 f., 37–40, 43, 57, 69 f., 91, 129, 188
Libet-Experiment 162 f.

M

Metapsychologie 15, 30, 37, 61, 70, 74, 119, 130, 138

N

Narzissmus 12, 20, 29–33, 35, 41, 43, 51, 61 f., 64, 91–99, 101–103, 105–108, 110, 119, 121, 125, 127, 145–147, 149, 151 f., 188 f.

narzisstische Objektwahl 101, 108
Neutralisierung 64, 84

O

ödipal 13 f., 27, 32, 35, 38, 98, 101, 119, 121

P

personality functioning 142 f.
Persönlichkeitsorganisation 138, 147, 189
Primärprozess 19 f., 22–24, 37, 42 f., 51, 55, 188
Projektion 30, 150, 152

R

Realitätsprüfung 24, 36, 40, 43, 62, 68, 139
Regression 17, 68, 70
Regulierung 116, 140 f., 152 f., 172, 175, 180 f., 185, 189

S

Selbstaktualisierungstendenz 183, 185
Selbstbildfähigkeit 159, 164
Selbstentzug 21, 78, 80–82, 160, 167, 169, 184
Selbstmanagement 180 f.
Selbstnarration 166, 168, 179
Selbstobjekt 98, 105–113, 117, 119, 121, 125, 127, 151, 189
Selbst-Objekt-Dyaden 138, 150, 152, 156
Selbstschädigung 175
Selbsttäuschung 21, 77, 157, 159, 165 f., 174
self tracking 167
Sexualität 12, 14, 26, 28, 31 f., 38, 54 f., 58, 64, 78, 115

Spaltung 24 f., 43, 85, 95, 134 f., 138, 152, 177 f.
spontane Geste 172 f.
Strukturachse (OPD) 141 f., 144, 153, 170, 189
Strukturalismus 76, 135 f.
Sublimierung 38, 63 f.

T

Triangulierung 14, 77
Trieb 12, 15, 19 f., 29–31, 37, 39 f., 42, 44, 51 f., 54–58, 60, 62–65, 71, 83–85, 98, 119–121, 127, 132, 188
Triebtheorie 119

U

Über-Ich 15, 20, 37, 39, 52, 58, 65, 92, 94–96, 101, 103 f., 132 f., 147, 149–153

Übertragung 16 f., 44, 46, 50, 52, 57, 72 f., 84 f., 90, 98, 109 f., 112, 119–121, 125, 138, 152–154, 156, 185, 187, 189
Unbewusstes, dynamisch 15, 17–19, 27, 30, 36, 39, 44, 50, 53–58, 72, 75 f., 78, 85 f., 104, 132, 185, 188

V

Verdrängung 17, 20, 28, 30, 38, 76, 85, 93, 134

W

Widerstand 17 f., 28, 40, 44, 50, 55–58, 72 f., 80, 84, 86, 90

Z

zentrales Ich 134